Diane Ackerman
Der letzte Albatros

EUROPA
VERLAG

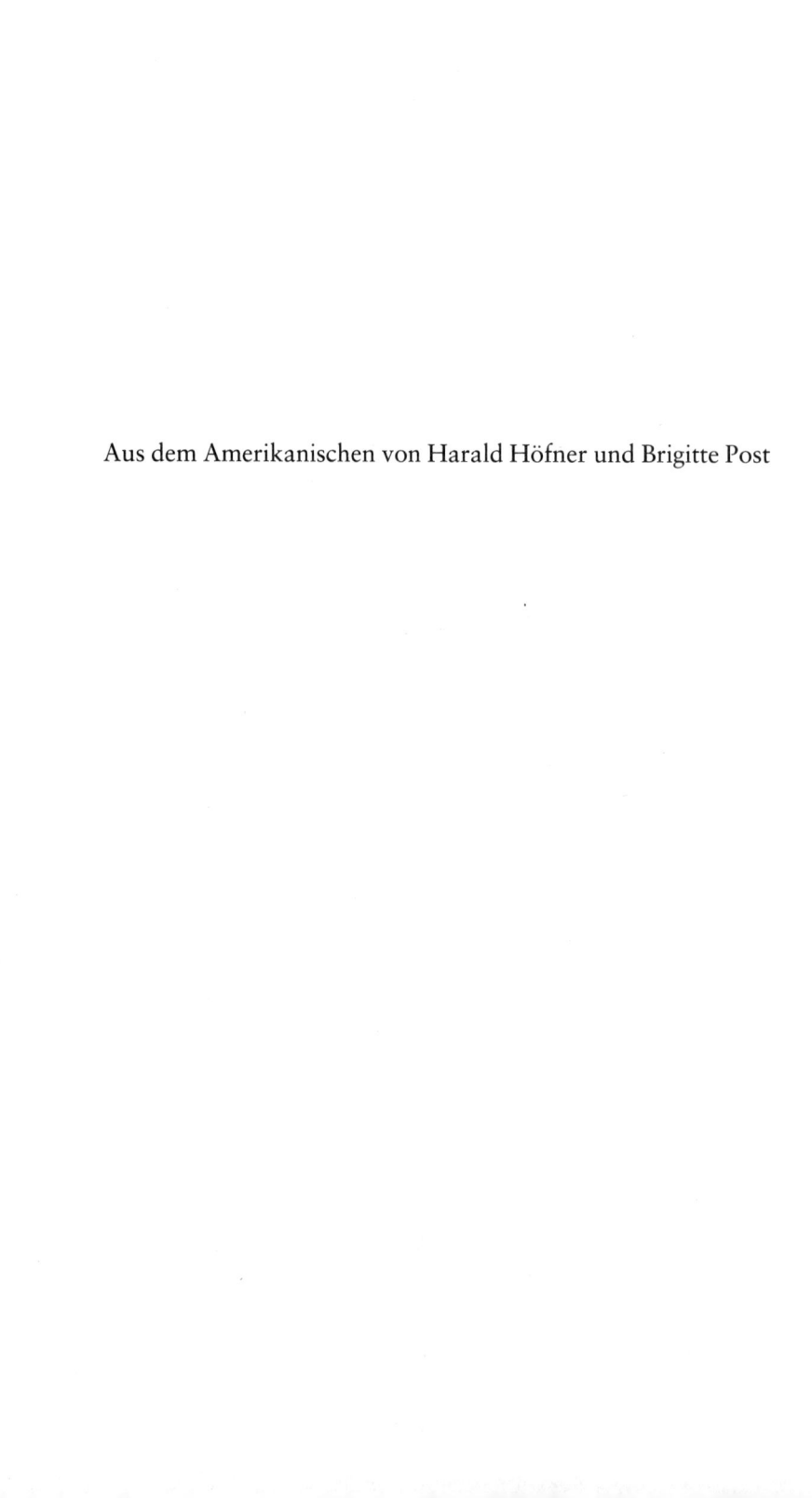

Aus dem Amerikanischen von Harald Höfner und Brigitte Post

DIANE ACKERMAN

Der letzte Albatros

Vom Verschwinden der Arten

Europa Verlag
Hamburg · Wien

Originalausgabe:
»The Rarest of the Rare«
Random House Inc.
© Diane Ackerman, 1995
This translation published by arrangement with
Random House Trade Publishing, a division of
Random House, Inc.

Frühere Versionen der Essays dieser Ausgabe
erschienen zuerst in *Condé Nast Traveler*, *Life*,
National Geographic, *The New Yorker* und *Parade*.

Deutsche Erstausgabe
© Europa Verlag GmbH Hamburg, Februar 2003
Umschlaggestaltung: Kathrin Steigerwald, Hamburg
Satz: KompetenzCenter, Düsseldorf
Druck und Bindung: Wiener Verlag, Himberg bei Wien
ISBN 3-203-75002-3

Informationen über unser Programm erhalten Sie beim
Europa Verlag, Neuer Wall 10, 20354 Hamburg
oder unter www.europaverlag.de

Inhaltsverzeichnis

Einführung

Auf dem Heimatplaneten, in den oberen Breitengraden, am östlichen Rand des nordamerikanischen Kontinents, zwischen zwei aus Gletschern gemeißelten Bergen, am Fuße eines Sees, auf dem Menschen bei Höchstgeschwindigkeit ihr Leben riskieren, unter einem grauen Himmel, während Eiskörner den Boden mit einer dünnen Gänsehaut überziehen, im Wachschlaf des Dezember, dessen mühsames Atmen so vertraut ist wie das des schlafenden Gatten, in der Nähe eines Provinzflughafens, auf dem stählerne Mastodonten sachte landen und Kanadagänse in verrückten Keilformationen kreisen, zwischen Inseln städtischen Waldes, in dem Rehe mit weißen Schwänzen grasen, am Ende einer schlüsselförmigen Sackgasse, hinter einem bescheidenen weißen Haus, dessen Fenster den Himmel aufsaugen – dort entdecke ich einen kleinen Teil der eigenen Adresse: jene Neigung des Planeten und des Geistes, die wir Winter nennen.

Trotz der Kälte beherbergt mein Garten die verschiedensten Arten. An zwei Apfelbäumen hängen mumifizierte Früchte wie rostige Glocken. Obwohl ich sie weder hören noch riechen kann, weiß ich, daß sie ihren Duft für das Wild verströmen. Ein japanischer Ahorn vor dem Fenster meines Arbeitszimmers hat fast alle Blätter verloren. Die wenigen leblosen, braunen, verdrehten Exemplare, die immer noch von ihm herabbaumeln, sind so leicht und gewichtslos, daß sie ununterbrochen zucken und erschauern. Auf dem krummen Redbud rattern trockene Samenhülsen im Wind wie winzige Kürbisse. Kardinalvögel, Meisen und Eichhörnchen nutzen die ineinander verschlungenen Äste des Redbud als Autobahn. Gelegentlich rutschen sie von einem eisüberzogenen Zweig ab oder fallen herunter, wenn sich die Windrichtung unvermittelt ändert. Aber sie sind daran gewöhnt, mich in sicherer Entfernung hinter den Fensterscheiben zu sehen. Ich kann die Richtung und die Stärke des Windes einschätzen, wenn ich die Tiere beobachte. Um sich warmzuhalten, stehen sie mit dem Gesicht zum Wind, so daß er in die Richtung bläst, in der das Fell oder die Federn am Körper anliegen. Heute sind die Kardinäle aufgeplustert wie Bäusche aus Zuckerwatte, und alle sehen sie nach Osten.

Obwohl ich Feld- und Spitzmäuse selten leibhaftig zu Gesicht bekomme, sehe ich sie doch oft unter der Schneedecke Tunnel graben. Manchmal verirrt sich ein Kaninchen oder ein Murmeltier aus seinem Nest. Die fünf Waschbären, die jetzt zusammengeknäult im Stamm eines halbtoten Ahorns auf der Nordseite des Hauses schlafen, haben den ganzen Sommer über einen Pfad in meinen Rasen getrampelt, die Mülltonnen umgestürzt und Wettrennen auf dem Dach veranstaltet. Ich weiß, wo ihr Bau ist – dreißig Meter hoch in einem ausgehöhlten Baumstamm –, weil sie an einem stickigen, heißen Sommertag langsam aus ihrem Nest herauskrochen und sich auf die Äste hockten, um sich abzukühlen. Ich bin mir nicht sicher, wohin die Ringelnattern im Winter verschwinden. In manchen Jahren stoße ich im Frühjahr im Haus auf sie, wenn sie aufwachen; daher vermute ich, daß sie ein warmes Bolzenloch in den Wänden oder nahe der Heizung gefunden haben. Drei braune Fledermäuse überwintern unter einem Dachgesims. Krähen so groß wie Auberginen drücken die Bäume nieder. Andere Vögel besuchen die Futterhäuschen und hinterlassen dabei Hieroglyphen aus

Fußabdrücken im Schnee. Ich vermisse die Frösche und die Insekten und die Spinnen und die Schmetterlinge, die sich an warmen Tagen zu einem Gobelin aus Bewegung und Farbe vereinen, der sich vom Boden bis zum Himmel erstreckt. Ich vermisse die Blumen, deren lebhafte Farben und Düfte die Sinne tränken. Aber selbst im Winter machen viele Tiere und Pflanzen dieses kleine Stück Welt zu ihrer Heimstätte.

Aus einem Bücherregal neben meinem Schreibtisch nehme ich eines meiner Lieblingsbücher, *Der Heimatplanet*, eine verblüffende Sammlung von Fotografien der Erde aus dem Weltraum, und schlage die Seite mit einem besonders schönen Foto des Indischen Ozeans auf, der unter einer federartigen Wolkenschicht liegt – die Erde von ihrer marmorartigsten und blausten Seite. Die Ozeane, die uns hervorgebracht haben, ernähren unendlich viele Lebewesen – nicht zuletzt das Phytoplankton ganz am Ende der Nahrungskette, von dem viel irdisches Leben abhängt. Wie können wir es zulassen, daß etwas so Großes wie ein Ozean stirbt? Und doch sind die Seen der amerikanischen Seenplatte bereits nahezu tot. Das Mittelmeer liegt im Todeskampf. Viele Wale enthalten so hohe Mengen der Schadstoffe, die in die Weltmeere gekippt werden, daß man sie, obzwar sie Lebewesen sind, technisch gesehen eigentlich als Giftmüll bezeichnen müßte.

Müßig blättere ich weiter und verweile bei einer Fotografie der Erde vor dem schwarzen Samt des Weltraums. Afrika und Europa sind unter wirbelnden weißen Wolken sichtbar, aber die vorherrschende Farbe ist blau. Dies ist das berühmte Foto der Apollo-Mission, das die ganze Geschichte beinhaltet – wie klein unser Planet in der ungeheuren Weite des Alls, wie zerbrechlich seine Umwelt ist. Vom Weltraum aus gesehen kennt die Erde keine nationalen Grenzen, keine militärischen Sperrgebiete, keine sichtbaren Umzäunungen. Ganz im Gegenteil. Man kann sehen, wie Sturmsysteme, die über einem Kontinent wirbeln, durchaus die Getreideernte auf der anderen Seite der Welt beeinflussen können. Die gesamte Atmosphäre des Planeten – all die Luft, die wir atmen, der Himmel, den wir durchfliegen, selbst die Ozonschicht – wird als äußerst dünne Rinde sichtbar. Dieses Bild erinnert uns sehr beredt daran, daß die Erde ein einziger Organismus ist. Für mich enthält das Buch visuelle Gedächtnishilfen zur Frage, was ich für die Natur fühle. An einem bestimmten Punkt fragt man sich: »Welchen Zweck hat mein Leben?« Wenn man fähig ist, diese Frage zu beantworten, entsteht eine großartige Freiheit. Ein Schlafender kann durch die schiere Schönheit der Morgenröte über dem offenen Meer aus dem Bett gelockt werden. Ein Teil meines Berufs, wie ich ihn verstehe, besteht darin, genau *dies* zuzulassen. Schlafende wie ich müssen sich an einem bestimmten Punkt erheben und die Morgenwache antreten – zum Wohle des Planeten, aber auch zu ihrem eigenen Wohl, zur Bereicherung ihres Lebens. Von den Wüsten in Namibia bis zu den Rasiermessergraten des Himalaya gibt es wunderbare Geschöpfe, die die Erde schon viel länger als wir Menschen durchwandern, Geschöpfe, die nicht nur unseres Respekts würdig sind, sondern die uns auch einiges über uns selbst lehren könnten.

Manche dieser unzivilisierten Gebiete kenne ich persönlich. Und so ist jede Fotografie ein Album, ein Palimpsest, ein Festspiel. Da ist zum Beispiel Torishima, die kleine Insel südlich von Tokio, die letzte Festung des Kurzschwanz-Albatros. Da sind die French Frigate Shoals, die letzte Zuflucht der hawaiianischen Mönchsrobbe. Da ist die Antarktis, Heimat für eine große Zahl an Tieren. Als ich ein Foto der Hawaii-Inselgruppe betrachte – Tintenkleckse auf einem hellen, kupferfarbenen Meer –, erinnere ich mich an den Klang und das Poltern des Lieds eines Buckelwals, der neben mir auftauchte, während ich schwamm. Buckelwale haben seit langen Zeiten eine Zivilisation ohne Städte, eine Art Wanderkultur. Sie leben im Ozean wie in einer ausgedehnten blauen Höhle. Sie geben Überlieferungen mündlich weiter, lehren einander ihre Lieder, verwerfen alte Fassungen und verwenden Reime. Unsere ältesten Aufnahmen von ihnen stammen aus dem Jahr 1951, aber selbst nach über vierzig Jahren haben die Wale noch immer nicht ihre Originalversionen wiederaufgegriffen. Stellen Sie sich nur all die Arien, Balladen und Kantaten jener verflossenen Tage vor, die die Ozeane mit Gesang erfüllten, dann verschwanden und nie wieder zu hören waren. Heutzutage können wir die Lagerfeuer einiger weniger verbliebener Steinzeitstämme besuchen und uns ihre Geschichten anhören, wunderbare, phantasievolle Geschichten, die uns verzaubern. Aber wir werden niemals all die verlorengegangenen Geschichten der Höhlenmenschen erfahren. Und dasselbe mag bei den Buckelwalen geschehen. Während ich das Buch Seite für Seite durchblättere, genieße ich den Anblick weit abgelegener, schwindelerregender Lebensräume. Das Leben sucht jeden von ihnen auf – sei er auch noch so entfernt, trocken, heiß, salzig oder sonnenlos. Eine Fotografie von Afrika erinnert mich an die riesigen Tiere, die für immer im Käfig der Vergangenheit gefangen sind. Die großen Tiere, die wir heute mit Afrika assoziieren – Elefanten, Giraffen, Nilpferde, Strauße und andere –, sind geschrumpfte Überbleibsel jener gewaltigen Lebewesen, die dort einst gediehen. *Indricocotherium*, ein Verwandter des Nilpferdes, hatte eine Schulterhöhe von ungefähr sieben Metern und äste von den Wipfeln der Bäume. Ein Mensch, der neben ihm stünde, würde ihm kaum bis ans Knie reichen. Es gab Mammuts, die massiger als Elefanten waren, Biber von Bärengröße, Jumbo-Elche mit riesigen Geweihen, turmhohe Pferde, Bisons so breit wie Autos. Und natürlich gab es die Neandertaler, große, stämmige Hominiden, die mit uns verwandt sind. Waren sie eine etwas andere Spezies, ein Konkurrent, den wir ausrotteten? Die

Neandertaler überlebten in Europa 70 000 Jahre; sie praktizierten Begräbnisrituale und andere religiöse Riten. Dann erschien *homo sapiens* mit seinen Höhlenzeichnungen und seinem schnellen Verstand, und bald waren alle Neandertaler verschwunden. Wenn ich die Fotos von Borneo, Brasilien und Neu-Guinea betrachte, erinnere ich mich daran, auf welche Weise die dynamische Quelle der Regenwälder neue Lebensformen erzeugt hat. Unser genetisches Sicherheitsnetz ist aus ihrer Artenvielfalt gewoben.

Ich lege das Buch auf den Tisch neben mir; dort liegt es in einem hellen Fleck aus Sonnenlicht. Das Leben klopfte überall auf der Erde einmal an die Tür. Im Augenblick teilen sich über vierzig Millionen Gattungen unseren Planeten, und das klingt nach Füllhorn, aber in der Vergangenheit haben zehn mal so viele Spezies hier gelebt. Die menschliche Lebensspanne ist kurz, die Aufzeichnungsmöglichkeiten sind neu, unser kollektives Gedächtnis ist armselig, und so denken viele Menschen, daß Nashörner und Elefanten ewig auf der Welt sind, genau wie Menschen. Die Evolution, dieses langsame und beständige Arbeitstier, wird uns durch seine Faulheit schützen, nicht wahr? Wir sind beruhigt durch die Logik des »Wenn nichts gebrochen ist, muß man nichts befestigen« und fühlen uns sicher dank der *Allmählichkeit* der Zeit. Und außerdem sind wir, glaubt man Mythos und Religion, das Ziel der Evolution. Aber 99 Prozent aller Gattungen auf diesem Planeten sind inzwischen ausgestorben, und das schließt einige unserer nächsten Verwandten ein. Daß wir einen Verstand entwickelt haben, der sich nach Ordnung sehnt, bedeutet noch lange nicht, daß die Natur geordnet ist. Die Evolution ist ein schlafender Wachhund. Es ist möglich, daß wir ihn stören, oder er erwacht von selbst. So oder so: Stellen Sie sich auf ein Durcheinander ein!

Das englische Wort *extinct* (ausgestorben) stammt vom lateinischen *stinguere* (löschen), das man benutzte, um auszudrücken, daß eine Flamme erlischt. Da wir auf einem Planeten leben, der freundlich zu Feuern ist, die verzehren, aber auch erhitzen, sind wir besessen vom Begriff des Feuers in unserem Körper. Das ist nicht einfach eine Metapher, die mit den Dynamos und Hochöfen der Industriellen Revolution aufkam; schon die Alten schrieben über das Feuer des Fleisches. Wenn wir sagen, daß etwas *extinct* (ausgestorben) ist, dann meinen wir buchstäblich, daß die Flamme in jeder einzelnen Zelle gelöscht wurde. Dennoch verwenden wir *extinct* (ausgestorben) nicht als Verb, sondern als Adjektiv in Verbindung mit *sein* (Mammuts *sind* ausgestorben). Selbst in unserem Wortgebrauch sind wir unschlüssig, ob das Aussterben einer Gattung einfach geschieht oder von eben dieser Gattung verursacht wird. Unbewußt halten wir das Aussterben für das höchste Versagen. Wir machen uns nicht klar, daß Aussterben normal ist. Es gab in der Vergangenheit riesige Sterbewellen, in denen viele Spezies verschwanden, von der Evolution während ihrer Kritzeleien über Lebensformen verworfen; dies mag herzlos, geistlos, gnadenlos erscheinen, aber es ist auch arglos, absichtslos, willkürlich. Die augenblicklich hohe Auslöschungsrate ist einzigartig, seit wir Geschichte aufzeichnen, und daher überrascht sie uns; aber Massenauslöschungen sind nichts Außerordentliches. Was uns wirklich beschäftigen sollte, ist die Tatsache, daß in der Vergangenheit große Auslöschungswellen immer auch die Schuldigen getilgt haben: Wenn Organismen zu zahlreich vorhanden waren, die Erde beherrschten und die Umwelt ruinierten, wurden sie zusammen mit zahllosen anderen Tieren ausgelöscht. Dann begann eine neue Art von Schlick oder ein neuer Typ von Maus die Evolution von neuem. Es ist also nicht so, daß früher keine großen Mengen an Tieren ausgelöscht worden wären oder daß die Natur sich nicht um sich selbst kümmern könnte. Die Natur tut das durchaus, und dann fangen die Dinge in einer neuen Evolutionslinie ganz von vorne an. Es könnte sein, daß eine solche neue Linie Wesen wie uns nicht enthält. Wir Menschen könnten uns unter den Fossilien wiederfinden, über die andere Lebensformen eines Tages nachdenken (*wenn* sie nachdenken), wenn sie sich über unsere Tragödie ebenso den Kopf zerbrechen wie wir über die der Dinosaurier. Die Systeme, die jetzt auf der Erde existieren, benötigten Hunderte von Millionen von Jahren, um sich zu entwickeln, aber sie könnten vor unseren Augen kollabieren und uns mitreißen. Das bedeutet nicht, daß alles Leben auf der Erde verschwände, aber es könnte radikal anders werden. Es gab Zeiten, in denen anaerobe Lebewesen herrschten, und solche, in denen aerobe gediehen.

Fünf Rehe sprangen heute morgen in meinen Garten, um die heruntergefallenen Äpfel unter den beiden Bäumen in der Nähe meines Arbeitszimmers zu fressen. Mit ihrem dicken und dunklen Fell sahen sie aus wie Packesel. Es gab eine Zeit, da weideten Dinosaurier in dieser Gegend, und ich beklage ihr Dahinschwinden. Aber wenn die Dinosaurier immer noch diesen Planeten beherrschten, dann wären wir nicht hier. Es war ihr Aussterben, das Platz schuf für die kleinen, furchtsamen Nachtsäugetiere, aus denen wir entstanden.

Selbst für die frömmsten Anhänger des Planeten gibt es viele Formen der Heiligkeit, viele Rituale der Verehrung. Manche Menschen halten die Natur für zu heilig, als daß sie angetastet werden dürfte; sie glauben, man solle sie sich frei entfalten und für sich selbst sorgen lassen, damit sie ihr ganz eigenes Gleichgewicht finde und dabei nolens volens auch bestimmte Gattungen auslösche. Diese fatalistische Sichtweise betrachtet uns als eine der vielen Facetten der Natur unter etlichen anderen, gleichermaßen außerordentlichen Spielarten. Diese Sicht beinhaltet mitunter ein Verständnis Gottes als das eines abwesenden Hausherrn. Andere Menschen kritisieren die Art und Weise, in der wir »Gott spielen«, indem wir einige Tierarten zur Rettung auserwählen, bei anderen aber den Stöpsel herausziehen. Hätte man zum Beispiel so viele Gelder aus dem Umweltschutz für die Erhaltung des Kondors ausgeben müssen, dessen Rolle als Straßenkehrer durch die Zivilisation selbst allemal untergraben worden ist? Andere Menschen glauben, daß alles Leben heilig ist und daher alle Gattungen beschützt werden müssen. Wiederum andere argumentieren, daß der Mechanismus der Natur das eigentlich Heilige sei und daß die Natur Gattungen abstößt, die nicht gut genug angepaßt sind, und Wälder niederbrennt, um die Böden wieder fruchtbar zu machen. Dies schaffe größere Ressourcen und mehr Raum für andere Spezies. Ich persönlich empfinde Koalas und Pandabären als wunderbare Geschöpfe, und in meiner Selbstsucht würde ich es hassen, wenn sie verschwänden. Aber sie sind auf solch unsichere Nischen angewiesen, daß ihr Überleben sehr zweifelhaft ist. Der Koala frißt ausschließlich Eukalyptus; eine Eukalyptusfäule wäre sein Untergang. Falls wir bestimmte Gattungen in den Untergang treiben, dann sollten wir damit aufhören. Wenn wir aber nicht schuld sind, sollten wir dann eingreifen? Und schließlich: Wem gehört eine gefährdete Spezies? Die ganze Angelegenheit wird dadurch noch komplizierter, daß es nichts nützt, nur das Tier selbst zu schützen; man muß seinen gesamten Lebensraum sichern. Das Geld, das die Menschen für die Kampagne »Rettet-den-Panda« des World Wildlife Fund spenden, wird in Wirklichkeit für den Schutz des Habitats und nicht nur des Tieres verwendet.

Falls Auslöschung normal ist, dann brauchen sich diejenigen, die eine Laissez-faire-Haltung zur Natur haben, über nichts aufzuregen. Wir verlieren einige Gattungen und gewinnen andere. Menschen aber, die das irdische Leben schätzen, so wie es jetzt ist, sollten sich Sorgen machen. Das

Verschwinden so vieler anderer Tierarten mag bedeuten, daß auch wir schon mit einem Fuß im Grabe stehen. Wenn wir wirklich wollen, daß unsere Gattung sich noch ein wenig auf der Erde herumtreibt, müssen wir aufmerksam verfolgen, was wir anderen Spezies antun. Die Evolution ist nämlich eine Folge von Kompromissen, keine Siegerliste. Gregory Bateson zeigt dies in *Sacred Unity: Further Steps to an Ecology of Mind* auf: »Nicht das Pferd ist das Ding, das sich entwickelt hat. Was sich tatsächlich entwickelte, war eine *Beziehung* zwischen Pferd und Gras. ...Daher ist dort draußen die Einheit dessen, was man Evolution nennt, nicht diese oder jene Spezies. Sie ist ein umfassendes verzahntes Geschäft zwischen den Spezies.«

Ich blättere weiter in *Der Heimatplanet* und verweile bei einer Fotografie des Rio Negro, der sich durch das Amazonasbecken in Brasilien schlängelt. Meine Erinnerung zoomt aus dem Weltraum zum Fluß hinunter, in dessen dunklem und kristallklarem Wasser ich einst schnorchelte. Etwa hundert Kilometer südwestlich vermischt sich der tanninbraune Rio Negro mit den weißen Wassern des Rio Solimões in einer »Hochzeit der Wasser«. Ich bin an diesem Fluß entlang gewandert, in ihm geschwommen und habe an seinen Ufern, die von immer noch namenlosen Pflanzen und Tieren wimmeln, geschlafen. Wenn man an Land ging, hatte man das Gefühl, als ob man ein dichtes grünes Gewölbe beträte. Ich erinnere mich an den Biß der Feuerameise und die Fluoreszenz des blauen Pfeilgiftfrosches. Damals war ich noch nicht besorgt wegen der Frösche; heute bin ich es.

Überall auf der Welt verschwinden die Frösche. Ein Freund erzählte mir, daß er während seiner Arbeit in Panama eine Entdeckung machte: Spuren von Insektenabwehrmitteln auf seinen Händen töteten jeden Frosch, den er versehentlich berührte. Ich habe außerdem davon gehört, daß ein Virus, der sich bereits über alle Kontinente ausgebreitet hat, für den Tod der Frösche verantwortlich sein soll. In Monteverde in Costa Rica gab es eine hübsche goldfarbene Krötenart, an der sich die Einwohner viele Jahre erfreuten. Kürzlich berichteten sie, daß keine Kröten mehr zu finden seien. Niemand weiß genau, ob die Krötengattung ausgestorben ist, aber wahrscheinlich ist es so. Auf die meisten Menschen üben Frösche nicht genug Zauber aus, um sich ihretwegen Sorgen zu machen. Aber die Geschwindigkeit, mit der die Frösche verschwinden, sollte uns wirklich einen verdammt großen Schrecken einjagen. Paul Ehrlich hat gesagt, daß der Verlust einer Spezies genau so sei, als ob die Nieten aus einem Flugzeugflügel herausflögen. Wahrscheinlich kann eine Unmenge Nieten aus dem Flügel herausfliegen, und die Maschine stürzt trotzdem nicht ab. Aber kein Ingenieur flöge gerne mit diesem Flugzeug. Vielleicht wäre nach dem Verlust von hundert Nieten immer noch nichts geschehen. Aber irgendwann geht es dann um die Schlüssel-Nieten. An welchem Punkt genau wären so viele Nieten verlorengegangen, daß bei der nächsten der ganze Apparat zusammenkracht? Bilden wir eine andere Analogie: Denken Sie an das Fällen eines Baumes. Nach den ersten Hieben mit der Axt kann sich der Baum noch selbst heilen, und er wird nicht umstürzen. Auch wenn man eine Zeitlang weiterhackt, mag er überleben, falls nicht gerade ein Sturm aufkommt. Aber wenn man nur noch ein ganz klein wenig fortfährt, dann stürzt er um – gleichgültig, was geschieht. Und genau so ist es mit dem Leben auf der Erde. Wir pfuschen an ihm herum, ohne zu wissen, wann der *point of no return* erreicht sein wird.

Die Versuchung ist verlockend, nur große, attraktive gefährdete Tiere für schützenswert zu halten. Die meisten Menschen glauben, ihre Lebensqualität würde sich bessern, wenn noch mehr Insekten ausgerottet würden. Für das Leben auf der Erde braucht man aber Insekten ebenso wie Bakterien. Vielen Menschen fällt bei Bakterien nur Krankheit und Tod ein. Trotzdem: Gäbe es keine nützlichen Bakterien, dann wären wir bald von der Erde verschwunden. Kürzlich wurde eine Reihe biologisch wichtiger Bakterien im Fledermauskot identifiziert, der nur in bestimmten Höhlen vorkommt. Verlören wir die Fledermauskolonien in diesen Höhlen, würden wir auch viel von der biologischen Mannigfaltigkeit verlieren, die wir benötigen.

Biologische Vielfalt ist als genetische Farbpalette entscheidend für den Fortbestand des irdischen Lebens und auch für unsere Gesundheit. Ich bin versucht, dies in einem Anfall von Spiritualität als eine Art strenge Moral zu beschreiben: Die Vielheit an Pflanzen, Insekten und Fischen ist auf dieser Welt, um perfekte Gegenmittel für bestimmte menschliche Krankheiten zu liefern. Digitalis (Fingerhut), Chinin (Chinarinde), Aspirin (Weide) und Tausende anderer Heilmittel haben uns gezeigt, daß das Arzneibuch des Regenwaldes viele heilende Substanzen enthält – weil alles Lebendige eng verwandt ist. Ein segmentierter Wurm unterscheidet sich in Gestalt und Funktion radikal von einer Hortensie, einem Ozelot oder einer Schwimmannschaft. In unserer Vorstellung ist das Leben auf der Erde ein Fest abenteuerlich unterschiedlicher Wesenheiten, aber auf molekularer Ebene unterscheiden sie sich nur geringfügig. Ihre Zellen, Organe und Flüssigkeiten enthalten ähnliche Stoffe und funktionieren ähnlich. Die Chemikalien der Erde können einander ausgleichen, reizen, verdünnen, beruhigen und ablenken – wie Pigmente, die man vermischt –, da sie im wesentlichen alle aus den gleichen Rohmaterialien zusammengesetzt sind. Schimpansen sehen ganz anders aus als Menschen, aber unsere Gene unterscheiden sich nur um 1,6 Prozent. Es gibt eine tiefreichende Verwandtschaft zwischen allem Lebenden – nicht nur auf einer spirituellen oder moralischen Ebene oder weil wir zufällig Nachbarn wären, sondern physikalisch, funktional, in unseren Verhaltensweisen, in unserem Verlangen, in unseren Genen. Unser gemeinsamer Vorfahr ist das Leben, und dazu noch eine seltene Form, nämlich irdisches Leben, das seine ganz eigenen grundlegenden Gestalten, Symbiosen und Motive entwickelt hat. Dies läßt uns einem Panda immer näher sein als einem Stein und wahrscheinlich ebenso allen Facetten des Erdenlebens näher verwandt sein als jenen Lebensformen, die wir irgendwo sonst im Universum entdecken mögen. Oberflächlich gesehen sieht ein Gürteltier anders aus als ein Kumquat, aber die Biofamilien der Erde sind dennoch eng verwandt.

Immer mehr Gattungen drohen auszusterben, und damit werden auch immer mehr Farbschattierungen aus dem Kaleidoskop des Lebendigen ausgelöscht: Als Folge vermindert sich die Zahl der möglichen Kombinationen. Vielfalt ist nicht nur das Gewürz des Lebens, sie ist sein unentbehrlicher Bestandteil. Sollten wir also die letzten verbliebenen Pockenviren bewahren? »Was haben die Pocken jemals Gutes bewirkt?« argumentieren viele. »Man denke nur an das Leid, das sie verursacht haben. Löschen wir sie ein für allemal aus!« Ich bin froh, daß die Viren sicher verschlossen sind, und ich bete, daß sie niemals aus ihrem Gefängnis entkommen mögen; aber sie könnten eines Tages ein uns heute noch nicht einmal vorstellbares Trauma verstehen und lösen helfen.

Was könnte dorniger sein als die komplexen Probleme der Öko-Ethik? Ich vermute, daß sich eines Tages viele Universitätsabteilungen und Denkfabriken solchen Debatten widmen werden. Ich weiß nur, daß das Leben – für mich – ein unwahrscheinlicher und außerordentlicher Zufall ist, eine faszinierende Situation, in die sich die Materie selbst begeben hat. Ich schätze die Vielfalt des Lebens und hätte davon gerne so viel wie möglich um mich.

Warum schätzen wir, was rar ist? Das Wort *rar* impliziert

ungewöhnliche Qualität, verstärkt durch andauernde Seltenheit. Seltenheit oder Rarität ist nicht das gleiche wie Knappheit, denn letztere ist ein vorübergehender Zustand. Wir entstammen einer langen Reihe kooperativer Geschöpfe – sollten wir also nicht alles wertschätzen, was uns vereint? Betrachten wir zuerst einmal die Rolle, die Neues in unserer Erbmasse, in unseren Zellen tatsächlich spielt. Unsere Sinne antworten auf *Veränderungen* in der Umwelt. Ein Löwe, der im Gras steht, ist so lange keine Bedrohung, bis er Ihnen den Kopf zuwendet und anfängt, Sie anzugreifen. Falls Sie in der Vergangenheit bereits Löwenangriffe überlebt haben, dann werden Sie vielleicht die ersten Millisekunden der Gefahr erkennen – die Augen des Löwen, die Sie erfassen und Sie im Raum fixieren, die Anspannung seiner Schultermuskulatur, das Senken des Kopfes, wenn er loszurennen beginnt. Wenn in einer solchen Szene eine Veränderung eintritt, erhalten unsere Nervenzellen ein Signal. Der Körper wird in Alarmzustand versetzt. Ein unhörbarer Pfiff fährt durch das Fleisch. Der Körper strafft sich, um zu kämpfen oder zu fliehen.

Der Stillstand, der einerseits sehr begehrenswert ist, weil er Sicherheit und Ruhe vermittelt, wird uns andererseits schnell langweilig: Der Körper verwischt die Details. Wenn sich nichts ändert, können die Nervenzellen ruhig bleiben. Es wird kein Adrenalin benötigt. Der Blutdruck muß nicht steigen. Das Gehirn muß nicht aus seinem Nickerchen aufschrecken. Wäre dem nicht so, würden wir in einem Schneesturm der Wahrnehmungen leben, in einer Art Sinnenlärm. Wir würden fortwährend unser Uhrenarmband spüren, den Pullover, die Brille. Wir wären niemals in der Lage, irgend etwas als »selbstverständlich« zu betrachten. Damit der Radau des Lebens sich in einem freundlichen Schleier verliert, hinter dem sich Nahrung oder Gefahr abzeichnen, müssen wir ihn als selbstverständlich annehmen. Aber wir sehnen uns auch danach, auf Veränderungen zu reagieren, da sie uns komplett wachrütteln und jedes Detail der Welt plötzlich als wesentlich, ausgeprägt und scharf definiert erscheinen lassen. Wenn irgend etwas Neues auftaucht, dann nehmen wir eine gründliche Einschätzung vor, alle unsere Sinne sind ganz aufmerksam – denn es könnte ja eine Bedrohung oder eine Nahrungsquelle oder ein Vorbote sein. Sekundenschnell wird Adrenalin ausgeschüttet, der Pulsschlag beschleunigt sich, das Blut strömt schneller, die Muskeln kontrahieren und stellen sich auf eine harte Probe ein. Wenn wir ruhig stehenbleiben und nicht fliehen oder angreifen, dann stauen wir diesen so willkommenen Aufruhr in uns auf, und wir fühlen uns, als ob wir gleich überschäumen, »aus der Haut fahren« könnten. Wir empfinden eine Erregung, die – in Abhängigkeit von der Größe der Bedrohung oder der günstigen Gelegenheit – intensiver wird. Untersuchungen haben gezeigt, daß der Testosteronspiegel von Männern steigt, wenn eine unbekannte Frau den Raum betritt. Das Neue wühlt uns bis in die Eingeweide auf.

Aber es erregt uns auch als Vorstellung. Was ist das Leben? So fragen wir und wissen schon, daß die Antwort nicht als Schlagzeile daherkommen wird, sondern als Summe. Leben – das bedeutet verkümmerte Klauen und Blumenbuketts und Staubmilben und Krokodilleder und Federn und Walhaare (Wale sind Säugetiere und haben deshalb Haare) und Baumfroschserenaden und Vorhäute und blaue Hortensien und Bananenschnecken und Kriegstänze und Zedernholzsplitter und Bombardierkäfer. Immer wenn wir etwas Seltenem begegnen, fügen wir es der anscheinend endlosen Liste der Formen hinzu, die das Leben annehmen kann. Verwundert lächeln wir, während wir noch eine weitere Variation eines uralten Themas entdecken. Um eine Melodie zu erkennen, müssen wir alle Noten hören. Deshalb ziehen uns neue Noten an, Noten, die unsere Freunde noch nicht gehört haben.

Manchmal können wir als Sammler seltener Überbleibsel – Briefbeschwerer, Plaketten, Gemälde – nur schwer verstehen, daß wir selbst auch eine Rarität sind. Vielleicht sind wir das seltenste Tier von allen, aber auf jeden Fall sind wir das gefährlichste. Wir brüsten uns gerne damit, daß wir an der Spitze der Nahrungskette stehen, die Wahrheit aber ist, daß wir uns vorgedrängelt haben. Andere Tiere sind schneller, zäher, stärker, besser bewaffnet. Wir sind nur schlauer. Unsere Gehirne frönen einer Form von Unheil, die wir in Ermangelung eines besseren Wortes »Gedanke« nennen. Wir gehören nicht aufgrund unserer Zahl zu den Seltensten der Seltenen, sondern wegen der Unwahrscheinlichkeit dessen, daß wir überhaupt hier sind, wegen der Geschwindigkeit unserer Evolution, wegen unseres machtvollen Zugriffs auf den ganzen Planeten und wegen der Unsicherheit unserer Zukunft. Wir sind evolutionäre Senkrechtstarter, die es besser verstehen, die Welt zu verwandeln, als sie zu begreifen. Die anderen Tiere können sich nicht schnell genug entwickeln, um uns gewachsen zu sein. Es ist möglich, daß auch wir ausgelöscht werden, und wenn das geschieht, dann werden wir nicht die einzige Gattung sein, die sich selbst sabotiert hat, aber ganz sicher die einzige, die dies hätte verhindern können. Wir glauben, wir seien unverwundbar, da so große Menschenmengen auf diesem Planeten leben. In einem gewissen Sinn sind wir ein Virus, der über die Welt hinwegfegt und sie dabei verwandelt und verschlingt. Ob wir eine Seuche sind oder nicht, wird sich erweisen. Unsere Gerissenheit hat uns erlaubt, große Flüsse nutzbar zu machen, am Himmel zu fliegen, obwohl wir dafür nicht gemacht sind, und sogar unsere Werkzeuge der Schöpfung hinzuzufügen – und deshalb denken wir, wir seien omnipotent. Wir haben eine tyrannische Methode erfunden, das Tun der Natur zu gestalten – und deshalb glauben wir, wir seien unsterblich.

In den letzten Jahren habe ich mehrere Reisen unternommen, um einige der seltensten Tiere und Ökosysteme zu sehen. Als Mitglied der Gattung, die für ihren Niedergang verantwortlich ist, empfinde ich das dringende Bedürfnis, sie zu bezeugen und zu feiern, bevor sie verschwinden. Aber ich habe auch selbstsüchtige Motive: Ich brenne darauf zu erfahren, wie Dinosaurier gelaufen sind, wie sich ihre Haut angefühlt hat, welche Töne sie hervorbrachten und wie sie ihre Kleinen verhätschelten. Es existieren einige wenig bekannte Gattungen, die schon einige Millionen Jahre länger auf dieser Erde leben als wir, aber aussterben werden, ohne daß wir sie überhaupt wahrgenommen, ohne daß wir ihre Eigenheiten und Gewohnheiten aufgezeichnet hätten. Es gibt so viele gefährdete Pflanzen und Tiere, daß es unmöglich wäre, ein erschöpfendes Buch über dieses Thema zu schreiben. Also faßte ich den Entschluß, mich auf drei stellvertretende Tierarten (die Mönchsrobbe, den Kurzschwanzalbatros und das Goldgelbe Löwenäffchen), zwei gefährdete Ökosysteme (das Amazonasgebiet und das Buschland Floridas) und ein »gefährdetes Phänomen« (die Wanderung des Monarchfalters) zu konzentrieren. Sie stellen einige der Aufgaben dar, denen das Leben im Augenblick nachgeht. Ich mußte einfach hinterherlaufen.

Für mich hat das immer bedeutet, die Tiere in ihrem natürlichen Lebensraum zu beobachten und dabei mit den Wissenschaftlern zusammenzuarbeiten, die ihnen ihr Leben gewidmet haben. Normalerweise bedeutet dies zumindest eine kleine Pilgerfahrt, die ich in vielfacher Hinsicht als befruchtend erlebe. Zuweilen aber werde ich – um mit den Worten eines Rezensenten zu sprechen – als »eisenharte Abenteurerin« beschrieben. Das war als Kompliment gemeint, jedoch ist dieser emotionale Schattenriß weit entfernt von meinen eigenen Motiven und Neigungen. Ich vermute, daß viele Menschen Wildnis mit Gewalt und Brutalität verbinden und annehmen, daß Frauen sich in einer solchen Welt nicht heimisch fühlen können. Giraudoux schreibt in *Undine:* »Die Hand einer Frau kann noch so weich sein, aber sie wird zu einer eisernen Schale, wenn sie ein Lebewesen beschützt.« Damit meint er nicht, daß sich die Frau in eine Walküre verwandelt, sondern daß Weichheit und Kraft nicht unvereinbar sind. Es gibt eine Kraft, zu der man sich in seltenen Momenten aufschwingt, eine Art Ausdehnung der Klugheit oder der körperlichen Fähigkeiten. Und es gibt eine Kraft, auf die man sich beschränkt, eine tundrahafte Geduld, Selbstverleugnung oder Bestimmtheit. Beide Formen der Kraft können in einer Innenstadt oder auf einem Universitätsgelände genau so oft auftreten wie in den Wäldern des Amazonasgebietes.

Als ich dreizehn Jahre alt war, wollte ich unbedingt eine Abenteurerin werden oder zumindest das, was man sich in diesem Alter darunter vorstellt. Ich brauchte Jahre, bis ich die wahre Landschaft dieses Wortes entdeckte – ihre nachtaktiven Bewohner und ihren emotionalen Treibsand. Und es bedurfte weiterer Jahre, bis ich verstand, daß ich gar nicht »Abenteurerin« *meinte*. Ich meinte eigentlich eine Art Naturwissenschaftlerin/Dichterin, die durch die Wildnisse der Welt und die emotionalen Dschungel unseres Selbst patrouillierte – bewaffnet mit Fußangeln aus Sätzen und Pfeilspitzen aus Staunen. Es gab eine literarische Tradition, der ich mich anschließen konnte, obwohl ich das damals gar nicht ahnte. Dazu gehören stilvolle Romanautoren wie Melville und Conrad, die das »wilde Land der Seele«, wie es Wallace Stevens später nannte, durchwandert hatten, aber auch rhapsodische Sachbuchautoren wie Loren Eiseley und Guy Murchie und literarische Forschungsreisende wie – unter vielen anderen – Sir Richard Burton. Sie alle elektrisierten mich Lehnstuhlreisende mit ihren Sinneskarawanen. Heutzutage erfüllen für viele Menschen Kino und Fernsehen diese Funktion, ich aber liebe es immer noch, die Welt durch die Linse eines in der Hand gehaltenen Buches zu sehen und dabei die Sichtweisen und Einsichten anderer meinen eigenen hinzuzufügen.

Ich liebe es, mit Worten zu skizzieren, Porträts des Lebens zu versuchen und Dinge abzuwägen. Einige allzu humorlose Menschen, die anscheinend zu genau wissen, *wozu* die Natur da ist, um sich an ihr erfreuen zu können, glauben, daß Ernsthaftigkeit ohne Moralpredigten nicht denkbar sei und Aufrichtigkeit nicht ohne Strenge. Die Natur ist in der Tat heilig und muß beschützt werden. Wir alle sollten uns dringend um das Schicksal unserer Tiere und Ökosysteme kümmern und alle Kräfte zu ihrem Nutzen anspannen. Aber die Natur ist auch ein großer Spaß. Wer behauptet, Natur sei nicht mit Vergnügen vereinbar, der verpaßt viel von der Freude, lebendig zu sein, und bestreitet die Neugierde, die Ruhelosigkeit, das Feiern, das Geistige, die Erfindungsgabe, das Spiel und andere Eigenarten, die uns erst zu Menschen machen. Wenn ich die Einzigartigkeit des Elefanten oder des Laubenvogels respektiere, warum sollte ich nicht das gleiche mit der Einzigartigkeit des Menschen tun?

Ich bete immer, es möge bei meinen Expeditionen keine Unfälle geben, und ich versuche immer Unbequemlichkeiten zu vermeiden. Aber es hat keinen Zweck so zu tun, als wäre es nicht ab und an ein guter altmodischer Spaß, wenn man entdeckt, daß man wirklich und wahrhaftig dreckig werden muß – wenn man tief in eine Höhle hineinlangen muß, um ein antarktisches Prion zu überprüfen, wenn man bis zu den Hüften im Amazonasschlamm watet oder durch Unmengen von Guano schlurft. Manchmal ist es so, daß ich dieses tiefsitzende Kind-der-Erde-Strahlen um so mehr empfinde, je dreckiger, hungriger, wunder und wettergepeinigter ich bin. Nur weniges ist befriedigender, als der Natur zu ihren Bedingungen zu begegnen, ihr bei ihren rhythmisch wiederkehrenden Forderungen aufzuwarten und dann zu versuchen, sie kurz im Netz der Phantasie zu fangen, ihre Gesten und Stimmungen zu studieren und das Drama, das sich normalerweise in vier Dimensionen ausspinnt, für einen Augenblick anzuhalten und vorübergehend in nur zwei Dimensionen Platz nehmen zu lassen.

Wenn ich meine Notizbücher später wieder lese, dann begleiten sie mich zurück zu Menschen, Orten und Ereignissen, die ich vielleicht nie wieder erleben kann. Die Kartographie des Lebens wandelt sich so schnell. Es war sinnvoll, daß ich die Albatros-Expedition – eine schwierige Seereise – auf diese Weise empfunden habe, aber ich war überrascht, daß alle meine Expeditionen von diesem Gefühl der Dringlichkeit erfüllt waren. *Ich* hatte es gewöhnlich sicher und bequem, aber für die Tiere, zu denen ich reiste, ging es jeden Tag um Leben und Tod; und deshalb schrillte ununterbrochen ein Alarmsignal in meiner Brust. Wenn ich nach den Expeditionen nach Hause kam, geriet ich jedes Mal in einen Sturzbach der Gefühle: Das Gefühl der Vergünstigung gehörte dazu, das Staunen, die Entschlossenheit, den Tieren in jeder mir möglichen Weise zu helfen, und jener spezielle Stich, den man fühlt, wenn man – vorsorglich – »Lebewohl« sagt zu Freunden, die in den Krieg ziehen.

Mönchsrobben

Im Mythos der Menschen, die vom Meer leben, ist es wohl-
bekannt, daß versteckt in den dunklen Gründen der Augen
mancher Robben Geister leben, die bestimmte Menschen rufen. Die Iren unter uns und einige Skandinavier, die lange am
Rand des Meeres gelebt haben, können die Botschaft am besten hören. Diese Robben, sagen sie, sind in Wirklichkeit
Fischer, die bei irgend etwas ertappt wurden, was die Götter
nicht erfreute, und deshalb dazu verurteilt wurden, für immer in einer haarigen Haut zu leben und nach dem Willen
der Winde und Gezeiten zu wandern. Hin und wieder rettet
solch eine Robbe das Leben eines ertrinkenden Seemanns
und wird daraufhin von ihrer tierischen Bindung befreit. Sie
verwandelt sich in ein schönes Mädchen und nimmt den See-
mann zum Gemahl, aber aus dieser Vereinigung werden keine Nachkommen entstehen, und die alte Frau im Dorf weiß
auch den Grund. Diese schönen Wesen haben immer dunkel-
braune Augen und weiche Körper, und sie liegen wach im
Bett, wenn der Vollmond durch das Fenster strömt.
Und ihre Füße sind ein wenig kälter als die Füße gewöhn-
licher Frauen.

Victor Scheffer, The Year of the Seal

In Tagträumen habe ich ihr Gesicht gesehen: ein knolliger, mit silbrigem Pelz bedeckter Kopf mit schwarzen Knopfaugen, eine Schnauze, auf der sich elastische Nasenlöcher wie Fragezeichen öffnen, kleine zipfelartige Ohren, ein Büschel Barthaare und viel teigiges Kinn. An Land schleppt sie sich mühsam voran oder galoppiert wellenschlagartig vorwärts wie eine vierhundert Pfund schwere Schnecke. Das Wasser jedoch gibt ihr die Freiheit, sich zu drehen und zu wenden und davonzujagen. Dank der beiden kraftvollen Flossen am Hinterkörper kann ihr torpedoförmiger Körper sogar einen Hai überholen. In den Büchern steht, daß sie bis zu zwei Meter lang wird. Sämtliche Photographien zeigen allerdings nur undeutliche Wesen in der Ferne. Da sind keine vertrauten Details – keine Berührung, kein Geruch, kein Laut, keine Bewegung. Auch wenn ich als Ausgangspunkt meiner Reise noch so lange in die geistige Quelle eines Photos stiere, um die Ecken des Fotopapiers kann ich nicht sehen, wie sehr ich mich auch anstrenge. Also frage ich mich, wie eine Mönchsrobbe wohl aussehen und wie sie sich fühlen mag. Ist sie stark? Die meisten Robben sind es, aber diese hier ist ungewöhnlich. Mönchsrobben sind tatsächlich die ältesten Robben. Aber wie sahen die ursprünglichen Robben aus? Auf den Fotos wirken die Mönchsrobben jung und ungeformt, und sie haben runde, puppenhafte Gesichter. Sahen die Urrobben auch so aus – nur sanfte Linien und Kurven, ein einziges Fließen und Wölben wie der Planet selbst?

Endlich kommt French Frigate Shoal unter uns zum Vorschein. Hinter dem dünnen weißen Petticoat seiner Brandungslinie erstreckt sich ein langer Komet aus Wasser im Pazifik. Am Korallenatoll ist das Meer vorwiegend flach, der Boden ist sandig; an den Außenrändern fällt das Riff steil ab. Die Inseln selbst sind ganz unterschiedlich geformt und liegen isoliert wie die verstreuten Teile eines Puzzle. Die unterschiedlichen Farben des Ozeans verraten, welche der Inseln von Korallenköpfen oder sandigen Untiefen umgeben sind und wo tiefe Kanäle verlaufen. Sie könnten nicht zerbrechlicher sein. Einige scheinen groß genug für ein kleines Gebäude, andere hingegen sind winzig wie Sandkästen, und von Zeit zu Zeit verschwinden sie wirklich.

Dieser hufeisenförmige Klecks aus Inselchen und Sandbänken beherbergt das letzte Schutzgebiet der Hawaii-Mönchsrobbe, »ein lebendes Fossil«, wie einige sie nennen, eine Robbe, die so alt, so selten und so schüchtern ist, daß sie fast wie ein Mythos erscheint. Jahrtausendelang zog sie in Schwärmen durch den Pazifik, die Karibik und das Mittelmeer. Sie war der erste Flossenfüßer, der von Aristoteles beschrieben wurde, die erste Robbe, die Kolumbus sah. Da Mönchsrobben zahm und vertrauensselig sind und die Küstennähe lieben, wurden sie scharenweise abgeschlachtet. Bei dem Wort »Ausrottung« denken wir an eine Greueltat, die in der Meerestruhe unserer Vergangenheit verschlossen liegt, an etwas, das vor langer Zeit geschah, aber nicht an einen Prozeß, der sich augenblicklich vollzieht. Aber die letzte karibische Mönchsrobbe wurde 1952 registriert. Ich war vier Jahre alt, lebte in einer Kleinstadt in Illinois, spielte im Pflaumengarten gegenüber meinem Elternhaus und lernte zählen. Weder wußte ich, daß ein Tier, das vierzehn Millionen Jahre überlebt hatte, zu diesem Zeitpunkt am Aussterben war, noch ahnte ich, daß ich eines Tages sein Verschwinden betrauern würde, und mir war auch nicht klar, daß die meisten Menschen Mönchsrobben nur in Büchern oder ausgestopft im Museum sehen würden.

Einige Mönchsrobben leben noch im Mittelmeer, aber es sind verschwindend wenig, und sie werden selten gesichtet. Es ist noch nicht lange her, als zwei Forscher, die sie studieren wollten, mit ihrem Jeep bei der Fahrt durch Marokko auf eine Landmine stießen und starben. Der Lebensraum der Mittelmeer-Mönchsrobbe ist unter so vielen Regierungen aufgeteilt, daß eine organisierte Forschung nicht durchführbar ist. Und Mönchsrobben werden auf jeden Fall durch menschliches Treiben verjagt – durch Motorboote, Flugzeuge, Fischfang, Touristen. Das ruhige und seelenvolle Mittelmeer des Aristoteles, in dem die Sirenen einsame Lieder sangen, hat sich in einen Karneval aus Trubel, Spaß und Kommerz verwandelt. Die einzige Hoffnung für die gesamte Gattung *Monachus* liegt bei den verbliebenen Hawaii-Mönchsrobben, die ein abgelegenes Versteck gefunden haben. Aber sogar diese Robben werden von Problemen geplagt.

Die Mönchsrobbe möchte in den alten Meeren weiterleben, für die sie geschaffen war. Aber diese Gewässer sind verschwunden. Schadstoffe, Plastik und Angelschnüre treiben auf dem Wasser, und Hominiden stampfen die Strände entlang oder rasen über die Riffe. Auf einer der zentralen Brutinseln der Mönchsrobben ragt tatsächlich ein Loran-C-Satellit-Navigationsturm empor. Gelegentlich schleppt sich eine schwangere Mönchsrobbe an einen vornehmen Strand einer der Hauptinseln Hawaiis. Ironischerweise glauben die Touristen, die sich selbst stundenlang glückselig in der Sonne braten lassen, daß eine Robbe, die dasselbe tut, gestrandet oder in Not sein muß und treiben sie zurück ins Meer.

Das kann sie und ihre Jungen töten. Mönchsrobben suchen sich einen Strand sorgfältig aus, indem sie das Terrain und die Tiefe des Wassers einschätzen. Wird eine Robbe von Menschen erschreckt, sucht sie nach einem anderen Brutplatz, einem mit weniger Menschen, selbst wenn seine Landschaft weniger ideal ist. Die weibliche Mönchsrobbe benötigt eine flache Uferfläche für ihre Jungen, nah bei der Küste, wo sie sie beschützen und ernähren kann. Tiefes küstennahes Gewässer lädt Haie ein, die lautlosen Plünderer des Riffs, die eine Vorliebe für Robbenjunge haben.

Plötzlich nimmt Tern Island unter uns Gestalt an. Es ist eine lange, sandige Insel in der Form eines Flugzeugträgers, die 1942 während des Krieges im Pazifik von der US-Marine als Vorposten benutzt wurde. Vor der Landung ziehen sich die Piloten weiße Sturzhelme auf – für den Fall, daß ein unberechenbarer Vogel die Windschutzscheibe trifft und zerschlägt. Sie richten das Flugzeug auf die breite Korallen-Landebahn aus, stellen den Motor ab und beginnen in Zeitlupe den Landeanflug. Ein großer Schwarm von Fregattvögeln, Seeraben und Seeschwalben explodiert wie Flakfeuer in der Luft um uns herum. Als wir aufsetzen, fliegt ein zweiter Vogelschwarm auf – dieses Mal sind es braune Noddies, Sturmtaucher und Regenpfeifer –, und in einem Wirbelsturm von Vögeln kommen wir schließlich vor einer langen Kaserne zum Halten. Auf dem Schild davor steht: »Tern Island, French Frigate Shoals. Population 4«.

Der Leiter dieser Zufluchtstätte und drei Forscherinnen kommen heraus, um uns zu begrüßen und die mitgebrachten Lebensmittelkisten in die Feldstation zu tragen. Ein hufeisenförmiges Gebäude mit zwei langen Korridoren, die von einem großen Gemeinschaftsraum und einer Küche wegführen, beherbergte einst Dutzende von GIs. Jetzt stehen die meisten kleinen Schlafzimmer leer. Der offene Eßsaal, der Freizeitbereich (komplett ausgerüstet mit Tischtennis- und

Billardtisch, Bücherei und Videogerät), die separaten Lager-
räume und die Waschküchen verleihen dem Gebäude die
Atmosphäre eines College-Wohnheimes. Vier riesige Kühl-
schränke beherrschen die Küche, und die begehbaren Vor-
ratskammern sind mit ausreichend Essen und Getränken für
mehrere Monate in Isolation ausgestattet. Das Wasser wird
auf dem Basketballplatz am Gebäude gesammelt und gereinigt. Ein kleiner, heißer »Trockenraum« schützt die Medikamente der Station, ebenso wie den Computer, den Foto-
kopierer, die Walkie-talkies und andere empfindliche Geräte.
Ein Generator sorgt für Licht und Strom. Aber wenn jemand
auf dem Kurzwellenfunk spricht, muß das Licht ausgeschaltet
werden, um Strom zu sparen.

Ich bin mit William Gilmartin, dem Direktor des Mönchs-
robben-Projekts, nach French Frigate Shoals gekommen, um
die diesjährigen Babys zu markieren und den Allgemeinzu-
stand der erwachsenen Robben zu überprüfen. William
Curtsinger, ein Fotograf des *National Geographic*, hat sich
uns angeschlossen. Gilmartin ist ein großer, dünner, bärtiger
Mann in den Fünfzigern mit dünner werdendem Haar, riesigen Händen, markanter Nase und Stirn. Curtsinger ist leicht-
wüchsig, blond, vierundvierzig und hat ein Gesicht, das von
vielen Jahren Arbeit in der Sonne und am Meer gegerbt ist.
Auf Gils orangebraunem T-Shirt steht: »Hawaii – ich habe
eine Heimat gefunden.« Bill trägt ebenfalls ein T-Shirt, hell-
blau, ohne Aufdruck. Wir werden eine Woche lang ein Team
sein.

Auf Expeditionen ist es gut zu essen, wann immer man die
Gelegenheit dazu hat, ohne Rücksicht auf Zeit und Hunger.
Deshalb genehmigen wir uns ein schweres Frühstück, als wir
einen Topf mit Chili und Reis in der Küche finden. Dann
bringe ich meine Ausrüstung in mein Zimmer, die Nummer

13 auf der Ostseite des Gebäudes. Bill und Gil haben sich Zimmer auf der Westseite ausgesucht, deren Fenster sich zu einem Hof hin öffnen, der voller brauner Noddies und Sturmtaucher mit keilförmigen Füßen ist. Meine offenen Fenster haben Blick auf Strand und Meer. Wären da nicht die schrägen, mit Guano bespritzten Fensterscheiben, könnte eine Seeschwalbe, die mit ihrem Spiegelbild debattiert, geradewegs hereinfliegen und auf dem Holztisch landen. Eine Garnison kleiner Ameisen marschiert über einen staubbedeckten Spiegel, der über einer Kommode hängt. Als ich eine verzogene Schublade öffne, entdecke ich noch mehr Ameisentrupps, und mir wird schnell klar, daß sie überall sind; eine Handvoll schlängelt sich sogar über die weiße Fläche meines Bettes. Die Ameisen sind so harmlos wie die Geckos, die die Abfalleimer im Speisezimmer abpatrouillieren; es macht mir nichts aus, meine Kleidung zwischen sie zu legen. Huscht unerwartet ein Käfer oder Reptil neben meiner Hand umher, läßt mich ein uralter Instinkt zusammenzucken. Aber ich erinnere mich daran, was für schwache Vorposten wir in der Wildnis bauen, als ob Mörtel, Metall, Glas und Linoleum tatsächlich, und sei es nur vorübergehend, die Natur von uns fernhalten könnten. Die Natur wartet immer ein Weilchen und schickt dann eine Kolonne Ameisen, Geckos, Vögel oder Käfer herein – die Wo-du-sie-am-wenigsten-vermutest-Brigade, die Spezialisten für entlegene Ecken. Deshalb habe ich nichts gegen die Ameisen in meinem Bett hier, genauso wenig wie mich die Strumpfbandnatter aufregte, die ich vor einer Woche im Wohnzimmerfenster meines Hauses im Staate New York entdeckte, als sie sich auf einer Chrysantheme im Blumentopf aalte. Es ist schön, gelegentlich daran erinnert zu werden, daß Grenzen willkürlich sind und absolute Kategorien wie »außen« und »innen« sich auch einfach umkehren können.

Gil erscheint in schwarzen Radlershorts aus Elasthan, einem zerrissenen T-Shirt und einer Schirmmütze an meiner Tür. In der einen Hand hält er ein kleines Notizbuch, in der anderen einen großen weißen Plastikeimer mit der Aufschrift MARKER. »Fertig?« fragt er. »Vergiß den Sonnenschutz nicht.« Die Mittagssonne kann grausam sein, wenn sie vom Korallensand reflektiert wird. Nur tollwütige Hunde und Feldbiologen setzen sich ihr aus.

Bill, Gil und ich treffen uns am Bootssteg, wo wir einen alten elektrischen Kran benutzen, um einen orangefarbenen Boston Whaler ins Wasser abzusenken. Unsere erste Station wird heute East Island sein, eine lange, pantoffelförmige Insel neun Kilometer südöstlich von Tern, einst Station der Küstenwache. Das Meer hebt und senkt sich. Jetzt ist der Zeitpunkt genau richtig: Wir springen in das wackelnde Boot, ziehen unsere Rettungswesten an, prüfen die beiden Kurzwellenfunkgeräte und machen uns auf den Weg. Nach einer vierzig Minuten langen Fahrt, auf der unsere Knochen gründlich durchgerüttelt werden, sehen wir ein Zierdeckchen am Horizont, das auch beim Näherkommen flach bleibt. Das ist East Island, die nur aus grobem Korallensand und pulverisierten Muschelschalen besteht, sechshundert Meter lang und hundertzwanzig Meter breit und nie mehr als zwei bis drei Meter über dem Meeresspiegel. Tatsächlich sieht East Island eher wie eine Schwiele oder ein Knieschützer aus und nicht wie eine Insel, und ein starker Sturm würde sofort das Meer über sie hinwegspülen. Maskentölpel, rußige Seeschwalben und Laysan-Albatrosse fliegen zu unserer Begrüßung auf, als wir uns unseren Weg durch das Korallenriff bahnen und schließlich an der Leeseite der Insel ankern. Bill wirft den Heckanker aus; ich rutsche mit einem zweiten Anker über den Bug und renne an den Strand, um seine Stahlklauen in einer kleinen Düne zu vergraben. Gil gibt die Funkmeldung an unsere Station durch, daß wir auf

East angekommen sind. Bei der Abfahrt werden wir wieder funken. Diese Routine vermittelt der Feldstation nur eine kleine Information in Parenthese, eine mentale Klammer, über die sie uns finden kann. Aber falls unserem Boot etwas passierte, wüßten sie zumindest, wo sie mit der Suche beginnen müßten.

Wir waten durch das warme Wasser und tragen dabei die Eimer und die Ausrüstung auf den Köpfen wie Dschungelträger; am Strand legen wir alles auf einen Haufen. Auf jeder ungeschützten Hautstelle brennt die Sonne so heiß wie ein Brandeisen. Es gibt keinen Schatten, und der unregelmäßige Korallensand reflektiert wie Millionen kleiner perfekter weißer Zähne die gesamte Wucht der Sonne. Gil erzählt, daß Forscher in ruhigen Minuten manchmal versuchen, in den Korallenfragmenten ihre Initialen zu finden. Ich bücke mich, nehme eine Handvoll hoch und lasse Tausende kleiner Namenszeichen zwischen meinen Fingern hindurchgleiten. Da sie bedeutungsvoll aussehen, wird mein Verstand angeregt, Ordnung hineinzubringen. Aber das ist bloß ein Reflex. Unsere Sinne suchen nach Mustern, und wenn wir sie finden, ist es schwer, den Zufall als Urheber zu akzeptieren. Aber nur indem das Meer ganz zufällig an den Korallen herumfeilte, hat es diesen gemusterten Sand von erschütternder Schönheit hervorgebracht. Einen Augenblick lang kann ich fast das Zerren an meinem Verstand fühlen, als er die Korallen nach Bedeutung absucht, losläßt, absucht, losläßt.

Neben mir und auf der ganzen Insel verstreut liegen Abfallhaufen aus dem Nordpazifik – leere Flaschen, alte Zahnbürsten, Kämme, eine Baseballmütze aus Plastik, Riemen und Hunderte von Schwimmern aus handgeblasenem Glas, rund oder in Nudelholzform. Die Schwimmer, die vom Sonnenlicht Risse bekommen haben, glitzern in einer Phalanx aus zitternden Blau- und Grüntönen. Sie sind oft in Japanisch signiert, und einige, die trüb geworden sind, leuchten wie Kristallkugeln. Auf den ersten Blick scheint es, als sei die Insel bombardiert worden. Aber bei den flachen Kratern handelt es sich hauptsächlich um Schächte der grünen Schildkröte oder verborgene Nester der keilfüßigen Sturmtaucher. Ein hoher Loran-C-Turm steht an einem Ende der Insel, und ich folge dem Schatten seines Stundenzeigers hinunter zum Strand, wo er über die Flanke einer großen Mönchsrobbe fällt. Die Robbe, die brauner ist, als ich sie mir vorgestellt habe, und die sich an einigen Stellen häutet, sieht wie eine alte Couch aus Roßhaar aus, die jemand am Straßenrand stehengelassen hat. Ihr Bauch schimmert in einer blassen gelbbraunen Farbe, und ihre Brust ist grün von Algen. Während sie seelenruhig daliegt und döst, die Schnauze halb im Sand vergraben, umwirbeln Wellen ihr Gesicht und bedecken ihre Barthaare mit Schaum. Ich muß ans Ertrinken denken. Bei uns Menschen geht das Atmen so regelmäßig und automatisch vonstatten, unser Lufthunger ist so drängend, daß wir vergessen, daß einige Tiere Luft nach einem anderen Fahrplan verbrauchen. Nachdem die Robbe drei mal hintereinander ein- und ausgeatmet hat, bleibt ihre Brust zehn Minuten lang bewegungslos. Dann hebt sie ihren schweren Kopf, niest mit einer wilden Verrenkung des Nackens und läßt sich mit einem lauten Schnauben wieder auf den Sand sacken. Mönchsrobben leiden oft an Nasenmilben, die ihnen schreckliche Probleme mit den Nebenhöhlen bereiten können. Obwohl sie ihre schwimmhäutigen Vorderflossen benutzen, um sich an Gesicht und Mund zu kratzen, können sie die Milben nicht gut erreichen. Deshalb niesen sie oft, laut und mit verstopften Nebenhöhlen.

Zwei Junge erscheinen in der Brandung und treiben ein wildes Spiel. Ich vermute, daß es sie jene Fertigkeiten lehrt, die sie zu Paarung und Kampf benötigen. Gil ist sich da nicht sicher. Man weiß wenig über die Paarungsrituale von

Mönchsrobben. Paarungen wurden erst zweimal beobachtet – 1978 und 1982. Beide Male paarten sich die Tiere auf hoher See, und einer der Berichte ist sehr vage.

Als wir eine niedrige Düne entlangmarschieren, stoßen wir auf sechs große Robben, die parallel nebeneinander im Sand liegen. Ihre Größe ist beeindruckend.

»Sieh dir bloß diese Robben an, wie sie den Strand niederdrücken!« flüstere ich erregt.

Bill lacht. »Du denkst wohl, daß die Insel davonschweben könnte?«

Eine kleinere Robbe, die in der Inselmitte schläft, macht einige Atemzüge, wacht auf und bewegt sich wie ein Schaufelbagger aufs Wasser zu. Dabei zieht sie einen langen Graben. Mönchsrobben nehmen ihre Nahrung nachts zu sich, tagsüber aalen sie sich in der sengenden Hitze, aber sie lieben es, sich in eine kühlere, feuchtere Sandschicht einzubuddeln. An vielen Stellen finden wir die »Traktorpfade« der Robben, die sich zum Wasser geschleppt haben. Wenn die Spuren nahe beieinander liegen, stammt der Pfad vermutlich von einer großen grünen Meeresschildkröte, einer ebenfalls bedrohten Tierart. Fast 90 Prozent aller verbliebenen grünen Meeresschildkröten leben auf den French Frigate Shoals (das »Grün« bezieht sich auf ihr Fett, das eine grüne Färbung hat). Die Flossen der Robben berühren den Sand nicht so häufig wie die der Schildkröten, weshalb die Spuren etwas anders aussehen.

Gil beugt die Knie, zieht seine Schultern ein und schleicht sich näher an die schlafenden Mönchsrobben heran; er möchte nachsehen, ob Babys darunter sind, deren Flossen markiert werden müssen. Aus den Markierungen schließen die Forscher auf die Lebenszyklen und Wanderungen der Tiere sowie den Fortschritt des Rehabilitationsprogramms. Gil dreht sich zu mir um und deutet auf eine kleine dunkle Robbe ganz am Ende der Reihe. Mönchsrobben häuten sich jedes Jahr, und eine Zeitlang sieht ihr neues Fell schwarz wie Schiefer aus; dies ist sehr wahrscheinlich ein Junges, das seine erste Häutung hinter sich hat. Ich öffne den weißen Markierungseimer, entnehme ein Werkzeug, mit dem man Löcher in Ledergürtel macht, zwei abgenutzte Knieschoner, Papier und Bleistift, ein Maßband und zwei gelbe Plastikmarken für die Flossen. Die Farbe benennt das Jahr, in dem das Junge markiert wurde, der Zahlencode steht für die French Frigate Shoals. Die Löcher in den Marken enthalten ebenfalls Informationen über das Jahr, so daß die Marke immer noch lesbar ist, selbst wenn die Farbe ausgewaschen sein sollte. Jede Marke ist etwa 2,5 Zentimeter lang und wirkt wie ein geöffneter Kiefer. An einem Ende sitzt ein kleiner Knopf. Es ist ein einfaches, aber geniales Design. Ich prüfe, welche Seite nach oben gehört, welcher Teil zuerst hineingesteckt wird und wie der nächste Teil angebracht werden muß. Ich halte eine Marke in die Luft und probiere aus, mit welcher Handbewegung ich am besten den Knopf durch das gestanzte Loch zwänge und zurechtrücke. Kann ich die Marke mit beiden Händen fassen, um sie – falls nötig – durchzuziehen? Ich kann. Ich binde die Knieschützer um und wickele einen blauen Sarong um meine Hüfte; der Korallensand würde meine Haut ansonsten im Handumdrehen wund schürfen. Dann hänge ich die rechte Flossenmarke an die rechte Seite meines Schurzbundes und die linke auf die linke Seite. Wenn die Aktion nämlich erst begonnen hat, ist nicht mehr viel Zeit nachzudenken. Ich rolle das Maßband auf, klemme es unter das Beinteil meines Badeanzuges und lasse es einige Zentimeter heraushängen, so daß ich es schnell fassen kann.

Alles klar, nicke ich Gil zu und krieche hinter ihn. Heimlich und wachsam wie ein Raubtier kauert er sich hin, schleicht genau hinter die Robbe, klettert entschlossen auf ihren Rücken und packt ihr Gesicht mit beiden Händen. Die

Robbe erwacht mit einem lauten, gurgelnden *baah*! und beginnt sich zu drehen und zu winden, während ich herbeieile, hinter ihrem Schwanz auf die Knie falle und versuche, die Doppelflosse zu fassen. Sie schlägt wild mit ihr umher, so daß ich vor lauter Verwirrung kaum links und rechts unterscheiden kann. Ich schnappe mir eine der beiden in der Luft und presse sie flach auf den Sand, die andere schlägt mir währenddessen ins Gesicht. Mit der Lochzange fahre ich die Flosse entlang, finde eine gute Stelle und drücke fest zu – nichts passiert. Die Robbe zappelt und wehklagt. Also verlagere ich mein ganzes Gewicht auf meine Hände, drücke noch einmal zu, und dieses Mal höre ich das Klicken von Metall auf Metall und weiß, daß die Lochzange durchgedrungen ist. Ich ziehe sie zurück. Die Robbe schlägt mit ihrer Flosse voll in mein Gesicht und verschmiert Sand und Blut von meiner Stirn bis zum Mund hinunter. Schnell ergreife ich die linke Flosse, presse sie flach auf den Sand, um mich zu orientieren, finde den richtigen Hautlappen, gleite mit der Lochzange etwa vier Zentimeter hinein und drücke wieder mit äußerster Anstrengung und mit meinem ganzen Körpergewicht zu. Endlich klickt Metall auf Metall. Wenn diese Robbe Teil meiner gerade begonnenen DNA-Studie wäre, dann würde ich das Stückchen Haut für die genetische Analyse aufbewahren.

»Wie geht's voran?« ruft Gil von vorne. Mit gespreizten Beinen sitzt er nicht eigentlich auf dem Rücken der Robbe, sondern er pfercht sie ein und hält die Vorderflossen mit seinen Knien fest. Er hat ihren Kopf fest im Griff und hält so ihre scharfen Zähne von sich weg. Die Robbe bleibt auf diese Weise auf dem Bauch liegen.

»Bin beim Markieren«, rufe ich gerade zurück, als plötzlich beide Flossen nach oben fliegen, unter mein Kinn krachen und mir dann links und rechts eine Ohrfeige verpassen, so daß ich aus meiner knienden Haltung nach hinten ge-

schleudert werde. Ich krieche wieder an meinen Platz zurück, verblüfft über den Überraschungsschlag der Flossen.
Jede einzelne hat fünf Zehen mit Schwimmhäuten, die sich
dreißig Zentimeter weit öffnen und wieder so fest verschlie-
ßen können wie eine Auster. Beide Flossen werden von
einem einzigen kräftigen Muskel am Schwanzende bewegt,
der so dick ist wie ein menschlicher Arm. Jetzt klopfen und
rollen sich die Flossen, und es ist schwer zu sagen, welche
welche ist. Ich packe eine, drücke sie flach in den Sand, vergewissere mich, daß es die rechte Flosse ist, reiße die Marke
von meiner rechten Seite, drücke den Knopf durch das gestanzte Loch und ziehe das kleine surfbrettförmige Gelenk
hinterher. Während ich die Marke umbiege, um sie zu schließen, tanzt die Flosse in der Luft. Endlich bringe ich die Marke mit Gewalt an die richtige Stelle und vergewissere mich,
daß sie fest sitzt.

»Eine erledigt!« rufe ich Gil zu. Schweiß, vermischt mit
Sand und Blut, rinnt mein Gesicht hinunter. Das nasse Fell
der Robbe riecht kreidig süß. Das Tier beschwert sich mit
einem lauten, gleichmäßigen Gurgeln in tiefem Baßton,
während ich die verbliebene Marke von meinem Schurzbund
nehme und mich über die zweite Flosse hermache. Das
Ganze dauert nur Minuten, aber die fühlen sich lang und er-
schöpfend an.

»Zwei geschafft!« rufe ich Gil zu. Ich reiße das Maßband
los, schiebe das eine Ende an Gils Körper vorbei in seine
rechte Hand, so daß er es bis zur Nasenspitze der Robbe ziehen kann; das andere Ende ziehe ich bis zum Schwanzende.

»Eins fünfunddreißig«, rufe ich. Er wiederholt die Zahl.
Dann nehme ich das Maßband und krieche zur rechten Seite der Robbe, die mich argwöhnisch beäugt. Was für große
schwarze Augen und lange steife Barthaare! Sie hat eine
Spalte in der Nase wie eine Katze oder ein Lama und einen
weichen cremefarbenen Überbiß. *Baaah!* Ihr volltönendes

Gurgeln scheint aus großer Entfernung und wie aus einem Hallraum zu kommen.

»Unter die Flossen!« treibt Gil mich an.

Während ich auf die Zähne achtgebe, schiebe ich das Maßband unter das Kinn der Robbe, ziehe es unter der Brust hindurch und gerade hinter den Flossen über den Rücken.

»Eins-Null-Neun-Punkt-Fünf.«

»Das war's«, sagt Gil und klettert herunter. Die Robbe rollt sich auf die Seite, sieht uns an und fuchtelt mit einer Flosse in der Luft herum. Dabei sehen wir vier kleine Zitzen auf ihrer rehbraunen Bauchmitte und einen Vaginalspalt unter der Schwanzflosse.

Ein Weibchen. Ein wertvolles Jungtier. Eine ernsthafte Bedrohung der Mönchsrobben besteht nämlich darin, daß so wenig Weibchen übrig sind – vielleicht zu wenige für das Überleben der Art. Dieses Ungleichgewicht hat die natürlichen Abläufe so erschüttert, daß die Männchen zu bizarrem und zerstörerischem Verhalten Zuflucht nehmen. Auf zwei der wichtigsten Brutinseln, auf denen die Anzahl der Weibchen ungewöhnlich niedrig ist, trifft man auf ein grausiges Phänomen namens Mobbing. Bis zu zwanzig Männchen greifen ein einziges Weibchen an und versuchen, es zu begatten. Das kann mehrere Stunden dauern. Sie durchbohren ihren Rücken, reißen ihre Haut ab und den Speckgürtel bis zur Muskelschicht auf. In einigen Fällen legen sie sogar das Rückgrat frei. Derart zerfleischt stirbt das Weibchen entweder an den Verletzungen selbst oder durch Angriffe von Haien.

Mobbing nennen es die Forscher, und hinter diesem Euphemismus lauern Folter und Brutalität. Die Natur gewährt und erwartet keine Gnade, und deshalb stößt man häufig auf Naturforscher, die sich an Gewalt gewöhnt haben. Unser oberster Grundsatz lautet, daß wir uns nicht in das Geschehen der Natur einmischen dürfen. Eine Raubmöwe hat Junge, die ebenso Nahrung benötigen wie ein Pinguin. Und doch es tut weh, eine Raubmöwe zu beobachten, wenn sie ein Pinguinbaby zu Tode pickt und dessen Eingeweide herausreißt. Als ich das einmal in der Antarktis sah, hatte ich das Gefühl, als ob jemand an einem Stahlseil zöge, das direkt zu meinem Herzen führt. Die Natur ist in der Tat »rot an Zahn und Klaue«, wie Tennyson es formulierte. Von all den Eigenschaften, die uns Menschen ausmachen, sind Mitleid, Erbarmen und Mitgefühl die bemerkenswertesten. Manchmal hört man, daß Haustiere Mitgefühl zeigen oder daß Delphine Ertrinkenden helfen, aber wer kennt die Motive der Tiere? Die Delphinspezialistin Karen Pryor witzelte einst: »Vielleicht hören wir nur nie etwas von den Menschen, die von Delphinen aufs Meer verschleppt wurden.«

Besonders beunruhigend finde ich, daß Gewalt an Weibchen in der gesamten Tierwelt die Norm ist, obwohl sich die verschiedenen Arten in ihren Paarungsritualen unterscheiden. Sogar bei unseren nächsten Verwandten, den Schimpansen, kommt es vor, daß Weibchen, die Sex mit Männchen ablehnen, getötet werden. In Patagonien sah ich einen riesigen See-Elefantenbullen, der am Strand ein Weibchen nach dem anderen angriff. Jeder einzelnen riß er den Nacken auf, so daß sie stark blutete und vor Schmerzen bellte; dann zerquetschte er ihr bei der Begattung mit seinem Gewicht die Flossen und rollte sich über ihr Baby, um es zu töten. Die Evolution kann ein grausamer und erbarmungsloser Elternteil sein, bei dem durch die kleinste Veränderung der Umstände extremes Verhalten ausgelöst werden kann. Von allen Gefahren, denen die Mönchsrobben ausgesetzt sind, sind die eigenen voreiligen Instinkte am schwierigsten zu überlisten. Normalerweise werden die weiblichen Mönchsrobben während der Paarung natürlich nicht abgemetzelt; nur weil so wenige übrig sind, wird die Art durch wahnsinnig gewordene Männchen sabotiert. Eine größere Anzahl an weiblichen

Babys könnte das Problem lösen. Aber wie könnte das erreicht werden? Anders als die Krokodile, die durch die Art und Weise, wie sie die Eier im Nest plazieren, das Geschlecht ihrer Nachkommen bestimmen können, sind die Robben Sklaven des Zufalls. Daher muß jede weibliche Mönchsrobbe beschützt werden. Mobbing ist ein so akutes Problem, daß das Monk Seal Project ein Behandlungsprogramm gestartet hat, um die Männchen ruhig zu stellen. Die Idee besteht darin, den Testosteronspiegel der gewalttätigsten Angreifer zu senken. Im Sea Life Park in Honolulu überwacht Marlee Breese, die Kuratorin der Meeressäugetiere, solch ein Experiment mit vier erwachsenen männlichen Mönchsrobben, die sie als CRAMS (Convicted Rapists and Murderers – überführte Vergewaltiger und Mörder) bezeichnet. Falls das Experiment gelingt, werden die todeswütigen Männchen so lange an die Kandarre genommen, bis das Verhältnis von Männchen zu Weibchen wieder ausgeglichen ist.

Aus einem höflichen Abstand beobachten wir das frischmarkierte Jungtier, das sich am Strand hin und her rollt und sein Sonnenbad wieder aufnimmt, als wäre nichts Besonderes geschehen. Gil freut sich, auf ein weibliches Junges gestoßen zu sein, das rund und gesund und couragiert ist.

»Woher weißt du, welche Männchen du behandeln mußt?« frage ich ihn, als wir die Markierungswerkzeuge in den weißen Eimer zurücklegen.

»Es ist wichtig, daß man nicht die dominanten Zuchtbullen behandelt«, erklärt er. »Wahrscheinlich beschützen die dominanten Männchen die Weibchen vor den Horden der männlichen jungen Angreifer. Das Programm scheint bei den Testtieren zu funktionieren. Der nächste Schritt wird darin bestehen, ins Feld zu gehen und etwa sechzig Männchen auf Laysan mit dem Medikament zu behandeln. Das ist eine der Inseln, auf der Mobbing am schlimmsten ist.«

Zuckungen im Sand, so groß wie 50-Cent-Münzen, verwandeln sich in kleine Trichter, und ich weiß, daß sich irgendwo darunter grüne Babyschildkröten langsam durch ihr unterirdisches Nest bewegen. Heute Nacht werden sie sich freikämpfen und ihre lange Pilgerreise zum Wasser antreten. Drei Forscher von Tern Island kontrollieren regelmäßig ihr Treiben. Stoßen sie hier auf East Island auf ein Nest mit Brütlingen, graben sie dieses sorgfältig aus und nehmen die Schildkröten mit zurück nach Tern. Dort setzen sie sie bei Mondschein frei. Ich schlängele mich um die Schildkrötenlager und Vogelnester herum, steige über eine kleine Fischerplattform und stürze plötzlich wie durch eine Falltür direkt in ein Nest von Sturmtauchern.

Nachdem ich herausgeklettert bin, knie ich mich neben der Einsturzstelle nieder, schaufele den Sand weg und sehe vorsichtig hinein; es könnte ein Küken darin gefangen sein. Zum Glück ist das Nest leer. Bill nickt nachdenklich. Die Insel ist ein geheimes Labyrinth aus Behausungen für Vögel und Schildkröten, und er wird seine Kameras schützen müssen, falls er hinfällt. Aus der Ferne sah East Island flach wie ein Sanddollar aus, seine sanften Dünen sind allerdings hoch genug, um schlafende Mönchsrobben zu verbergen. Wir setzen unseren Spaziergang fort und stoßen immer wieder auf Mönchsrobben, die friedlich in der Brandung liegen, immer mit dem Gesicht zum Wasser. Ob sie wohl wachsam sind? Halten sie Ausschau nach Haien? Oder genießt eine Robbe einfach das Gefühl, wenn Wasser um die Barthaare plätschert, um die Schnauze zischt, um die Nase schäumt? Im Unterschied zu anderen Robbenarten bilden Mönchsrobben keine großen Gruppen. Sie sind asketischer (daher ihr Name) und ziehen gerne alleine los. Wie sie da so in regelmäßigen Abständen parallel nebeneinander am Strand liegen, scheint eine unsichtbare Kraft sie zu trennen – eine Art umgekehrter Magnetismus. Heute besetzen die Robben alle Strände von East Island, aber im Frühjahr ziehen die Mütter ihren Nachwuchs hauptsächlich auf der Südseite der Insel groß, wo das seichte Gewässer nur kleine Wellen schlägt. Drei bis Dreieinhalb Meter lange Tigerhaie ziehen in dem hüfthohen Wasser der Nordseite auf und ab und halten Ausschau nach vereinzelten Jungtieren oder Vögeln. Albatrosse bekommen im Frühjahr ihren Nachwuchs, und die Haie warten nur darauf, daß unerfahrene Küken auf dem Wasser landen, um sie dann nach unten zu ziehen.

Am Ende von East Island nähern wir uns dem spindeldürren Loran-C-Turm, der wie ein Blitzableiter dasteht. An ihm ist ein blauweißes Schild mit der Aufschrift »Nationales Wildschutzgebiet« befestigt. Wie kann ein so kleiner Sandflecken wie dieser ein Schutzgebiet sein? Was genau ist es, wovor die Robben, Schildkröten und Vögel fliehen und Schutz suchen? Raubtiere? Der sich wandelnde Plan der Evolution? Wir Menschen? Sind wir zu solchen Tyrannen geworden, daß wir andere Kreaturen in so wenig anheimelnde Verstecke vertreiben? Einige der seltensten Tiere auf der Erde überleben nur in winzigen Einsiedeleien eines verborgenen Atolls oder im dichten Asyl eines Hochlandwaldes oder in der felsigen Festung eines aktiven Vulkans. Sir Thomas Wyatt klagte in einem Sonett an seine Geliebte: »Sie fliehen vor mir, die Sie mich einst suchten.« Fliehen die Tiere, mit denen wir uns vormals Strände und Savannen teilten, jetzt vor uns? Oder haben wir, was ein ebenso bedrückender Gedanke ist, bereits die meisten Tiere in unserer Reichweite ausgelöscht und verschonen nur jene, die in entlegenen Gegenden leben? Die Inseln der French Frigate Shoals wirken nicht wie eine Zuflucht. Eher scheinen sie selbst es nötig zu haben, ausgebaggert und aufgebessert zu werden. Vielleicht besteht Verwirrung darüber, was eine Zufluchtsstätte wirklich ist – sie ist nicht so sehr ein Ort als eine Bereitwilligkeit. Ein mißhandeltes Kind kann vielleicht bei einem Großelternteil Zuflucht finden. Ein Widerstandskämpfer findet möglicherweise Unterschlupf auf einem Heuboden. Alles, was das Schild wirklich aussagt, ist eine Stimmung, der Ausdruck hartnäckigen Beschützens. Hier auf diesem kleinen Flecken Sand endet die Ausrottung dieser Tiere, das ist seine Botschaft. Und zwar nicht, weil die Insel besonderen Schutz bietet, sondern weil die Rutschbahn, auf der diese Tiere zu ihrer Auslöschung gleiten, irgendwo ein Ende haben muß. Warum nicht hier?

Unterhalb des Zufluchtsschildes steht ein weißes Holzhäuschen mit einer Riegeltür. Ich öffne sie. Irgendjemand hat ein Gedicht – »Walk Softly« – an die Tür geheftet, um die Heiligkeit des Ortes zu würdigen. Fotografien an der Innenseite zeigen die ursprüngliche Basis der Küstenwache. Kleine Käfer huschen über die Fotos, und für einen Moment scheint reges Treiben auf der Basis zu herrschen. Das weiße Skelett einer Spinne weht vom Türscharnier herab. Auf der Insel liegen noch weitere Hinweise auf die Basis verstreut: aquamarinblaue Maschinenteile aus Kupfer, halb im Sand vergraben, Sonarbojen-Behälter, ein Haufen Zementtrümmer. Obwohl solche Hinterlassenschaften die Robben vermutlich nicht stören, sind sie ein Schandfleck. Immer wenn Gil East Island verläßt, nimmt er einen Backstein mit und wirft ihn ins Meer. Er wird bei diesem Tempo noch ewig brauchen, um den Schutt zu entsorgen, aber die Natur kennt keine Eile; warum also sollte Gil sich hetzen? Mit der Zeit wird sein Plan gelingen. Er sammelt auch die ausgewaschenen Überreste von Fischernetzen ein, da sich verspielte Mönchsrobbenbabys oft in ihnen verfangen.

Ein Maskentölpel fliegt über uns hinweg, das blasse Blau auf seiner Brust spiegelt den Ozean wider. Er gleitet tiefer und landet in der Nähe von zwei Mutterrobben und ihren drei Wochen alten Babys. Ein anderes Muttertier, das an einer seichten Stelle wartet, ruft sein dösendes Junges. Das Baby bäht in einer etwas höheren Stimmlage zurück, watschelt dann ins Wasser und schießt zur Mutter hin, schnell wie eine Otter. Mönchsrobben geben schrullige Töne von sich – von stotterndem Grunzen bis zum Nebelhorntuten. Die Bandbreite der Töne ist zwischen Müttern und Kindern am größten. Einige Robben haben winzige blonde Pelzfleckchen, die im Sonnenlicht glänzen. Niemand weiß sicher, wie sich solche seltsamen Markierungen entwickelten, aber sie machen es leichter, die einzelnen Individuen wiederzuerkennen. Ob es wohl einst blonde oder sogar gefleckte Mönchsrobben gegeben hat?

»Oh, schau dir das an«, ruft Gil und zuckt zusammen. Ich folge seinem Blick auf ein Junges, dem die hinteren Flossen fehlen. Ein Hai hat sie ihm sauber weggefressen und nur einen dicken roten Stummel zurückgelassen.

»Lieber Gott, ich hoffe, es ist kein Weibchen«, meint Gil. »In dem Fall müßten wir sie fangen, eine Aderpresse am Schwanz befestigen, sie zum Boot befördern, nach Tern überführen und dann nach Honolulu fliegen. Vielleicht könnte man sie dort behandeln und für die Fortpflanzung einsetzen.«

Der Sea Life Park in Honolulu hat bereits sechs Weibchen in seinem Rehabilitationsprogramm. Vor zehn Jahren entdeckten die Forscher, daß Mönchsrobben so etwas wie »Pflegschaft« praktizieren. Wenn zwei Mütter Babys großziehen und diese sich einmal kurz verlaufen, dann tauschen die Mütter mit großer Wahrscheinlichkeit ihre Jungen aus. Entweder können sie nicht erkennen, welches Kind wem gehört, oder es kümmert sie nicht. Auf den ersten Blick scheint dieser Altruismus hilfreich zu sein. Wenn eine Population nur wenige Angehörige hat, ist es dann nicht klug, wenn sich jeder um die Jungen kümmert? Aber unglücklicherweise können Mönchsrobbenmütter nicht ewig stillen. Wenn solch ein Tausch stattfindet, dann kann es geschehen, daß ein jüngeres Tier bei einer Mutter landet, die bereits ein äl-

teres großgezogen hat. Diese Mutter hat bereits eine Zeitlang gestillt und daher nicht mehr genug Milch, um das
jüngere zu stillen. Doch wenn sie zu früh entwöhnt werden,
sind die Jungen noch nicht groß genug, um sich selbst zu
ernähren. Das sind die Tiere, die das Mönchsrobben-Projekt
nach Honolulu bringt, damit sie dort an Gewicht zulegen.
Anschließend werden sie an einem Ort ausgesetzt, wo sie ge-
braucht werden, an einer Stelle der Shoals, wo die Population gering ist oder wo es zu wenige Weibchen gibt. Fünfundzwanzig Weibchen sind seit 1984 aufgesammelt worden,
fünfzehn wurden wieder ausgewildert. Die anderen zehn
starben.

»Hauptsächlich aufgrund von Herzproblemen unbekann-
ter Herkunft«, erklärt Gil, während er sich auf einen großen
blauen Schwimmer setzt und ihn ausbalanciert, als er weg-
zurollen droht. »Anfangs nahmen wir an, daß Mästen alles
wäre, was die Tiere brauchten. Aber einige leiden an gesundheitlichen Problemen, die wir nicht behandeln können.
Bei einer Population in freier Wildbahn findet man immer einige Tiere mit gesundheitlichen Abnormitäten.« In einer großen Herde wären kranke Tiere kein Problem; aber in einer
kleinen Herde fallen sie ins Auge und wirken entmutigend.
Ein wesentliches Problem gefährdeter Tiere besteht in ihrer
geringen Zahl. Man kann schwer entscheiden, ob eine
Krankheit zufällig entstanden ist, man mit ihr rechnen mußte oder ob sie durch einen neuen künstlichen Druck hervor-
gerufen wurde.

Als Dale Rice und Karl Kenyon in den fünfziger Jahren
eine Robbenzählung durchführten, fanden sie an den Stränden von French Frigate Shoals etwa 1100 Exemplare. Man
nimmt an, daß die Gesamtpopulation auf der Insel das Zwei-
oder Dreifache davon betrug, denn nicht alle Robben benutzen die Strände zur gleichen Zeit. Eine Zählung im Jahr
1977 setzte die Gesamtpopulation bei etwa 700 Tieren fest

– ein Rückgang um mehr als 50 Prozent. 1987 wurden 474 Robben an den Stränden gezählt, was auf eine Gesamtpopulation von ungefähr 1200 schließen läßt. Die Geburtenrate ist in den letzten Jahren kontinuierlich angestiegen, sie ist aber immer noch bedrohlich niedrig, und 1989 sank sie sogar aus irgendeinem Grunde. Eine seltsame, aber vielleicht auch wichtige Tatsache ist, daß es im Polynesischen kein Wort für »Mönchsrobbe« gibt und daß das Tier in polynesischen Mythen nicht vorkommt. In der Tat weiß man wenig über seine Geschichte. Vielleicht gab es im Südpazifik nie viele Mönchsrobben. Wir wissen mehr über ihre Geschichte in der Karibik, wo Kolumbus auf seiner zweiten Reise (1484) auf gelbbraune Mönchsrobben stieß und sie *lobos del mar* (»Seewölfe«) nannte. 1707 schrieb ein Reisender auf dem Weg zu den Karibischen Inseln: »Die Bahamas sind übersät mit Robben. Manchmal fangen die Fischer einhundert Stück in der Nacht.« Und im Mittelmeer war die Mönchsrobbe sogar noch im 15. Jahrhundert in so großer Zahl vorhanden, daß sie einer kommerziellen Fischerei zum Aufschwung verhalf und Namensgeberin für die griechische Stadt Phocaea wurde. Aber wie viele Mönchsrobben nährten die Gewässer Hawaiis? Gab es dort große Kolonien oder nur kleine Stützpunkte? Setzte das Aussterben der Mönchsrobbe bereits vor vielen Millionen Jahren ein, weil sie ihr Haremsleben aufgab, das für andere Robben so erfolgreich ist? Wir werden es vielleicht niemals wissen.

Was könnte friedlicher sein, als auf dem Korallensand zu sitzen, während die Sonne am Firmament höher klettert, die Mönchsrobben ein Sonnenbad nehmen und der Wind die Brandung sanft zu Schaum verweht? Einen Augenblick lang ist kein Anzeichen der ganzen Aufregung zu spüren, die um die Rettung dieser wenigen Robben entsteht. Im Sea Life Park lassen die Betreuer jeden Tag das Wasser aus dem Becken der weiblichen Mönchsrobben ab, fangen die sechs

Robben mit Netzen ein, schleppen sie zu den steilen Zementwänden, halten sie fest und füttern sie zwangsweise mit ganzen Fischen. Robbenwaisen sind zu jung, um sich selbst zu ernähren. Wir Menschen denken, Hunger sei ein universeller Trieb und Lehrmeister, aber diese jungen Tiere begreifen noch nicht einmal, daß sie fressen müssen – und ohne Hilfe verhungern sie. Am Kure-Atoll, einer nahegelegenen Inselkette, die nicht dem Schutzgebiet angehört, gibt es ein Gehege, in dem die Jungen gemästet werden, ihren ersten Sommer verbringen und vor ihrer Auswilderung lernen, wie sie sich selbst ernähren. Der Reiz, mit Mönchsrobben zu arbeiten, besteht darin, daß sie so verschiedenartige Probleme aufwerfen. Da sind das Mobbing, die Pflegschaft, die Einmischung der Menschen, das Verfangen in Fischernetzen, die Futterverweigerung der Jungtiere, der Populationsschwund an einigen, aber nicht allen Teilen der Sandbänke. Allein an diesem Morgen haben wir Jungtiere markiert, uns gedanklich auf den Transport eines vom Hai gebissenen Tieres vorbereitet, Ausschau nach jungen Robben gehalten, die versehentlich durch Pflegschaft verwaisten und ein Mobbingopfer gesehen. Eine Spezies rettet man Tier für Tier. Es ist noch nicht lange her, daß man Mönchsrobben für unbedeutend hielt. Der National Marine Fisheries Service bestand darauf, daß die Mönchsrobbe eine, wie er es nannte, »Restspezies« sei, unrettbar, eine Verschwendung von Zeit und Ressourcen. Empört und traurig setzte sich John Twiss, jetzt Vorstandsmitglied der US Marine Mammal Commission, entschieden für den Schutz dieser bedrohten Tiere ein, indem er klarmachte, daß sie »allesamt innerhalb der US-amerikanischen Gewässer« leben. Als die NMFS weiterhin desinteressiert blieb, wandte er sich direkt an den Kongress, der ihm für die Gründung des Mönchsrobbenprojekts einen kleinen Geldbetrag zur Verfügung stellte. Nur wenige Jahre später hat diese »Restspezies« nun eine kleine Chance. In den Annalen der Ausrottung ist dies ein großer Erfolg. Twiss sieht ihn als ein Paradebeispiel dafür an, was mit wenig Geld, aber viel Entschlossenheit erreicht werden kann. Es war kein leichter Kampf. Seltenheit ist gleichbedeutend mit Wert, sagt ein unumstößliches Handelsgesetz. Und unglücklicherweise trifft dies auf Tiere ebenso zu wie auf Gold. Personen mit gutem und schlechtem Gewissen, mit gutem und schlechtem Charakter haben sich in vielen Sitzungssälen wegen der Mönchsrobben gestritten. Manche Spieler haben die Mannschaft oder die Tiere gewechselt. Aber eine kleine Spende, einige Freiwillige, neue Strategien und ein tatkräftiger Befürworter in Washington geben den Mönchsrobben die Chance zu überleben. »Es ist möglich, daß wir Erfolg haben«, sagte Twiss einmal zu mir. »Es ist durchaus möglich.«

Am Strand liegt ein mumifiziertes Robbenskelett. Es sieht zu verschrumpelt und ramponiert aus, als daß es jemals ein 400 Pfund schweres Wesen voller Verlangen und Appetit gewesen sein, geschweige denn Brustkorb und Blutgefäße gehabt haben könnte. Bald wird es von den Wellen auseinandergerissen, im Sand zertrümmert und in winzige Stücke zermahlen werden. Im Meer verlieren die Dinge ihre harten Kanten und werden bis zur Formlosigkeit zerteilt. Sie werden wie das Meer selbst, und mit der Zeit werden alle Dinge, die ins Meer gelangen, sogar zum Meer selbst. Das Meer ist bei bestimmten Aufgaben sehr gut, zum Beispiel bei der, Steine der Größe nach zu sortieren. Hauptsächlich aber reduziert es Gegenstände auf ihre chemischen Bestandteile, befreit sie von der Last der Form und führt sie in den allgemeinen Fluß des Universums zurück.

Ein großer männlicher Mönch hebt seinen Kopf, schaut uns schief an, legt seinen Kopf auf den feuchten Sand zurück und schließt seine Augen. Ich frage mich, was sie von uns schüchternen Menschen halten mögen, die an den Dünen entlangschlendern, ab und zu in ein Loch von Sturmtauchern fallen und sich darum bemühen, ihren Schlummer nicht zu stören.

»Wir sind hier fertig«, ruft Gil. »Laßt uns am Whale-Skate nachsehen.«

Wir sammeln unsere Ausrüstung ein und kehren auf den orangefarbenen Walfänger zurück, wo Gil eine Dose mit Walnüssen, eine Flasche mit lauwarmem Wasser und kleine saure Äpfel herumreicht. Ich hole den Strandanker und trage ihn ins Boot; Bill holt den Seeanker ein, und Gil funkt der Feldstation, daß wir East Island verlassen. Die nächste Station ist Whale-Skate, die östlichste der südlichen Inseln, etwa 5,5 Kilometer östlich von Tern. Es handelt sich in Wirklichkeit um zwei Inseln: das üppige, kurvenreiche Whale und sein kleines Gegenstück Skate. Zusammen sind sie nur etwa sechshundert Meter lang, und manchmal wird der knöcheltiefe Kanal zwischen ihnen überflutet, oder Skate versinkt sogar vollständig im Meer.

Während wir uns durch die Korallenköpfe schlängeln und dem Ufer langsam näherkommen, schwimmt ein Robbenjunges heraus, um den orangefarbenen Walfänger zu begrüßen. So viel schimmerndes Orange muß neugierig machen. Ich rutsche über den Bug, schleppe den Anker an Land, vergrabe ihn und wate zurück zum Boot. Das Junge macht eine Wendung und paddelt mir entgegen. Ich setze mich bis zu meinen Schultern ins Wasser, um kleiner und weniger bedrohlich auszusehen, und es kommt langsam näher, wackelt mit der Nase und sieht sich um. Einige Sekunden starrt es gebannt zu mir, und ich spreche mit hoher Stimme zu ihm (ich habe festgestellt, daß die meisten Tiere vor tiefen Stimmen eher erschrecken). Nachdem es noch einige Blicke nach hinten geworfen hat, dreht es sich herum, ergreift eine der leeren Flaschen, die neben ihm schwimmen, wirft sie in die Luft und stupst sie mit seiner Nase. Dieses Junge braucht sich noch nicht alleine zu ernähren, aber es ist nie zu früh, sich darin zu üben. Mönchsrobben tauchen bis zu hundertzwanzig Meter tief am Riff hinab, um einen kleinen Hummer zu suchen, ihn auf der Wasseroberfläche entzwei zu schlagen und dann den saftigen Schwanz zu fressen. Zu ihrer Nahrung gehören auch Aale, Tintenfische, Kraken und einige Riff-Fische. Das Junge beobachtet uns, indem es seinen Kopf wie ein Periskop emporstreckt, so wie es Robben eben tun; dann muß es herzhaft niesen. Auch Jungrobben werden von Nasenmilben geplagt; sie niesen allerdings in einer höheren Tonlage als die Erwachsenen – ihr Niesen hört sich wie zerreißendes Wurstpapier an. Nachdem das Kleine der Flasche überdrüssig geworden ist, schwimmt es wieder in meine Richtung, dieses Mal direkt über die Ankerleine hinweg, auf die es sich legt, um mit seinen Flossen wild herumzuplantschen. Schließlich wird es ihm langweilig, und es schwimmt davon.

Eine Mutterrobbe bäht zu ihrem schwarzen Baby hinüber, dieses bäht zurück. Vierzig Tage lang wird sie sich um ihr Kleines kümmern, ohne zu fressen. Während dieser Zeit wird ihr Junges 160 Pfund zunehmen, die Mutter aber wird 320 Pfund Gewicht verlieren. Am Ende wird sie, dürr und ausgehungert, auf Freßtour gehen und dann ein Männchen suchen. Danach wird sie sieben bis zehn Tage mit Häuten zubringen, während dieser Zeit fastet sie erneut. Wir stoßen auf Whale-Skate auf mehrere dünne stillende Mütter und auf einige dicke junge Babys zum Markieren. Eines von ihnen hat einen großen, bösen Abszeß auf seinem Rücken. Gil schleicht sich mit einer Rasierklinge aus seinem Zubehör an das Kleine heran, setzt sich rittlings auf es und schneidet geschwind die Wunde auf, so daß sie, durch das Salzwasser gereinigt, abheilen kann.

Als der Nachmittag allmählich die rötliche Färbung des Sonnenuntergangs annimmt, packen wir zusammen und machen uns auf den Rückweg. Wolken, deren grüne Unterseiten das flache Wasser reflektieren, ziehen über uns hinweg. Der gesamte Horizont ist voller fetter Wolken, einige sind minzfarben, andere blauweiß. Sie hüllen uns ein und ziehen in die Höhe, wo feine Schleierwolken liegen. Es ist, als segelte man durch ein Planetarium. Die Rundung des Planeten und das große Himmelsgewölbe werden deutlich. Bald taucht Tern Island auf. Wir vertäuen den Walfänger für die Nacht und machen uns auf in Richtung Kaserne, um zu duschen und zu Abend zu essen.

Vor meinem Fenster liegen vier Mönchsrobben faul im Schatten der Büsche, die voller brauner Noddies sind. Eine der Robben dreht ihre Rückenflosse hin und her. Eine andere hebt den Kopf und stottert im Bariton etwas, das sich wie *bogs on bogs on bogs* anhört. Die dritte rollt sich herum und streckt ihren cremefarbenen Bauch immer mehr in die Länge. Die vierte wird von einem Vogel geärgert und beißt nach ihm, dann verkriecht sie sich unter einem Heliotrop *(Tournefortia argentea)*. Ein Tölpelmännchen pfeift, als ob er eine schlecht sitzende Zahnspange trüge. Zwei der Forscherinnen kochen Curryhuhn, während sie eine Kassette mit Beatlessongs laufen lassen, deren dichte Harmonien, begleitet von Vogelgezwitscher, die ganze Kaserne erfüllen. Wir essen gemeinsam, müde von der Hitze und den Ereignissen des Tages; danach setzt sich die Stammbesatzung vor den Videorekorder, um sich die Neuverfilmung von *The Thing* anzusehen. Gil, Bill und ich ziehen uns in unsere Zimmer zurück.

Als die Sonne untergeht, wird es dunkel in der Kaserne. Eine Kette kleiner fluoreszierender Sterne leitet mich den Gang hinunter, um das Waschbecken und den Beistelltisch herum. Plötzlich beginnen die keilfüßigen Sturmtaucher zu rufen – anfangs nur wenige, aber nach und nach, während die Nacht ihre schwarze Tusche auf die Sandbänke ergießt, ganze Scharen.

Am nächsten Morgen werfe ich mir ein übergroßes T-Shirt über und mache mich auf in Richtung Küche. Dort treffe ich auf Gil, der schlafwandlerisch Kaffee kocht. Bald darauf spaziert Bill herein, die Augen noch voller Schlaf.

»Gut geschlafen?« fragt uns Gil. »Haben die Sturmtaucher euch wachgehalten?«

»Mich nicht«, antwortet Bill. »Hörte sich an wie die Orgasmen von tausend Frauen. Ich mußte die ganze Nacht lächeln.«

Gil lacht. »Das ist ein neuer Vergleich. Und du?«

»Ich mochte den Lärm auch«, sage ich und durchstöbere die Müslidosen, um eine ohne Ameisenschwärme zu finden. Bill lehnt sich zu mir herüber und flüstert: »Versuch es mit Weizenschrot. Er ist einzeln verpackt.« Ich hole ein Päckchen aus der Schachtel, schütte den Inhalt in eine Schale, untersuche ihn sorgfältig auf Spuren der Tierwelt und gieße Milch hinzu.

»Ich bin nicht so intensiv eingestiegen wie Bill«, fahre ich fort, »aber ich liebe mein Zimmer. An meinem Fenster nistet eine hübsche Seeschwalbe. Und die Mönche haben sich ein schönes Schnarchkonzert gegönnt.«

Gil lacht und schüttelt den Kopf. Bill wirft mir einen Blick zu, der *Sieh mal dort* besagt. Als ich seinen Augen folge, entdecke ich eine riesige Schachtel Ohrenstöpsel auf einem Regal. Wie es scheint, halten Belegschaft und Gäste die nächtlichen Geräusche für eine Plage. Immer noch verschlafen denke ich an Boethius, der einst seinen Lesern riet, daß es weiser sei, sich nicht nach »Wein mitten im Winter« zu sehnen, sondern den Winter zu genießen. In New York werde ich mich diesen Winter an den Schneegeistern erfreuen, die durch die Bäume meines Gartens wirbeln; aber die Sturmtaucher werde ich trotzdem vermissen.

Nach dem Frühstück gehen wir hinaus, um die Robben hier auf Tern zu untersuchen. Wie drei Diebe bewegen wir uns den Strand entlang und kauern hinter Büschen, um uns zu verstecken. Überall stoßen wir auf ruhig daliegende Mönchsrobben – bei den alten Wassertanks, unter den Heliotropen, auf dem Basketballplatz, der unter den Dünen begraben liegt; sie benutzen den Bordstein als Kopfkissen, die Schwanzflossen lassen sie in die Nester der Sturmtaucher hängen. Das hügelige Auf und Ab ihrer Umrisse ist eine elegante und sanfte Landschaft. Während der Häutung sehen sie aus, als hätten sie versucht, sich alte Hosen anzuziehen, wären aber auf halber Strecke so müde geworden, daß sie sich lieber schlafen legten. Wenn die Barthaare der Mönchsrobben trocken werden, rollen sie sich zu einem Schnurrbart auf; werden sie naß, glätten sie sich. Alttiere bekommen graue Barthaare. Manchmal recken sie ihre Schwanzflossen höher als den Rest des Körpers und lassen sie wie beim Wäscheauswringen rotieren. Anders als Wale bekommen sie keinen Sonnenbrand, und sie fallen nicht in Ohnmacht, wenn sie stundenlang mit dem Kopf bergab liegen. Sie haben Hüften, allerdings schmale, und manchmal verschränken sie ihre Rückenflossen, spielen Backe-Backe-Kuchen oder falten die Flossen wie betende Hände, während sie schlafen. An einem Abhang bewegen sie sich am liebsten fort, indem sie ihren Schwanz abwinkeln, mit dem Körper einen Halbmond bilden und ihr Gewicht so weit verlagern, bis sie aus dem Gleichgewicht kommen und bergab ins Wasser rollen. Wir beobachten ein großes Männchen, das in einer Art langsamem Galopp den Strand herunterkommt und sich dabei mit seinem ganzen Gewicht über die zarten rosafarbenen fünfblättrigen Winden wälzt. Es scheint, als ob sich sein Inneres langsamer bewege als seine Haut.

Mornellregenpfeifer stelzen die Gezeitenlinie entlang, picken im Sand und manchmal an den Barthaaren der schlafenden Mönchsrobben, die dann kurz aufwachen und sie anbellen. Flaumige Fregattküken hängen aus ihren auf Augenhöhe angebrachten Nestern heraus wie Cockerspaniels. Rotfußtölpel mit blauen Schnäbeln starren uns mit scharfen Augen an; als wir vorbeigehen, geben sie Töne von sich wie Uhren, die aufgezogen werden. Bei einer Buschgruppe finden wir eine große weibliche Mönchsrobbe, in deren Pelz die Zahl »132« gebleicht ist (Forscher benutzen Lady Clairol zum Markieren). Über ihrem Maul, das wie ein Krockettor gewölbt ist, prangt ein dicker, drahtiger Schnurrbart, und eine weiße Feder hat sich in ihren Barthaaren verfangen. Mit ihrer fünffingrigen Flosse kratzt sie sich die Feder aus dem Gesicht.

Zwei Junge rollen am Strand umher und muhen sich gegenseitig schnarchend an. Auf dem nassen Pelz ihrer Rücken glitzert die Sonne wie Neonlicht. Als sich das kleinere der beiden Tiere umdreht, sieht sein braungrauer Bauch weich wie ein Filzhut aus. Ein einzelner Sonnenstrahl, so scharf wie ein Schweißfunken, wird von dem größeren dunklen Robbenjungen reflektiert. Die beiden rollen zum Wasser hinunter, stürzen sich in die Brandung und lassen sich umherschleudern. Als ihre Schnauzen zusammenstoßen, veranstalten sie Bodysurfen in den Wellen. Dann gesellt sich eine dritte junge Robbe hinzu, und sie wiegen sich wie dunkle Pflaumen in den grünen sirupartigen Untiefen. Jetzt rollen sie sich wie Ottern auf den Rücken und strecken ihre fächerförmigen Schwanzflossen aus dem Wasser. Robben, die gerade entwöhnt wurden, lieben es, so herumzutollen. Aber nach etwa einem Jahr sind sie weniger verspielt und werden annähernd so träge wie die Erwachsenen.

Während wir die zerfallene Seemauer inspizieren, gleitet ein brauner Noddy über uns hinweg und zeichnet ein perfektes Unendlichkeitssymbol in die Luft. 89 Mönchsrobben liegen heute morgen auf Tern, und alle scheinen damit zufrieden, auf dem Sand zu schlafen und sich ihren schiefergrauen Träumen hinzugeben.

Die Tage vergehen; wir stehen bei Dunkelheit auf, ziehen uns im Licht des Mondes an und fahren los, wenn die Sonne das Meer allmählich blau überzieht. Kaum etwas ist reizvoller als der kühle, feuchte Morgen eines glühendheißen Tages auf dem Meer. Oft kehren wir nach East Island und Whale-Skate zurück, den beiden Hauptinseln für Jungrobben. Immer wieder entdecken wir neue Junge, die es zu markieren gilt, neue Erwachsene, die wir untersuchen müssen und die uns Sorgen bereiten. Disappearing Island bleibt die ganze Woche unter Wasser. Aber wir besuchen Gin Island, Little Gin Island, Trig Island, Near Island, Shark Island und meine Lieblingsinsel, Round Island. Round liegt nahe dem nördlichen Zentrum der Lagune, fast sechs Kilometer südöstlich von Tern, und ist nicht leicht zu finden, da die Insel noch nicht einmal sechzig Meter lang ist und an der höchsten Stelle nur 1,2 Meter über dem Meeresspiegel liegt. Sie besteht ganz aus Korallen und zerbrochenen Muschelschalen und besitzt keine Vegetation. Sie sieht wie ein Seerosenblatt aus, das auf dem das Wasser treibt. Und doch ist Round die Insel, auf der es die höchste Anzahl an Geburten von Mönchsrobben pro Quadratmeter gibt. Jedesmal, wenn wir uns Round nähern, sehen wir die Insel in der Ferne, hinter einem Gewirr aus Korallenköpfen und Sandbänken, klein und wie eine Arche daliegen. Sie erstrahlt hell in der Sonne, und auf ihrer Sandbank aalt sich mindestens ein Dutzend Mönchsrobben.

Obwohl wir unseren Planeten Erde nennen, besteht er hauptsächlich aus Wasser. Wir sollten ihn Ozean nennen. Das wird uns sonnenklar, als wir drei Stunden lang über den tiefen, fälschlich Pazifik genannten Ozean zurück nach Honolulu fliegen. Es ist zwecklos, die Tiefe des Ozeans ausloten zu wollen, indem man eine Landkarte oder den Globus studiert. Alles, was unser Auge mit einem Blick aufnehmen kann, scheint klein und bezähmbar zu sein. Auf der Landkarte ist der Pazifische Ozean nicht größer als ein Fußball. Vielleicht sollten wir Größe nicht mit unseren Augen abschätzen, sondern mit unserem Zeitsinn. Der Astronaut Paul Weitz sagte einmal über den Pazifik:»Wenn wir sechs Kilometer in der Sekunde zurücklegen und es doch fünfundzwanzig Minuten dauert, um den Ozean zu überqueren, dann weiß man, daß er wirklich groß ist.«

Weit unten gleitet das Meer vorbei wie endlos lange Meter glanzlosen Stoffes. Wie kann nur die Geburtsstätte allen Lebens auf Erden – ein Reich voller Risiko, Terror, Zufall und Sonnenlicht – so leblos und langweilig aussehen? Unsere Augen versagen, wenn wir zu weit zurücktreten. Was wir an Perspektive gewinnen, verlieren wir an den Details, die höflich verschwimmen. Ohne Details kann man nichts erkennen, keine Lilie, kein Kind. Während ich aus dreitausend Meter Höhe wie durch unsichtbare Falten der Geschichte hinabschaue, versuche ich mir den geschäftigen Ozean dort unten vorzustellen, in dem es wimmelt und sich tummelt, schäumt und ächzt, in dem es rauflustige Fische und Säugetiere gibt und in dem ein geschäftiges Treiben herrscht wie im Souk von Marrakesch. Findige Straßenhändler geistern an den Korallenriffen herum, begierig, Passanten das letzte Mark aus den Knochen zu saugen. Große, muskelbepackte Schläger streifen durch seine Tiefen und Untiefen. Alles ist zu haben. Der Sand brodelt vor Rochen, Flundern, Seesternen und Seegurken. Einige Bewohner des Meeres sind so gut gerüstet wie Attentäter. Andere verlassen sich auf Panzerung, athletische Leistungsfähigkeit, Echolot oder Täuschung. Wale und Delphine achten auf ihr Hinterland, während sie plaudern und singen. Einige Wesen kommen auf die Welt, zeugen, gebären und sterben, ohne sich jemals mehr als ein oder zwei Meter fortbewegt zu haben. Andere wandern um den halben Erdball, um ihrer Nahrungsquelle zu folgen oder um wärmere Wasser zu finden. Es gibt dort Täler und Flüsse und große Bergmassive, erhöhte Ebenen, Abgründe und Spalten. An einigen Stellen gibt es Decken aus Eis, an anderen Lavageysire oder Bienenwaben aus Stein. Der Ozean ist nicht ruhig, sondern voller Geschnatter und Gesumme, voll vom Geschnalze, Gestöhne, Gepiepse und Gejaule der Tiere und vom erbarmungslosen Geknirsche des Wassers gegen die Küste.

Aus großer Höhe erscheint der Ozean flach, ruhig und blau – ein so dunkles und unruhiges Blau. Das Meer sieht blau aus, da es den Himmel widerspiegelt, aber sein Blau ist stets etwas dunkler als das des Himmels, denn es reflektiert nicht sein ganzes Licht. Ein Teil seiner Farbe kommt auch vom Meeresgrund. Von oben fällt das Licht als »abwärts fließendes Licht« aufs Meer. Einige Fische, Tintenfische, Leuchtflöhe und andere Kreaturen erzeugen auch ihr eigenes Leuchten. Aber in der Hauptsache fällt das Licht kaskadenartig auf sie herab. Man muß sich unter der Haut des Ozeans befinden, Teil ihrer gallertartigen Unermeßlichkeit sein, um Erleuchtung zu finden. Wenn wir aufs Meer hinabblicken, erscheint es glanzlos. All seine faszinierenden Lebensformen und seine Geographie sind verborgen, was eine geistige Leere verursacht, die sich schnell mit eingebildeten Schrecken füllt. Deshalb nehmen viele Menschen den Ozean als eine andere Form der Nacht wahr. Und trotzdem fühlen wir uns zu ihm hingezogen; wir verbringen gerne unseren Urlaub an seinem Rand und starren zahllose Stunden auf seine hypnotisierenden Wellen und Wogen. Der Ozean ist faszinierend und betäubend. Ein uralter und osmotischer Impuls verbindet unsere Flüssigkeiten mit denen des Ozeans. Ich vermute, wir fühlen uns deshalb zu ihm hingezogen, weil wir selbst kleine marine Welten auf Beinen sind.

Inseln blühen am Horizont auf, und wir fliegen direkt ins Zentrum des Hawaii-Archipels. Zuerst überfliegen wir

Niihau, eine große Insel in Privatbesitz, auf der Viehzucht betrieben wird. Obwohl Mönchsrobben ihre Strände aufsuchen, erhalten Forscher keine Erlaubnis, zu ihrer Überwachung an Land zu gehen. Niemand weiß deshalb, wie viele Robben die Insel nutzen, welches Geschlecht sie haben und ob sie gesund sind. Lehua, eine kleine halbmondförmige Insel, treibt an der östlichen Küste von Niihau dahin. Dann taucht die große Insel Kauai auf, und bald darauf landen wir in Honolulu.

Nach einer Woche bestrickender Ruhe, in der wir uns dem Zeitplan der Natur anpaßten, trifft uns die Attacke Honolulus auf unsere Sinne hart. Nachdem wir von Gilmartin Abschied genommen haben, fliegen Curtsinger und ich nach Kauai und mieten ein Tauchboot, das uns nach Niihau bringt. Auch wenn wir nicht an den Stränden der Insel landen dürfen, bekommen wir vielleicht doch Mönchsrobben in Küstennähe zu sehen. Nach drei Stunden Fahrt durch bewegtes Wasser treffen wir bei Niihau ein, der Verbotenen Insel, wie einige sie nennen, und kundschaften ihre Nordküste nach sonnenbadenden Mönchen aus. Wir finden aber keine. Es war sowieso eine ziemlich aussichtslose Sache. Der Halbmond Lehuas zeichnet sich einen Kilometer entfernt auf der anderen Seite des Fahrwassers ab, eben und braun, mit weißen Guanosprenkeln. An seinen Seiten erstrecken sich erstarrte Lavafinger bis zum Meer hinunter. Nur eine einzelne Wolke spukt am blauen Himmel von Wedgwood. Wir steuern die flachen Riffe des Halbmondes an, um dort an ein oder zwei von Tauchern empfohlenen Stellen zu schnorcheln. Seevögel tummeln sich an den heißen Quellen, und der Ozean erstrahlt in einem metallischen Blau und Grün, als wir auf der Südseite, etwa hundert Meter von der Küste entfernt, Anker werfen. Eine verwitterte Hütte steht auf einer Klippe am Fuße der steilen, gekrümmten Felsschichten. Rechts unterhalb der Hütte liegt eine Höhle in der Form einer Austernschale. Sie ragt teilweise aus dem Wasser; vor ihr befindet sich eine kleine Lagune. Das Sonnenlicht tänzelt wie eine Flamme über das Dach der Höhle. Ich ziehe mir Maske und Flossen über und gleite vom Bootsrand in das sechs Meter tiefe Wasser. Ich stoße auf Korallenköpfe, die vor leuchtend bunten Fischen und sich verändernden Sonnenblitzen erzittern. Der Boden ist ein Labyrinth aus Lavagestein. Dort, wo die Seeigel mit ihren sechs Zähnen den Fels weggenagt haben, ist er von länglichen Furchen durchzogen.

Auf dem Weg zur Höhle gerate ich in einen kleinen Aufruhr aus Wasser und Licht. Die Brandung schäumt am Eingang der Lagune, Luftblasen springen umher wie Perlenschnüre am Eingang einer Opiumhöhle. Nachdem ich das Blasennetz durchdrungen habe, entdecke ich eine ruhigere Lagune, geformt wie ein Flaschenkürbis, deren Sandboden in vier Metern Tiefe heftig aufschäumt. Wie versandet das Wasser ist, dick und voller Sandkörner! Vor mir manövriert eine lange, graue Gestalt. Plötzlich dreht sie sich um, kommt näher und hält zwei Meter von mir entfernt inne. Eine große Mönchsrobbe mit schwarzen Augen und dicken Barthaaren starrt mir direkt ins Gesicht. Nur der Himmel weiß, was ihr durch den Kopf gehen mag. Vielleicht: *Komischer Ort, um einen Primaten zu treffen.* Sie betrachtet mich sorgfältig, hält inne, taucht dann unter mich, dreht sich dabei herum, kommt hinter mir wieder hoch, mustert mich wieder und bewegt sich dann auf meine rechte Seite. Es scheint, als ob sie überhaupt keine Flossen benutzt, sie bewegt ihren Körper kaum, und dennoch schießt sie in einem ziemlichen Tempo umher. Zwei weitere Robben treten eng nebeneinander aus dem Blasenvorhang hervor. Dann schwimmt eine andere Mönchsrobbe unter mich und sieht mich dabei die ganze Zeit an. Sie dreht ihren Nacken wie einen Geschützturm, schwimmt nach vorne, schaut aber zurück. Sie rollt sich auf den Rücken, schwimmt unter mir am Boden entlang und läßt dabei ihre Vorderflossen ruhig auf ihrer Brust liegen, als steckten sie in Westentaschen. Drei Meter von mir entfernt macht sie halt, taucht auf und beäugt mein Gesicht. Dann dreht sie sich langsam um und schwimmt zur Höhle. Jetzt taucht das sich balgende Pärchen wieder auf, beißt und jagt sich. Wenn ich jetzt meine erstaunten Augen reiben könnte, dann sähe ich trotzdem noch fünf erwachsene Mönchsrobben in der Lagune umherschwimmen, vor mir, hinter mir, über mir und unter mir. Welch ein überwältigendes Schauspiel! Ich bin mitten in einer Mönchsrobben-Phantasie. Sie scheinen sich an meiner Gegenwart ebensowenig zu stören wie an der einer Qualle, die über ihnen schwebt. Ich glaube, das liegt daran, daß ich große Augen habe (vergrößert durch die Maske) und weil ich aufpasse, mich nicht zum Spielball machen zu lassen. Keine der Robben hat Flossenmarkierungen, so daß ich vielleicht das erste menschenartige Wesen bin, das sie je gesehen haben, außer vielleicht den Bewohnern von Niihau. Mittlerweile kann ich das Pärchen als Männchen und Weibchen identifizieren. Gelegentlich schwimmen sie an die Oberfläche und bähen sich laut zu; dann schießt das Weibchen davon, und das Männchen folgt ihr mit einem wirbelnden unterirdischen Tanz. Luftblasen folgen ihnen wie Kometenschweife, während sie dahingleiten, herumwirbeln und ab und zu den Nacken verdrehen, um den anderen zu kneifen und zu beißen. Bevor ich Zeit zum Nachdenken habe, beginnt ein neues Schauspiel. Um zu entkommen, taucht das Weibchen zu einem zerklüfteten Felskorridor am Boden hinab, der gerade breit genug ist, um sie festzuhalten. Das Männchen folgt ihr mit hoher Geschwindigkeit, beißt in ihre Flanke, ihren Schwanz und versucht dann, über den scharfen Felsen zu gelangen. Fest eingeklemmt wie ein Brief im Briefkastenschlitz, zieht das Weibchen Kopf und Schwanz ein. Schließlich entdeckt das

Männchen eine Öffnung, packt sie am Rücken unterhalb des Nackens und zieht sie heraus. Er drängt sie mit dem Bauch nach unten auf den Sandboden und besteigt sie. Sie wird plötzlich passiv. Es dauert nur eine Minute, aber mir kommt es ewig vor, während ich über ihnen schwebe, starr vor Erstaunen. Verwunderung ist das schwerste Element im Periodensystem. Sogar ein klein wenig davon hält die Zeit an. *Ich beobachte Mönchsrobben bei der Paarung,* sage ich mir zweimal, als vollständigen Satz, denn man sieht dieses Ereignis unglaublich selten. Die beiden anderen Sichtungen, die aufgezeichnet wurden, waren vage und unvollständig, und ich fühle mich wirklich vom Glück begünstigt. Sehr wahrscheinlich haben die Jungrobben, die ich in der Brandung der French Frigate Shoals kämpfen sah und die wie dieses erwachsene Pärchen umeinander purzelten und einander kniffen, lediglich geübt, wie man sich umwirbt. Als das Männchen seinen Griff lockert, reißt das Weibchen aus, und er verfolgt sie. Sie tauchen auf, und mit offenem Maul bellt die eine Robbe einen kurzen, gurgelnden Protest, die andere antwortet mit einem lauten, verschwommenen Blöken.

Die Nacht wird bald hereinbrechen, und für die lange Heimreise ist Tageslicht am besten. Deshalb schwimme ich widerwillig, aber glücklich zum Boot zurück. Was für einen Schatz an Mönchsrobben ich gesehen habe! Es ist etwas Heiliges daran, die letzten Exemplare einer sterbenden Rasse von Mönchen zu beobachten, wie sie durch Unterwasserhöhlen in eine Kathedrale voll Licht schwimmen. Als wir den Anker bergen und Segel setzen, um nach Kauai zurückzufahren, grüßen wir feierlich die Seehöhle, die für mich jetzt eine Flitterwochengrotte ist. Zwei Mönche schwimmen immer noch irgendwo dort drinnen. Eine große erwachsene Robbe, die sich auf die Felsen am Rande der Lagune hochgehievt hat, döst friedlich neben einer Jungrobbe. Zwischen den Korallenköpfen schwimmt das Liebespaar immer noch eng beieinander. Immer und immer wieder drehen und schrauben sie sich graziös durch das Wasser. Mögen ihre Nachkommen gedeihen und weiblich sein. Ich stehe am Heck des Bootes, das an Fahrt gewinnt, und sehe zur Lagune, bis die halbmondförmige Insel kleiner wird, die glänzenden Mönchsrobben nicht mehr von den glatten nassen Steinen zu unterscheiden sind und die Boudoirhöhle verschwindet. Was bleibt, sind die nicht entzifferbaren Gebärden des Meeres.

Am Amazonas

Gibt es irgendeinen anderen Ort auf der Erde, der die Phantasie so beflügelt wie der Amazonas? Schon als ich noch ganz klein war – ein winziger Möchtegern-Forscher –, träumte ich davon, sein üppiges Königreich aus Ranken und Schlangen, riesigen Blumen, lauernden Jaguaren, federgeschmückten Indianern, piranhaverseuchten Flüssen und wuchernden grünen Dschungeln zu sehen. Es dauerte dreißig Jahre, bis sich dieser Traum in all seiner Pracht materialisierte. Aber inzwischen war das riesige Ökosystem des Amazonas gefährdet. Meine Zeit im Amazonas war eine schwindelerregend sinnliche und zutiefst spirituelle Erfahrung. Dort gab es so viel Leben auf jeder denkbaren Stufe, daß meine Sinne durch diese Überfülle überfordert waren. Wie könnte es auch anders sein, wenn man die Natur in ihrer üppigsten, strotzendsten und wildesten Gestalt erlebt? Es war, als beträte ich den Garten Eden.

An Halloween werfen wir Anker in Altar do Chão am Rio Tapajós, einem Fluß mit schönem klarem Wasser, einem der Nebenflüsse des Amazonas. Er ist so breit, daß man das andere Ufer nicht sehen kann – man sieht nur das Schaudern seiner grauen Haut und das blasse Blau des Horizontes. Ein weißer Strand, geformt wie ein Krummsäbel, führt in einem weiten Bogen um eine Halbinsel, und winzige Frösche hüpfen an der Wasserlinie herum. Als wir durch den nahegelegenen Wald schlendern, entdecken wir große Sandsteinblöcke mit Lavendelbändern, Kautschukbäume mit Kerben, aus denen Latex fließt, und einen Copalbaum, dessen Harz – verwandt dem Weihrauch und der Myrrhe – einen angenehmen Duft verströmt und langsam und wohlriechend verbrennt. An einem schlanken Baum hängt auf Augenhöhe ein kleiner, gebleichter Schädel. Ich nehme ihn herunter, sehe mir die beiden scharfen Schneidezähne genauer an und gebe ihn dann David, einem klugen Ökologen, der sich nach einer zweimonatigen botanischen Expedition tief ins Innere des Regenwaldes den wissenschaftlichen Mitarbeitern unserer Kreuzfahrt angeschlossen hat. Es ist irgendeine Art von Raubtier, aber was für eines? Katze? Hund? Otter? Eine Art Waschbär? An der Hinterseite des Schädels führt ein kleines, perfektes Einschußloch von einer Welt in die andere. Als David den Unterkieferknochen findet, der in der Nähe im Gras liegt, und beide Teile zusammenfügt, leuchtet sein Gesicht vor Freude auf. Es ist der Schädel eines Faultiers, und David sammelt Schädel.

Bald treffen die ersten Schlauchboote vom Mutterschiff ein und bringen die Zutaten für ein Barbecue aus Fisch, Wurst, Steaks, Ratatouille, Kartoffeln, Reis und sogar Mangochutney. Ein Mitglied der Crew, ein Filipino, packt seine Gitarre aus, und einige Männer und Frauen beginnen in Tagalog zu singen. Während sich die Sonne hinter rosa- und lavendelfarbenen Wolken rot-karamel färbt, versammeln sich die Menschen um ein Lagerfeuer, dessen Flammen wie nasse Laken im Wind hin- und herschlagen. Nach dem Abendessen gehen einige von uns mit ihrer Schnorchelausrüstung und einer Unterwasserleuchte auf einen Streifzug durch das Flußbett. Außer einem gelegentlichen Stachelrochen gibt es nichts, wovor wir uns in diesem warmen, frischen Wasser besonders fürchten müßten, während wir nach Fischen, Garnelen und Muscheln Ausschau halten. Schlanke Aale gleiten durch den Sand und meißeln kräftige Spuren. Andere Lebewesen haben Hieroglyphen hinterlassen, die wir aber nicht lesen können. Ich tauche mit meiner Schnorchelausrüstung unter Wasser und nehme langsam einen Schluck von dem schmackhaften Flußwasser, das zugleich metallisch und weich schmeckt, so als ob es mit Wasserhyazinthen umgerührt worden wäre. Im Schimmern der Lampe treibt ein braunes, versteinertes Segel in mein Blickfeld – eine große Muschel, die auf der Kante im Sand liegt. Während sie Nahrung vom Boden aufnimmt, sieht die Muschel aus wie eine Yacht, die an der langsamsten Regatta der Welt teilnimmt. Als wir die Lampe ausmachen, können wir den scharfen, feuersteinähnlichen Mond sehen, der seine hellen Messer durch das Wasser dreht und kleine Lichtgirlanden auf die Wellen wirft. Die Sterne treiben über uns, und ihr Glitzern überschauert das Wasser.

Als ich später in meiner engen Kabine liege, lasse ich die vergangene Woche an meinem inneren Auge vorbeiziehen. Sieben Tage lang kreuzten wir auf einem Fluß, der sich nicht nur in Kilometern, sondern auch in Zeit und Phantasie erstreckt. Die Amazonasregion ist der größte tropische Regenwald der Erde. Der Strom leitet 20 Prozent des weltweiten Frischwassers in den Atlantik. Nirgendwo sonst gibt es so viel Leben pro Quadratkilometer. 50 000 Pflanzen- und Pilzarten, ein Fünftel der Vogelarten der Welt, 3 000 Fischarten (zehnmal so viel wie in allen europäischen Flüssen zusammen) und Millionen von Insektenspezies teilen sich die verschlungenen Schichten des Regenwaldgebietes. Die größte Schlange der Welt, die Anakonda, und der größte Käfer, der Herkuleskäfer, leben hier zusammen mit anderen Riesen. Aus der Fülle der Amazonaspflanzen gewinnen wir Kakao (zur Schokoladenherstellung), Gummi, Chinin, brasilianische Nüsse, Chicle für Kaugummis und eine ganze Reihe von Medikamenten gegen Herzkrankheiten und Krebs. Aber die tropischen Regenwälder werden mit einer Geschwindigkeit von 153 000 Quadratkilometern pro Jahr vernichtet. Wenn nicht irgend etwas geschieht, werden sie alle noch zu meinen Lebzeiten verschwunden sein.

Wir begannen unsere Reise in den abgelegenen Regionen des Flusses, trieben mit dem Strom durch eine sinnliche, grüne und sich strahlend erneuernde Natur und kamen jeden Tag dem zivilisierten Delirium des 20. Jahrhunderts näher – den zollfreien Läden von Manaus, dem Neonkarneval von Rio. Der Fluß fließt – wie die Zeit – nur in eine Richtung, und er scheint nahtlos. Aber aus der Nähe betrachtet, erkennt man eine leicht federartige Oberfläche, ein Gefieder von kleinen Kräuselungen, Stromschnellen und Stauwassern – genau wie bei der Zeit. Die meisten Brasilianer leben in den zivilisierten Randgebieten ihres Landes und nicht im wilden Chaos im Herzen von Brasilien.

Außer dem Expeditionsleiter Iain Prance, einem Botaniker von Weltrang und Direktor von Kew Gardens in London, haben wir noch andere Naturwissenschaftler in der Gruppe und Mo Fortes, einen berühmten und irgendwie berüchtigten Amazonasführer, der in einer der kleinen Städte am Fluß aufwuchs. Jeden Tag stehen wir früh auf, manchmal noch vor Sonnenaufgang, und klettern in schaukelnde Boote, um zu lauschen, wie der Regenwald erwacht. Wir durchstreifen die Nebenflüsse, besuchen Indianerdörfer, um Handel zu treiben, schauen bei Tänzen zu, während unser Schiffsarzt die Kranken besucht und Medikamente verteilt, unterhalten uns mit den Flußleuten und – das mag ich besonders – unternehmen Wanderungen in den Dschungel mit seinen dicken Ranken und seinem vor Leben sprühenden Baumbaldachin. Wir sind in Peru gestartet, haben rasch Kolumbien durchquert und sind nun tief in »Brasilien, wo die Sonne speist«, wie John Donne schrieb. Die Äquatorsonne versengt Körper und Seele. Die Sonne fühlt sich nicht an und sieht auch nicht aus wie die der gemäßigten Zonen, deren Strahlen wegen der Erdneigung im Winkel auftreffen, viel an Atmosphäre durchqueren müssen und schon ein wenig verblaßt sind, wenn sie am Boden ankommen. Am Äquator fallen die Sonnenstrahlen senkrecht herab wie die eines Heizstrahlers und konzentrieren ihre Energie auf kleinerem Raum. Selbst durch leichte Kleidung hindurch kann man einen Sonnenbrand bekommen. Die Nacht am Amazonas kokettiert nicht herum: Sie stürzt auf einen Schlag herab wie ein schwarzer Samtvorhang.

Eines Morgens kehrte Iain aus dem Dorf Ticuna mit einer merkwürdigen Geschichte zurück. Vier Menschen waren in diesem Dorf in einer Woche auf geheimnisvolle Art gestorben, und die Dorfbewohner trauerten. Iain sprach ihnen sein Beileid aus, genau wie wir anderen auch. Wir brachten ihnen einen reparierten Generator und eine Lieferung Medikamente. Sie hießen uns herzlich willkommen, erklärten aber, dies sei keine glückliche Zeit für sie. Ticuna hat 2000 Einwohner, die zum größten Stamm im Amazonasgebiet (mit ungefähr 70000 Mitgliedern) gehören. Sie sind klein und haben scharfgeschnittene Wangenknochen, ansonsten aber weiche Züge. Ihr glattes schwarzes Haar binden sie mit Spangen und Bändern nach hinten, und sie haben ein erschreckendes Lächeln, denn sie feilen ihre Zähne zu scharfen Spitzen, um Piranhas zu ähneln. Der Stamm ist berühmt für seinen Kunstsinn, und die Bewohner von Ticuna zeigten uns Tierschnitzereien, die mit ihren einfachen Linien und ihrem leuchtenden Harz eine offene und unbefangene Freude ausstrahlten. Ist das naive Kunst? Wenn es naiv ist zu staunen, dann schon. Oft binden die Kinder Seile an die geschnitzten Tiere und ziehen sie im Spiel durch die Straßen. Einige Verwirrung gab es um die Menschen, die ums Leben gekommen waren. Sie waren am Gift einer Waldpflanze gestorben. Aber war es ein Unfall oder Selbstmord? Die Selbstmordrate unter den Indianern ist hier – wie auch anderswo – sehr hoch. Der Fluß ist ihre Heimat, aber er ist auch eine überaus glatte Rutschbahn ins 20. Jahrhundert. Der Häuptling des Dorfes war so weise, das Geld, das er von den Touristen erhielt, für Arzneimittel, Unterricht und andere Bedürfnisse des Dorfes auszugeben. Als erstes wollten sie Elektrizität. Denn wenn Boote vorbeifahren, sind sie mit Lichtern übersät. Die Dorfbewohner wollten Lichter am Flußufer haben, damit die Schiffspassagiere sie sähen und wüßten, daß dort eine Stadt war, ein niedergelassenes Volk. Es ist schwer zu ergründen, was sie von uns denken. Wir finden ihre Art seltsam, aber für sie sind wir wahrscheinlich nur eine weitere natürliche Komponente ihrer Umwelt – mit eigenen Regeln, Tabus und privaten Dramen. Wir sind milchgesichtige Riesen, die lieber in kalten Räumen wohnen, im heißen Dschungel langärmelige Kleidungsstücke anziehen, sich andauernd mit dem Duft von Pinien und Pfefferminze besprühen und die bereits nach einem kurzen Marsch Gesichter so rot wie gekochter Fisch haben. Auf unserem Schiff gab es nur Erwachsene, und sie fragten uns: »Um Himmels willen, ihr habt aber eine sehr merkwürdige Kultur. Gibt es bei euch überhaupt keine Kinder?«

Ein Mann breitete seine Waren vor seiner Haustür aus, darunter zwei lebende gelbfüßige Schildkröten, deren Köpfe und Schwänze er gewaltsam unter den Rückenschild gezwängt und dort mit Stöcken fixiert hatte. Die Schildkröten bestanden scheinbar nur aus Rückenschild und sahen aus wie riesige Netsakes. In Erwartung des Kochtopfes müssen sie diese Folter Wochen oder sogar Monate aushalten. Also kauften wir die beiden Schildkröten und ließen sie in gehöriger Entfernung weiter oben am Fluß frei. Unter den vielen Waren, die zum Verkauf standen, gab es nichts, was von Delphinen stammte. In Belém – weiter unten am Fluß und näher an der Zivilisation – würden wir Vulven und Penisse von Delphinen sehen, die auf dem Voodoomarkt verkauft werden. Aber auf den meisten Flüssen werden die Delphine von phantastischen Mythen geschützt, und niemand jagt sie. Wie den mythischen Selkies der schottischen Legenden sagt man den Delphinen nach, sie kämen von Zeit zu Zeit an Land, um sich mit jungen Frauen zu paaren. Ein uneheliches Kind ist demzufolge oft das Kind eines Delphins, und wenn man einen Delphin tötet, dann bringt man vielleicht seinen eigenen Vater um.

Neben mir auf dem Tisch steht eine Kanne mit heißem Tee aus zerbröselter und eingeweichter Rinde des *casca preciosa*, eines duftenden Verwandten des Sassafrasbaumes. Er hat ein Bouquet, das den Mund, die Haare, das Zimmer mit Duft erfüllt und beim Trinken das Gesicht einhüllt. Ich nippe an dem süßen, nach Veilchen duftenden Narkotikum, während jenseits der Halbinsel ein Gewitter aufzieht, und treibe auf einem Fluß der Träume davon.

Im frühen Morgenlicht brechen wir mit unseren Booten auf. Nach kurzer Zeit kommen wir an einer Frau vorbei, die auf einem von Laugen angegriffenen Baumstamm sitzt – auf einem *acaçú*, was wörtlich »der das Arschloch verbrennt« bedeutet – und im Fluß auf herkömmliche Weise ihre Wäsche wäscht. Aber sie verwendet eine neumodische Plastikbürste, die sie wahrscheinlich von einem jener umherziehenden Hausierer gekauft hat, die die Flüsse hinauf- und hinabziehen und dabei Salz (zum Trocknen von Fisch), andere Massenware und Haushaltsgegenstände verkaufen. Eine Gottesanbeterin flattert ins Boot, ein kleines, braunweißes Insekt mit hervorstehenden Augen, Fühlern auf dem Rücken und langen, wippenden Antennen auf der Vorderseite. Seine zackig wirkende Haltung, in der es seine langen Beine putzt und dabei langsame und zielgerichtete Bewegungen macht, ist sehr hübsch. Fische springen auf der Flucht vor Räubern aus dem Wasser. Was für eine perfekte Art des Entkommens: Schleudere dich wie die fliegenden Fische einfach in eine andere Dimension der Realität und tauche an einem anderen Ort und zu einer anderen Zeit wieder auf. Drei kleine Mädchen rudern in einem Kanu auf dem Fluß, schalten ein Hundert-Watt-Grinsen ein, stehen plötzlich auf und springen ins Wasser. Ein Mann am Ufer beobachtet uns durch ein Fernglas, uns Angehörige eines primitiven Stamms, die jetzt, da der Regen wie eine Wand aus Gummi herunterfällt, wie verrückt farbige Ponchos aus ihrem Gepäck holen und in sie hineinschlüpfen. Die Kinder spielen weiterhin im flachen Gewässer, die Erwachsenen fahren fort zu schwimmen, Wäsche zu waschen, Boote zu reparieren und Netze zu flicken. Es ist nur Regen. Dies ist der Regenwald. Wanderwelse haben im April oder Mai, wenn der Wasserstand um bis zu zehn Meter steigt, Löcher ins Ufer gegraben, das deshalb wie eine Wohnanlage aus Vogelhäusern aussieht. An einigen der helleren Bäume kann man noch die dunkle Wasserlinie erkennen, und viele Bäume haben große, ausgedehnte Wurzelsysteme, um Nährstoffe direkt aus den jahreszeitlich wechselnden Fluten herausfischen zu können.

In einem hohen Baum mit einer buschigen Krone hängt ein Dutzend Nester der Webervögel, die ein symbiotisches Verhältnis mit vielen anderen Tieren haben. Sie bauen ihre Nester gern auf Bäumen mit Hornissennestern, so daß die Hornissen die parasitären Dasselfliegen angreifen und sie von den Küken fernhalten. Die Oropendolas, wie die Webervögel auch heißen, erlauben zudem den Kuhstärlingen, Eier in ihre Nester zu legen, so daß auch deren Küken, die mit bereits geöffneten Augen geboren werden, Dasselfliegen fressen. Der Sirenengesang der Webervögel ist so komplex und geschmeidig, daß die Flußleute ihre Häuser oft unter einem ihrer Bäume bauen. Ihr Lied beginnt mit einem weichen, zweistufigen Triller, gefolgt von einem perlenden, wallenden Knutschen, halb Hämmern, halb Moog-Synthesizer, und es endet mit den Lauten einer Debütantin, die unter Wasser Kußhände verteilt. Steven Hilty und William Brown skandieren in *Birds of Colombia* den Ruf so: »EEE-eee-D'D'Clockagoogoo«. In den letzten Stadien des Rufes ist eine zarte Ohnmacht, die verführerisch und magisch zugleich wirkt.

Das Kielwasser unseres Bootes formt einen perfekten weißen Wasserschmetterling mit ausgebreiteten Flügeln und Umrissen aus Gischt. Während der 40-PS-Motor wie eine Kreissäge nagt und seine Schaufeln die Widerspiegelungen der Bäume im opakbraunen Wasser durchschneiden, suchen wir das Ufer nach Vögeln, Säugetieren und ungewöhnlichen Pflanzen ab. Am Ufer warten Baumstämme auf höheres Wasser und ihre Reise zu den Sägewerken, für die man sie zu einem Floß zusammenbinden wird. Ein tiefer Lichtspalt zerteilt plötzlich ungefähr drei Meter entfernt das Wasser, als ob ein Schiebefenster aufgerissen worden wäre. Dann kommt ein rosafarbener Delphin an die Oberfläche und taucht gleich wieder zurück durch sein Fenster. »Oh«, sage ich und schnappe nach Luft – genau wie der Delphin. Plötzlich steigen vor uns noch vier weitere rosafarbene Delphine aus dem Wasser, und ein fünfter taucht mit einem kleinen, explosiven Ausatmen gleich rechts vom Boot auf. Wie einst der Urwal frequentieren auch diese Delphine und ihre Verwandten aus der Familie der Platanistidae den Amazonas, den Jangtse und den Ganges. Auf ihren Schnauzen haben sie kurze Tasthaare, die Nahrung erfühlen können. Am Flußufer steht ein gestreifter Reiher mit dem Rücken zur Sonne, so daß er im eigenen Schatten jagen kann. Ein brauner Tabakschwärmer mit einem leuchtend orangefarbigen Körper fliegt auf Augenhöhe vorbei, gefolgt von einem Reiher, der langsam wie ein Pterosaurier mit langem, gekräuseltem Hals vorbeischwebt – eine imposante weiße Erscheinung. Wir erspähen einen Baum, dessen Gipfel aus einer Art Quasten besteht, den *Triplaris;* dieser Baum hat hohle Stämme, die von stechenden Ameisen bewohnt werden, deren Gift sich anfühlt wie heiße Drähte. Lianen hängen von den Bäumen herab; sie sind an so vielen Stellen verankert, daß kaum zu ergründen ist, wo die Ranken ihren Anfang und ihr Ende haben. Der braune Fluß blubbert freundlich, Fische schnellen hoch, Münder öffnen sich. Wir hören ein Geräusch wie von einem Hahn, der gespannt wird, dann den tiefen, klagenden Ruf eines Patoo, einer Eulenart, deren Gefieder totem Holz täuschend ähnlich sieht. Eine Sonnenrohrdommel klappert mit den falschen Augen auf ihren Flügeln. Bäume, die von blättrigen Ranken umwickelt sind, ähneln den gefiederten Füßen riesiger Eulen. Ein Eisvogel klingt wie das quiekende Gummitierchen eines Kindes. Es ist früher Morgen am Amazonas, und die Vögel singen die Hymnen ihrer Territorien. Sie haben nicht die Absicht, schön zu klingen. Sie können einfach nicht anders. Ein Kapuzineraffe – auch Leierkastenaffe genannt – bewegt sich durch den Wipfel eines Baumes, sammelt Früchte ein und wirft weg, was ihm nicht zusagt, wie jemand, der Schokoladenbonbons ausprobiert. Der Klang von Fingern, die quietschend über einen Gummischlauch gezogen werden, stammt von einem Vogel. Dann treiben wir in die Nähe des Kanus eines Fischers und seines Sohnes. David ruft auf Portugiesisch: »Guten Morgen, mein Herr. Wie gehen die Geschäfte? Viel gefangen heute?«

Der Mann lächelt und zeigt auf den Boden des Bootes, wo frischgefangene Fische in einer Wasserpfütze liegen. »Guten Morgen«, erwidert er. »Die Leute würden sich die Fische gern einmal ansehen, wenn das möglich wäre«, bittet David in respektvollem und höflichem Konjunktiv auf gemeinsamen Wunsch unseres Bootes, »der Leute«, wie er uns nannte.

Der Mann grinst und manövriert sein kippelndes Boot an unseres heran.

»Sie haben heute morgen Erfolg gehabt, was? *Aruaná, peche cascudo, curimatão, piranha.* Wäre es möglich, diesen knochenzüngigen Fisch dort zu sehen?«

Der Mann hebt den langen, glitzernden Fisch hoch. Sein furchiges Gesicht sieht aus wie das eines Himalaya-Bewohners, eine Erinnerung daran, daß er seine Gene mit Mongolen und vielen anderen Völkern teilt.

»Ich danke Ihnen«, sagt David und öffnet das komplizierte und faszinierende Maul des Fisches, dessen Zunge aus einem dünnen Knochen besteht. Knochenzüngige Fische mögen den Kot von Affen, und so warten sie oft im Wasser unter Bäumen, auf denen Affen leben. Dann hebt David einen gepanzerten Katzenfisch empor, der eine schaufelartige Nase hat, seltsame, auf den Kopf gestellte Omegas anstelle von Pupillen, lange, sensorische, hantelförmige Gliedmaßen auf seinem Gesicht und hübsche schwarze Streifen. Als nächstes zeigt David uns einen rötlichen Cashew-Piranha, öffnet seinen Bauch mit einer Machete, verschmiert den Inhalt auf seine Finger und zeigt so, daß er hauptsächlich Fischschuppen enthält. Piranhas nagen an anderen Fischen, um sich zu ernähren. Der Piranha ist bei weitem nicht das gierige Raubtier der Horrorstories und Monsterfilme, für den die meisten Menschen ihn halten. Wenn er nicht von seinen üblichen Nahrungsquellen abgeschnitten ist und hungert, was in einem isolierten Sumpfgelände oder See einmal vorkommen mag, ist er damit zufrieden, an den Schuppen anderer Fische zu knabbern. David gibt den Piranha dem Fischer zurück, der uns großzügig anbietet, einige Fische mitzunehmen, wenn wir möchten.

»Nein, vielen Dank. Das ist sehr freundlich von Ihnen«, erwidert David. »Wir sind glücklich, wenn wir sie anschauen dürfen und etwas über das Leben im Fluß lernen. Aber wenn es Ihnen nicht zu viele Umstände macht, dann würden wir Ihnen gerne dabei zusehen, wie Sie mit dem Netz Fische fangen.«

Das Gesicht des Mannes leuchtet auf, und er nimmt das Netz, als wäre es ein Hanfrock, den man mit Bleigewichten behängt hat; er sichert ein Ende in seinem Mund und wirft das Netz wie ein gewölbtes Spinnennetz über das Wasser, dann beobachtet er, wie es in die Untiefen hinabsinkt, wo die Fische warten. Wir staunen über die Form, die das Netz während des Fluges annimmt, und über sein ruhiges Versinken, mit dem es in der Dunkelheit verschwindet. Und der Mann beobachtet unsere Gesichter, lächelt, zieht das Netz zurück und wirft es immer wieder aufs neue aus. Ein kleiner Vogel mit einem leuchtend gelben Bauch wie ein Klacks Zitronenpudding läßt sich auf einem Zweig nieder und ruft: »*Bem ti ver!*« (»Schön, dich zu sehen!«), das ist sein portugiesischer Name. Auch im Englischen ist sein Name laut nachahmend: *Kiskadee!* Im Deutschen dagegen nennt man ihn furchteinflößend *Schwefelgelber Tyrann*.

Später halten wir beim Boot eines fahrenden Händlers,

um ein Schwätzchen zu halten. In seinem Boot liegen stapelweise Bananen und bagelförmiges Brot; große Filets gesalzenen Fischs trocknen auf dem Dach, umschwärmt von Fliegen. Der Händler lädt uns in sein Haus oben auf dem Hügel ein, auf dessen anderer Seite ein großer See liegt. Seine Frau zeigt uns ihre Schildkröten und Sittiche und zwei Stöcke mit afrikanischen Mörderbienen, die sie des Honigs wegen hält. Jeder Stock ist in einem Baumstamm verschlossen, der sich öffnen und schließen läßt wie eine Seetruhe. Sie zeigt uns die Wurzeln einer Maniokpflanze mit ihren langen weißen Fingern, indem sie eine davon auf ihrem Feld ausgräbt. Auf der Vorderseite ihres Hauses sind die Worte CASA FEEM DEUS aufgemalt. Ich frage sie, was *feem* bedeutet, und sie schaut verwirrt drein, lacht und sucht nach einer Erklärung. Nach einem Augenblick der Peinlichkeit lachen auch wir. *Feem* ist eine Zusammenziehung von *fé* (Treue) und *em* (in).

Ich komme aus der Wildnis Nordamerikas, um sie zu fragen, was Treue bedeutet, und da darf ich nicht überrascht sein, wenn sie erstaunt ist. Als wir gerade gehen wollen, bemerkt sie, daß wir einen großen, grünen Flaschenkürbis bewundern, der an einem Baum vor ihrem Haus hängt. Es ist der einzige Kürbis an diesem Baum, und er hat die Größe und das Gewicht einer Bowlingkugel. Man wird ihn trocknen, aushöhlen und dann als Schüssel verwenden. Sie bietet uns den Kürbis an, und wir müssen annehmen. Es ist so großzügig von ihr, und es wäre ungehobelt, ihn abzulehnen.

Zurück auf dem Fluß sehen wir eine große Schar rosafarbener Delphine; wir stellen unseren Motor ab und lassen uns zwischen ihnen treiben. Wenn sie auftauchen, atmen die Delphine mit Schnüffeln und Schnauben durch ihre Nasenlöcher. Wie viele Spielarten von Rosa! Einige sehen aus wie Radiergummis, andere sind leuchtend oder dunkelhäutig. Wir sind so nah an ihnen dran, daß wir einzelne Delphine identifizieren können. Ich lehne mich über den Rand des Bootes und tauche meinen Kopf ins Wasser, um dem schnellen Klicken ihres Sonars zuzuhören. *Wusch! Wuu!* blasen sie beim Auftauchen. In Paaren und zu dritt durchpflügen sie den Fluß. Als es wieder zu regnen beginnt, gehen wir ans Ufer und klettern einen Damm zu einem Haus auf Pfählen hinauf. Drinnen sind Sprengsel der amerikanischen Kultur versammelt: ein Micky-Maus-Handtuch, ein Foto von Lassie, sechs Glühbirnen für den Tag, an dem das Haus Strom erhalten wird, magisch leuchtende Töpfe und Pfannen (eine mit einem eckigen Einsatz sieht wie ein Biskuitkuchenblech aus). Der Mann, der dort lebt, zieht zwei lange Bänke aus – in der Art, wie man den Tisch auszieht, wenn Gäste kommen – und lädt uns zum Sitzen ein. Es ist ganz selbstverständlich, daß wir willkommen sind und unsere Hängematten in seinem Haus aufhängen können, wenn wir wollen.

Als der Regen aufhört, wandern wir durch seinen Garten und bemerken ein Mutterfaultier, das oben in einem Baum sein Kind wiegt. Ungefähr einmal in der Woche klettert das Faultier von seinem Baum herab, gräbt ein Loch und legt seinen Kot darin ab. Damit setzt sich das Faultier zwar vorübergehend den Raubtieren aus, aber indem es seinen Kot am Fuße des Baumes vergräbt und nicht einfach irgendwo fallen läßt, investiert es in die Zukunft seines Zuhauses. Im Pelz des Faultiers leben Algen, die ihm eine grünliche Tönung verleihen. Auch Falter leben in seinem Fell, ebenso Käfer und Zecken. Ich stehe lange dort und beobachte das Mutterfaultier, das völlig unbeweglich verharrt, bis es – möglicherweise von einem entzückenden Gedanken durchströmt – ruhig den Kopf hebt.

Als die anderen Boote unseres erreicht haben, führt uns Iain durch den Regenwald, den er so gut kennt. Es gibt viel zu sehen: den Pau-Roxo-Baum (Gattung *Peltogyne*), aus dessen dunkelpurpurnem Holz wunderschöne Schalen gemacht werden; die leierförmigen Blätter der *Dioscorea*, eine Kletterpflanze, die als Rohstoff für die Herstellung empfängnisverhütender Medikamente verwendet wird, da sie dem Östrogen gleicht; ein junger Kapokbaum, der ganz mit scharfen Gänsehaut-Stacheln bedeckt ist, so daß Nagetiere nicht an ihm hinaufklettern und Spechte nicht an ihm picken können. Auf den ersten Blick scheint es, als müsse solch ein Baum besondere Gaben haben, da er sich so schützt, aber vielleicht ist dem auch nicht so: In der Renaissance gab es Festungsstädte, die überragend geschützt waren, aber nicht, weil sie größere Schätze als andere enthielten. Botaniker untersuchen Bäume, indem sie ihnen einen kleinen Schnitt zufügen, um nach Latex zu suchen, den Geruch zu registrieren, die Narben des Kambiums zu untersuchen, ein gewisses Schwitzen wahrzunehmen. Iain macht einen winzigen Schnitt in die Rinde einer Würgefeige, und weiße Latextränen quellen heraus. Ich frage mich, wie alt dieser Baum sein mag. Es ist schwer, das Alter von Dschungelbäumen zu bestimmen, da sie keine Jahresringe haben. In Überschwemmungsgebieten wie diesem haben viele Bäume Strebebögen und ausgedehnte flache Wurzelsysteme, um fest im Boden verankert zu sein. Dies ist kein gemäßigter Wald, in dem es reichlich Sonne gibt, der Lehmboden dick und reichhaltig ist und in dem berechenbare Bäume berechenbare Bedürfnisse haben.

Als wir den Fluß hinabtreiben, riechen wir gelegentlich Rauch. Wir sind zwar noch kilometerweit von den Rodungsgebieten entfernt, aber wir riechen bereits die Verwüstung des Regenwaldes, wir riechen das Abbrennen riesiger Waldstriche. Wenn diese Zerstörung ihre gegenwärtige Geschwindigkeit beibehält, dann wird der gesamte Regenwald in ungefähr vierzig Jahren für immer verschwunden sein. Bergwerksprojekte, Plantagen zur Gummigewinnung, gewaltige, vom Unglück verfolgte Viehzuchtvorhaben, Wasser-kraftwerke, Autobahnen und das Bemühen, das Land zu verbrennen und dann zu beherrschen, nur weil es Grenzland ist und Menschen sich nicht mit herrenlosem Land abfinden können – all das hat zur Zerstörung ganzer Ökosysteme bei-getragen. Mit dem Regenwald werden Spezies ausgelöscht, die noch nicht einmal benannt wurden. Iain weist darauf hin: »Wir sind wahrscheinlich die letzte Generation, die die Gelegenheit hat, die Arten des Amazonas-Waldes zu bewah-ren ... Heute stehen wir in Amazonien am Rande des Ab-grunds ... eines massenhaften Aussterbens von Spezies, das sogar noch größer ist als das, in dem die Welt ihre Dino-saurier verlor.«

Als der Tag verblaßt, kehren wir zu den Booten zurück und machen uns auf den Heimweg. Jetzt am Abend sind die Gerüche ganz anders als am Morgen. Morgens gibt es wenig Sauerstoff, und die Luft ist nur leicht parfümiert. Abends aber knistert die Luft vor Sauerstoff und riecht nach Segge und feuchtem Bernstein. Röte überzieht den Himmel, während die Dunkelheit hereinbricht. Mit einer Laterne, die wir in niedriger Höhe aufs Ufer richten, suchen wir nach den Augen von Kaimanen, den amazonischen Verwandten des Alligators. Um ihre Aufmerksamkeit zu erregen, ahmen wir den Paarungsruf nach oder den eines Jungtieres in Not – eine Art synkopiertes Grunzen: *Uh! Uh! Uh!* Dann treiben wir ruhig weiter und warten. Um die Natur erleben zu kön-nen, muß man bereit sein, den Motor abzustellen und sich treiben zu lassen, wohin auch immer die Strömung einen führt. Aber das ist schwierig für zielgerichtete Menschen. Einige Leute in meinem Boot schwätzen zwanghaft und mißachten so die stille Größe des Waldes. Zuerst dachte ich, sie würden die wilden, reichhaltigen Klänge des Waldes ig-norieren, die Vögel, das Fallen der Blätter, den Fluß, die Tie-re und die erhabene Ruhe, aber nach einiger Zeit kam mir der Gedanke, genau das Gegenteil könnte der Fall sein. Das Reden stellt in der wimmelnden Wildheit der Natur nur eine kleine Lautform dar, eine nur sehr kleine Lautform im formlosen Geschrei des Universums, aber für diejenigen, die sie benötigen, ist es eben eine Form. Es ist eine Planke, die zum Ufer führt. »Schschsch. Hört zu!« sagt jemand sanft, und alle sind für ein paar Minuten still und lauschen den Klängen der Nacht. Der andauernde Rhythmus eines Frosches klingt, als ob jemand einen prallen Luftballon reibt. *Corrusha*, ruft ein Vogel namens *corruja*. Das Wort tanzt Samba. Das Ufer blitzt vor Glühwürmchen, und dann fliegt ein Schnellkäfer mit zwei Scheinwerfern über das Boot. Das Licht unserer Taschenlampe wird von den kleinen rotierenden Lagerfeuern zweier Eulenaugen reflektiert. Nachts gibt es viele geheimnisvolle Kohlenfeueraugen. Der Grund für ihr schauriges Leuchten liegt darin, daß sich hinter der Retina der Nachttiere eine Membrane befindet, die Tapetum genannt wird. Sie erleichtert diesen Lebewesen das Sehen in der Nacht, denn das Licht prallt von ihrer glänzenden Oberfläche ab. Diese lebendigen Feuer im Wald erinnern uns daran, daß auch wir brennen – entzündet vom fernen Chaos der Sonne. Ein Fischadler fängt einen Fisch und richtet dann seinen Schnabel nach oben, so daß er beim Fliegen stromlinienförmiger wird. Kormorane fressen nahe dem Ufer; jeder hat eine Art Mausefalle in seiner Kehle, um Fische unter Wasser besser fangen zu können. Schwalben schießen vor uns herab, segeln, tauchen im Sturzflug hinunter und schwanken wie beim Kunstflug aufwärts in einem halben Looping, der damit endet, daß die Schwalbe über eine Schulter abrollt, an Geschwindigkeit gewinnt, aufsteigt und dann wieder hinabtaucht in einer Attacke voller luftiger Seufzer und Ohnmachtsanfälle. Knochenzüngige Fische – *aruanás* – springen nach Nahrung. Fischer aus Caboclo pflügen immer noch mit ihren von vorn gesteuerten Kanus durchs Wasser. Ihre schwarzen Paddel sind Ausrufezeichen, die ins Wasser tauchen.

Fünfzehn gelbe Schmetterlinge führen einen tänzerischen Nahkampf im grünen, seggeähnlichen Gras am Ufer auf. Eine Amazonastaube pfeift. Dann schlägt eine Gabel gegen einen Kristallpokal, so als ob jemand den Dschungel allen Ernstes zur Ordnung riefe. Ein Schwarm Sittiche hört sich an wie ein nasses Seil, das so lange verdrillt wird, bis es ein vergnügtes Kreischen von sich gibt.

Tukans kläffen wie ferne Hunde. Hier und dort liegt ein flaches Kanu am Ufer und wartet auf seinen Paddler, der im Wald irgendeinem Geschäft nachgeht. Ein Falke mit hellgelben Füßen und ebensolchem Schnabel sitzt auf dem Ast eines toten Baumes. Altwasser aus einem nahegelegenen toten Teich plätschert die Böschung herab. Ein brasilianischer Nußbaum verliert zwei Blätter, sie fallen sanft herab und kommen mit einem hohlen Klappern auf dem Boden auf.

Wheee!, ruft ein Falke wie ein Kind mit einem Kazoo. *Wheee!* Bald schließt sich der Rest der Kindergartenband mit Sandblocks, Flaschen, Blechpfannen und Glocken an, als verschiedene Vögel einstimmen und die Grillen beginnen, ihrer Lieder zu klopfen und zu kratzen. Ein Amazonasvogel, der dem Huhn verwandt ist, gibt ein zittriges Brummen von sich. Ein Trogon ruft *You, you.* Wir treiben unter einen Baum mit fetten weißen Blüten; seine Alkaloide werden in der Herzmedizin verwendet. Ein klingendes Windglockenspiel erfüllt die Luft, dann folgt ein heulendes Trillern. Eine Tür, die in ihrem Rahmen schlägt und knarrt, ist in Wirklichkeit ein Frosch.

Der Neumond ist ein schlankes, weißes Kanu oberhalb der dunkler werdenden Bäume. Fledermäuse unternehmen über uns Aufklärungsflüge. Iain, der von meiner Vorliebe für Fledermäuse weiß, erzählt mir, daß er einst einen fledermausfressenden Fisch gesehen hat, der aus dem Wasser

sprang, eine Fledermaus packte und unter die Wasseroberfläche zog. In dem Konzert sind nun auch Jaulen und Todes-
klagen zu hören. Ein weißer Stern südöstlich des Mondes
treibt niedrig über dem Wald wie eine Eisscherbe. In der her-
aufziehenden Dunkelheit erblühen Lichter auf dem Fluß:
eine einzelne gelbe Taschenlampe aus einem Haus, das
weißere Licht einer Bootslaterne, der entfernte Blitz einer
Kamera von dort, wo Mo und die anderen fischen; das auf-
geregte grüngelbe Licht der Glühwürmchen, unser Schiff,
das Anker geworfen hat und erleuchtet ist wie ein Märchen-
spiel. In meiner Kabine braue ich mir – köstlich erschöpft
von der schieren sinnlichen Überwältigung durch diesen Tag
und begierig auf die Tage, die noch kommen mögen – eine
Kanne *casca preciosa* und schlürfe sein süßes, parfümiertes
Tonikum, während das Schiff sanft auf dem alten Fluß
schaukelt. Dann sinke ich in den Schlaf. Dieses Mal ist der
Traum identisch mit der wachen Welt: Ich schnorchele wieder bei Mondlicht im Fluß, höre das Brummeln der Affen
und folge einem Zug Blattschneiderameisen, die ihre kleinen Lasten durch Korridore voller Gerüche nach Hause
schleppen.

Kurzschwanz-Albatrosse

Er kommt, er geht, der Wasservogel,
Hinterläßt keine Spur,
Noch benötigt er einen Führer.
Dogen (japanischer Zen-Meister)

Diese unsere Welt,
Womit sollen wir sie vergleichen?
Mit dem weißen Kielwasser eines Bootes,
Das in der Morgendämmerung davonrudert.
Shami Mansei

Als ich das Wort »Torishima« zum ersten Mal hörte, befand ich mich auf einem Schiff in der Antarktis, kreuzte durch einen Garten aus glitzerndem Eis und nahm Kurs auf die von Vögeln übersäten Klippen von Süd-Georgien. Peter, ein Maler und Ornithologe, hielt gerade einen seiner überschwenglichen Vorträge über die Albatrosse, seine Lieblings-Seevögel, von denen wir uns bald einige Arten auf unseren Klettertouren über grasbedeckte Hügel ansehen wollten. Peter ist ein kleiner, blonder Mann Anfang Vierzig mit einem sorgfältig gestutzten Bart und der drahtigen Statur eines Kletterers (denn Seevögel brüten oft auf Klippen); er begann seine Rede im Flüsterton und mit der Ernsthaftigkeit eines Menschen bei der Andacht:

»Das offene Meer ist für die Vögel das, was der Weltraum für die Menschheit ist – die letzte große Grenze. Für die Vögel stellt es die rauhste, unnachgiebigste Umgebung auf dem Planeten dar, eine Umwelt, die fast zwei Drittel der Erdoberfläche bedeckt. Und doch ist es sogar auf einem Schiff, das Tausende von Kilometern vom Land entfernt ist, möglich, an die Reling zu gehen, aufs Meer zu sehen und Vögel zu erblicken. Aber das sind keine gewöhnlichen Vögel, dies sind Seevögel. Von allen Seevögeln der Welt ist eine Gruppe den anderen weit überlegen, eine Art, die einzigartig ist, eine Art, die mich mit Ehrfurcht erfüllt. Sie ist die urtümlichste

Lebensform. Diese sanften Riesen sind die Albatrosse. Ihr Königreich ist nicht das der Hügel, Wälder oder Wiesen, sondern das sich ständig verändernde Blau, Grün und Weiß des Meeres, dessen Launen unvorhersehbar sind. Über diesen gewaltigen Flächen führen die Albatrosse ein gefährliches Vagabundenleben. Sie sind die Nomaden des Ozeans.«

In seinem britischen Akzent, der sich durch seine Begegnungen mit vielen Kulturen während langer Jahre auf See abgemildert hat, spricht Peter weiter. Er vermittelt das intensive Gefühl eines Malers, der sein Lieblingsmodell beschreibt. Albatrosse sind groß, porzellanartig und imposant und gehören zu den schönsten Vögeln überhaupt. Peter erzählte uns einmal, daß er alle Albatrosarten der Welt gesehen hätte außer einer – der lieblichsten und erstaunlichsten –, dem Kurzschwanz-Albatros. Das ist ein fast ausgestorbener Vogel mit einer tragischen Geschichte, der nur auf einer einzigen kleinen, abgelegenen, sturmgepeitschten japanischen Insel brütet, die von einem aktiven Vulkan beherrscht wird. Peter hatte zehn Jahre lang versucht, dorthin zu gelangen; einmal gelang es ihm, bis auf dreihundert Kilometer an Torishima heranzukommen, aber das Wetter und andere Umstände verhinderten die Landung. »Torishima.« Er sprach den Namen der Insel mit geschlossenen Augen aus, ließ das Wort wie eine frische Brise durch die Öffnung seines Mundes strömen. »To-ri-shima«, sagte er erneut mit tiefer Ehrfurcht und Sehnsucht. Dias von Albatrossen erschienen in der Dunkelheit, genauso magisch wie die Zeichnungen in den Höhlen von Altamira. Als der Name der Insel durch den Raum schwebte wie eine Beschwörung, dachte ich an das herrliche Mosaik des Lebens, daran, wie wunderbar und subtil die Kreaturen der Welt sind und wie heimtückisch wir Menschen den Tieren gegenüber sein können, mit denen wir den Planeten teilen.

Der Kurzschwanz-Albatros verdunkelte einst die Himmel

von Japan bis Kalifornien. Er war die am häufigsten vorkommende Albatrosgattung im Nordpazifik und – neben den Säugetieren – die Hauptproteinquelle für die Aleuten, die Inuit und die nordamerikanischen Indianer von den Aleuten bis hinunter nach Baja California. In kaum hundert Jahren schlachteten Federjäger fast jeden einzelnen Kurzschwanz ab. In einem Zeitraum von siebzehn Jahren wurden allein fünf Millionen Vögel getötet, um Matratzen und Steppdecken zu füllen. Der U.S. Fish and Wildlife Service observierte zwischen 1975 und 1982 15 000 Quadratkilometer der Beringsee; man entdeckte nur einen einzigen kurzschwänzigen Albatros. Die gesamte Population von KurzschwanzAlbatrossen war weltweit auf etwa zehn Exemplare zurückgegangen; sie waren vermutlich näher an der Ausrottung als jedes andere Tier auf der Erde. Diejenigen, die überlebten, schafften dies nur, weil sie auf Torishima ein Versteck gefunden hatten, das für Menschen praktisch unzugänglich war. 1962 erklärte die japanische Regierung jene seltenen Kurzschwanz-Albatrosse zu einem nationalen Denkmal – nicht die Insel, auf der sie lebten, sondern die Vögel selbst. Gegenwärtig gibt es etwa noch 400 Exemplare: Ungefähr 200 nisten auf Torishima, und 200 noch nicht voll entwickelte Vögel sind auf See. Obwohl die Spezies sich erstaunlich erholt hat, hängt ihre Existenz am seidenen Faden; sie kann trotz der Bemühungen zu ihrem Erhalt noch während unserer Lebenszeit aussterben. Was könnte also wichtiger sein, als sich diese Seevögel anzuschauen, ihre Schönheit und Einzigartigkeit zu feiern? Ich wußte, daß ich nach Torishima gehen mußte. Peter und ich fingen an jenem Abend an, unsere Reise zu planen.

Torishima (»die Vogelinsel«) liegt 580 Kilometer südlich von Tokyo draußen im sturmumtosten Pazifik, fern von jedem Land. Der Besuch der Insel würde eine Sondergenehmigung erfordern, da jeglicher Zutritt von der japanischen

Regierung verboten wurde, zum Teil, um die Vögel zu schüt-zen, aber auch weil die Insel ein aktiver Vulkan ist; 1902 ka-men bei einem Ausbruch die letzten 125 Bewohner der Insel ums Leben. Unsere größte Hoffnung war, so entschieden wir, die Zusammenarbeit mit Hiroshi Hasegawa, einem außer-gewöhnlichen japanischen Ornithologen, der sein Leben der Rettung der Kurzschwanz-Albatrosse gewidmet und die Re-gierung ganz allein auf ihre Notlage aufmerksam gemacht hat. Wir würden uns während der Taifunsaison auf den Weg machen müssen, denn dann brüten die Vögel. Unbarmherzig kommen die Stürme in der Taifunzeit aus Nordwesten, und die einzige Lücke im steinernen Kiefer der Insel ist eine klei-ne Bucht in der nordwestlichen Ecke. Es gibt keinen Strand auf Torishima, nur Vulkanklippen und scharfe schwere Blöcke aus erstarrter Lava; unser Boot könnte gegen sie ge-schleudert werden und in Stücke zerbrechen, so daß wir an Land schwimmen und Haien und Quallen zu trotzen hätten. Und dann müßten wir auch noch auf den Vulkan hinauf-klettern.

Peter und ich saßen im Salon des Schiffs, während es in die langen, steilen Wogen des Antarktischen Meeres eintauchte, und grinsten. Der Plan war unwiderstehlich. Schließlich ging es für Peter darum, seine letzte Albatrosart zu sehen. Und für mich wäre es ein großes Unterfangen bei meiner Suche nach dem Seltenen und Schönen und fast Ausgestorbenen.

Zehn Monate später und nach intensiver Planung durch drei Personen fliegen wir nach Tokio, um Hiroshi zu treffen, der bereits zu einem Brieffreund geworden ist. Nachdem wir am Internationalen Flughafen in Tokio die Einwanderungsstelle passiert haben, wobei wir als Reiseziel »Meteorologische Station Torishima (verlassen)« angegeben haben, gehen wir zur Gepäckausgabe und danach durch eine rauchgraue Tür in die Hauptankunftshalle. Die ersten Personen, die wir sehen, sind ein schlanker Japaner Anfang Vierzig, der von einem jüngeren Mann und einer Frau begleitet wird – Hiroshi und zwei Studenten, die über uns herfallen wie gutartige Falken, sich erst mit Verbeugungen auf japanische Art vorstellen und dann mit Händeschütteln im westlichen Stil. Peter und Hiroshi sehen sich an und grinsen; beide sind schlank und athletisch und tragen einen identisch gestutzten Bart, so daß sie aussehen wie die östliche und westliche Ausgabe derselben Spezies.

»Vogelkundler sind überall auf der Welt gleich«, sagt Peter lachend, als wir unsere schweren Rucksäcke und Koffer hochwuchten. »Wir wissen bereits eine Menge voneinander.«

Er weiß zum Beispiel, daß Vogelkundler von ganzem Herzen an den belebenden Wert von Ritualen, Zeremonien und Feiern glauben: Für den Vorabend des Aufbruchs ist ein spezielles Festessen geplant. Bepackt wie für eine Everest-Expedition, begeben wir fünf uns mit Bus und U-Bahn auf den Weg quer durch die Stadt zur Universität, an der Hiroshi lehrt. Als wir aus den U-Bahn-Schächten herauskommen, betreten wir eine Welt kleiner Straßen, in der Häuser und Geschäfte wie die Teile eines dreidimensionalen Parkettbodens zusammenpassen. Es wird gerade dunkel, und Hunderte farbiger Neonlichter flackern auf Pachinko-Hallen, Restaurants und Läden. Unsere von der Reise ermüdeten Augen werden ganz groß, um all die seltsamen neuen Formen, Muster und wechselnden Farben aufnehmen zu können. Es ist, als ob man durch die Zweige eines reichlich dekorierten Weihnachtsbaumes spaziere. Nach zehn Minuten kommen wir zu einem Restaurant, das mit Fotos von Sumoringern geschmückt ist. Eine lächelnde Frau mit runden Wangen, Lidschatten in der Farbe von Glyzinien und einem hellroten, auf klein geschminkten Mund begrüßt uns an der Tür und ist offensichtlich erfreut, Hiroshi zu sehen.

Mit einer leichten Verbeugung sagt sie »Dozo« (»Bitte«) zu uns und krümmt die Hand in der universellen Geste des *Kommen Sie doch herein.* Wir schlüpfen aus unseren Schuhen und lassen sie an der Tür auf Bambusmatten stehen, wo sie zwischen vielen anderen Paaren hocken wie nistende Waldhühner. Dann folgen wir Hiroshi zu einem niedrigen Tisch in einer abgelegenen Ecke, wo dünne Kissen auf dem Boden arrangiert sind.

Peter und ich tauschen einen Was-meinst-du-was-sollen-wir-jetzt-tun-Blick und beobachten unsere Gastgeber. Als sich die drei auf ihre Fersen hinsetzen und die Hände auf die Oberschenkel legen, machen wir dasselbe. Dies ist der traditionelle Sitzstil, aber einige junge Japaner im Raum hocken auch im amerikanischen Stil in Blue Jeans, das eine Knie gebeugt, das andere Bein weit ausgestreckt. Die junge Generation ist gesünder und langbeiniger und empfindet den traditionellen Stil körperlich und geistig als manchmal zu einschränkend.

Die Besitzerin dieses kleinen Familienrestaurants ist die Witwe eines bekannten Sumoringers. Daher die Schmuckkalender von Ringkampfmeisterschaften, Photographien von Ringern beim Kampf, die Trophäen und Ringkampfgürtel. Auch das Menü enthält vorwiegend Gerichte, die von Sumoringern bevorzugt werden. Eine Kellnerin stellt jedem von uns ein gondelförmiges Gefäß mit drei Sushi-Delikatessen hin – eine große, dicke, zähe Seeschnecke, ein Haufen klebrigweißer Kabeljauhoden und gebratener Tintenfisch. Peter und ich schauen uns an, dann blicken wir zu Hiroshi, dessen Augen vor Übermut leuchten.

»Sieht gut aus, Peter, nicht wahr?« sage ich und reibe mir die Hände. »Kann kaum abwarten, es zu probieren. Habe noch nie eine so große Schnecke gesehen, du etwa? Sieht aus wie ein kleiner Palomino.«

»Nein, habe ich noch nicht. Und es ist verblüffend, wie sie arrangiert ist – als ob sie rennt.«

»Und der Kopf ist so interessant.«

»Ja«, sagt er zögernd.

Ich hebe die Schnecke mit meinen Eßstäbchen hoch, denke einen Augenblick, daß ihr nur ein Gürtel fehlt, um aus ihr eine Sumoschnecke zu machen, stecke sie in meinen Mund, kaue lange auf ihrer süßen, gummiartigen Masse und lächle Hiroshi anerkennend zu. Dann mache ich mich über die cremigen, warmen Kabeljauhoden her.

Während wir uns über die Landvögel Japans unterhalten, über eine Albatrosspezies namens »Amsterdam«, die erst kürzlich entdeckt wurde, und darüber, wie es den kurzschwänzigen Albatrossen ergeht, gibt Hiroshi Peter Eßstäbchenunterricht. Anfänglich ist Peter noch recht ungeschickt, aber bald hebt er die Eßstäbchen zu seinem Mund wie einen Schnabel und bewegt das untere Stäbchen in der gleichen Weise wie ein Albatros seine untere Schnabelhälfte. Hiroshi lacht und macht dasselbe, und so verfeinern die beiden die Bewegung und beginnen leise zu klappern. Es ist eine sehr esoterische ornithologische Pantomime, die unsere Gastgeberin ziemlich amüsiert, als sie zu uns herüberkommt und eine heiße Platte in die Mitte des Tisches stellt. Sie krönt die Platte mit einer großen Schüssel *chanko nabe*, einem Auflauf aus Tofu, Hühnchen, Gemüse und unverdaulichen weißen Nudeln (»um den Körper zu reinigen«). Das ist eine leichtere Version der typischen Nahrung der Sumoringer, sozusagen die Sumo Nouvelle Cuisine. Wenn wir im Training wären, würden wir früh aufstehen, ein leichtes Mahl zu uns nehmen und spät am Abend – nach der Arbeit und vor dem Zubettgehen – ein schweres, fettes Mahl verdrücken, um sicherzugehen, daß wir die 260 oder 360 Pfund erreichen, die ein Sumo benötigt, um in Topform für den Kampf zu sein. Nachdem wir einige Zeit im japanischen Stil mit eingezwängten Füßen dagesessen haben, nehmen wir Zuflucht zum Schneidersitz. Hiroshis Englisch ist, obwohl er manchmal Pausen einlegt, überraschend gut. Weder Peter noch ich sprechen auch nur ein Wort Japanisch. Aber die Männer teilen die Sprache der Vögel, und bald vergleichen sie ihre Notizen in Pantomime und Latein.

»Kampai!« prostet uns Hiroshi zu und erhebt sein Bier.

»Auf Torishima und die Albatrosse«, erwidert Peter.

»Adohori«, korrigiert Hiroshi ihn, indem er das japanische Wort für Albatros benutzt. »Es bedeutet ›dummer Vogel‹«, sagt er und schreibt das Wort auf Japanisch nieder, zuerst im gehobenen Hiraganastil, dann mit den einfacheren Glyphen des Katakana-Japanisch – derselbe Vogel in einem anderen Gefieder aus Schriftzeichen.

»Warum hält man sie eigentlich für dumme Vögel?« frage ich ihn. Idiotenvögel werden sie manchmal im Englischen genannt.

Er streicht leicht mit einer Hand über seinen Bart und sagt: »Vielleicht wegen der Art, wie sie manchmal beim Landen aussehen.« Er macht mit seinen Händen in der Luft einen Purzelbaum. »Aber vielleicht auch, weil sie so dumm waren, nicht wegzufliegen, als die Menschen kamen mit...« Er hält einen unsichtbaren Baseballschläger in beiden Händen. »Die Männer töteten einen adohori und noch einen und noch einen, und der Rest der Vögel verstand nicht, was geschah, sie flogen nicht fort. Ihre Mörder dachten: Was sind diese Vögel für Dummköpfe, sie sind so leicht zu töten.«

Ein Vogel von solcher Sanftheit und Schönheit wurde von den Federjägern doppelt geschätzt. Ihr Handel begann wahrscheinlich zufällig – die ersten waren Fischer, die Federn in den Vogelkolonien der Inseln sammelten, die sie besuchten. Aber gegen Ende des 19. Jahrhunderts, als Japan ausgedehnten Überseehandel betrieb, kamen Federn in Europa und den Vereinigten Staaten groß in Mode. Ein Albatros besitzt zwischen 14 000 und 16 000 Federn, von denen die meisten klein, weich und flaumig sind. Es gibt nur zehn große

Federn pro Flügel, also zwanzig große Federn am ganzen Vogel, und zwölf Schwanzfedern. So konnte aus etwa 14 000 Federn nur eine Handvoll als Federkiele für Schreibstifte oder Hüte »geerntet« werden. Der Rest ergab weiches, warmes Füllmaterial für Matratzen und Kopfkissen. Während eines typischen Jahres um die Jahrhundertwende exportierte Japan 380 000 Kilogramm Federn, und der Handel nahm erst ab, als dem Land die Vögel ausgingen.

Mit einer Lebhaftigkeit, die ich schnell zu schätzen lerne, hebt Hiroshi sein Bierglas und bringt stramm den Trinkspruch aus: »Adohori! Kampai!«

Nach dem Essen tragen wir unsere Koffer durch gewundene Straßen zum Campus der Universität Tokio. Im Schatten eines Gebäudes torkelt ein Haufen betrunkener Collegestudenten umher, die Arme einander um die Schultern gelegt, und grölt Lieder in die Nacht. Pinguine in der Antarktis drängen sich in dieser Art aneinander, um sich zu wärmen (die Franzosen sagen: »Sie machen eine Schildkröte.«), und genauso verhalten sich gerührte junge Männer auf der ganzen Welt. Der Anblick erinnert mich daran, daß wir in der Tokio'schen Variante einer Studentenstadt sind. Kurz darauf holt uns die Besitzerin des Sumorestaurants auf dem Fahrrad ein – wir haben versehentlich ein Flugblatt zum Thema Vögel zurückgelassen, und sie dachte, wir bräuchten es vielleicht noch. Viele Verneigungen und wiederholte Danksagungen. Schräg gegenüber vom Campus halten wir vor einem Restaurant, wo Hiroshi mit der Besitzerin spricht.

»Morgen früh öffnet sie um acht Uhr und macht Ihnen Frühstück«, sagt er uns. »Sie wird Sie erwarten.«

Dann überqueren wir die Straße, Hiroshi meldet uns bei der Campuswache an der Hauptpforte an, und wir gehen an einem Blumengarten vorbei zu einem Gebäude, das im dritten Stock die Gästezimmer der Universität beherbergt. Am Ende eines Flurs finden wir eine Toilette, einen Kühlschrank, eine tiefe japanische Badewanne und Automaten mit Zahnbürsten und Rasierutensilien. Obwohl wir dreißig Stunden unterwegs waren und die Datumsgrenze überschritten haben, sind wir zu überdreht und aufgeregt, um schon schlafen zu können. Es ist noch Zeit, uns einige historische Filme über Torishima anzuschauen, die aus Hiroshis Bibliothek mit Büchern, Filmen und Schallplatten über Albatrosse stammen (viele Volksmusiker und Rockgruppen haben Lieder über Albatrosse gesungen). Hiroshi führt uns also zu seinem Büro in einem nahegelegenen Gebäude. Die Venus steht niedrig und scheint hell über uns wie ein Suchscheinwerfer, der uns in seinem Strahl gefangen hat. Wir scheinen durch eine Spalte unserer Kultur in eine Welt gefallen zu sein, in der alles fremd und neu ist, und wir wissen nicht, welcher Anblick uns jenseits des nächsten Laternenpfahls erwartet.

Als wir die Treppen zu Hiroshis Büro hochsteigen, sehen wir Fotos von Albatrossen an der Wand. Ein Licht am Ende des Korridors heißt uns in einem Raum willkommen, der vor Büchern, Postern von wildlebenden Tieren und weiteren Fotos mit Albatrossen überquillt. Er enthält auch eine Fahne, auf der ein fast lebensgroßer erwachsener Albatros mit ausgebreiteten Flügeln am Himmel schwebt, und Hiroshis pièce de résistance, die gerahmte Großaufnahme eines flaumigen, dickbäuchigen Kurzschwanz-Albatrosskükens. Wir setzen uns auf Bänke rund um einen Holztisch. Drei Studenten treffen ein; einer bringt eine Flasche Weißwein mit, ein anderer schneidet Obst in Stücke, und wir setzen uns alle hin, um uns Filme über Albatrosse anzuschauen. Der erste ist ein alter Schwarzweißfilm über die großen Vogelschwärme, die einst die Insel bedeckten und die Klippen weiß färbten. Japanische Beobachter erzählten, daß das vogelübersäte Tiroshima wie ein sprudelnd weißer Eisvulkan aussah. Es schwebten so viele Albatrosse in der Luft, daß ein ununterbrochener Schneesturm um die Insel zu jagen schien. Die

Wogen vor der Küste sahen aus, als trügen sie weiße Kronen, so groß und dicht waren die Scharen dieser wunderbaren Vögel. Ein jüngerer Farbfilm zeigt uns in scharfem Kontrast zum vorigen die wenigen noch verbliebenen Vögel, und wir schütteln ungläubig unsere Köpfe. Wie konnte das so schnell geschehen? Der Film enthält auch einen kurzen Einblick in den extravaganten Paarungstanz der Kurzschwanz-Albatrosse. Als Peter das sieht, explodiert er förmlich vor Aufregung und beugt sich nach vorne, um besser sehen zu können.

»Sie stehen auf ihren Zehen! Oh, seht euch das an – ein Schultertanz, wiegende Köpfe, *Kastagnetten*!« Er hebt seine fest geballten Fäuste in die Luft und schüttelt die elektrische Spannung aus ihnen heraus.

Ein Liebespaar, das wie verrückt umeinander wirbt, wirft seine Köpfe himmelwärts, schlägt mit den riesigen Flügeln auf und ab und fängt mit den Schnäbeln an zu klappern wie wahnsinnig gewordene Flamencotänzer – Kastagnetten. Mein Herz fängt an zu pochen. Sogar im Film sind sie mit ihren eigelbfarbenen Köpfen atemberaubend schön. Ihre bebenden Schnäbel sind rosa, die Spitze und das Schnabelinnere sehen aus, als wären sie mit blauem Lippenstift angemalt, und die Basis des Schnabels hat einen dünnen schwarzen Streifen. Ansonsten sind die älteren Vögel hauptsächlich weiß. Aber einige noch nicht ausgewachsene Vögel sind schokoladenbraun mit weißen Epaulettenklecksen. Von Müdigkeit übermannt, lehnen wir uns vor und starren mit Verwunderung auf den kleinen Bildschirm, der einen so großen Vogel gar nicht aufnehmen kann, starren auf das zweidimensionale Knistern der Elektronen, die das Drama nicht darstellen können, das uns bevorsteht. Wir sind sehr aufgeregt. Als der Film zu Ende ist, stellen wir zusammen mit Hiroshi unsere Reisepläne fertig, prosten den Albatrossen ein letztes Mal mit erhobenem Glas und einem »Ahodori! Kampai!« zu und gehen schlafen.

Früh am Morgen stöbern uns zwei Studenten beim japanischen Frühstück auf. Wir sitzen im Restaurant, in dem wir zu unserer Freude Hiroshis Foto von einem Kurzschwanz-Albatrosküken entdecken, das neben dem bekannten Portrait des kaiserlichen Thronfolgers an der Wand hängt. Die Studenten treiben uns zur Eile an, und wir gehen nach unten, wo Hiroshi mit unserem Gepäck wartet. Er deutet auf seine Uhr: Wir müssen uns beeilen, da wir heute viele Kilometer zurückzulegen haben.

Mit unseren großen Rucksäcken sehen wir wie exotische Schildkröten aus, die ihr Zuhause mit sich herumschleppen, aber diese Rückenschilde machen es uns leicht, einander in den dichten Menschenmassen der Stadt nicht zu verlieren. Eine Busfahrt, zwei Zugfahrten, eine Fahrt mit der Einschienenbahn und einen Flug später landen wir auf Hachijojima, einer kleinen Vulkaninsel unterhalb der sieben Inseln von Iza, die verstreut im Meer südlich von Tokio liegen wie die Perlen einer Perlenkette, deren Schloß zerbrochen ist. Hachijojimas 10 000 Bewohner sind hauptsächlich Fischer mit ihren Familien. Manchmal fliegen Leute aus Tokio hierher, zum Sportfischen oder um eine Liegekur bei den heißen Quellen zu machen. Es gibt hier niemanden aus Europa oder Amerika. Die Bäume erklingen von Schwärmen singender Nachtigallen, nachts türmen sich Wolken auf und stoßen an die Spitzen des Vulkans, und bei Tagesanbruch bläst der Ozean einen leichten Nebel herauf. Da die Insel Hachijojima den letzten Flughafen der Inselkette hat, beginnen Reisende zu noch entlegeneren Orten ihre weite Fahrt von ihrem Hafen aus. Es gibt immer einen Platz wie diesen, einen Scheideweg zwischen dem Bekannten und dem Unbekannten, eine Karawanserei in der Wüste, ein Marrakesch. In den Vereinigten Staaten des 19. Jahrhunderts war es Mark Twains St. Louis, in dem die Leute Halt machten, um sich auszurüsten, bevor sie den Mississippi überquerten und die wilden und ungebändigten Gegenden westlich davon betraten. »Sonderlinge« wurden diese scheuen und wilden Reisenden genannt, und ihre Verhaltensweisen fand man »fremdartig«. Hachijojima ist ein kleinerer Scheideweg, und es fehlen die Betrüger, Profitmacher und Desperados. Die Insel ist ein letzter Halt, bevor man sich dem unerbitterlichen Pazifik überantwortet. Sie ist ein Ort für das leise Lösen der Bindungen zu allem, was mit Kultur zu tun hat. Kultur ist das, was Menschen erfinden, wenn sie die Natur verloren haben. Und auf Hachijojima gibt es nichts Sichereres und Gewaltigeres als den Zorn des Windes und des Wassers, deren Urteil jeden Tag mit Weisheit und mit Hilfe von Wetterkarten entziffert werden muß.

Auf Hachijojima kommen wir in einer kleinen Pension unter. Ihre Besitzer – Eke-san und Toma-san –, die über die Jahre Hiroshis Freunde geworden sind, holen uns mit ihrem Lieferwagen vom Flughafen ab. Toma-san besitzt ein Fischerboot und begleitet Sportfischer auf ihren Sportodysseen rund um die Insel, und ihm gehört auch ein Stück Wald auf der Insel. Hibisken und Strelitzien wachsen üppig an den Straßenrändern, als wir in ein nahegelegenes Fischerdorf und dann eine enge Gasse hoch zu ihrem Haus nahe dem Hafen fahren. Den Dreck der Welt lassen wir mit unseren Schuhen außen vor der Tür und schlüpfen in bereits wartende Sandalen. Im japanischen Leben ist sogar der Staub der Welt reich und schön, aber er gehört nach draußen.

»Dozo«, sagt Eke-san und deutet auf einen niedrigen Tisch in einem Raum, der von zweien solcher Tische und einem Fernseher in einer Ecke dominiert wird. Wir setzen uns auf den Boden neben einen der Tische, schlüpfen mit unseren Füßen unter eine schwarzweiße Quiltdecke, die von ihm herunterhängt, und entdecken darunter eine Wärme wie in einem Bienenstock. Ein elektrisches Heizgerät auf der Unterseite des Tisches umhüllt die Beine von uns allen mit einer wohlig warmen Glut. Dieser Hauptraum ist rechteckig und hat an beiden Seiten Schiebetüren – die eine führt in den Flur, die andere in die Küche und den Hinterhof. Der ganze Fußboden ist mit einem rosa Teppichboden ausgelegt; es gibt auch zwei kleine Läufer – einen mit Eulen, auf den man tritt, wenn man vom Flur hereinkommt, einen mit Enten, den man begeht, wenn man von der Küche eintritt. In einer Vitrine am anderen Ende des Raumes steht eine gerahmte Kopie von Hiroshis Photographie des Kurzschwanz-Albatroskükens, das wir allmählich als unser eigenes kabbalistisches Zeichen betrachten. Daneben steht eine Messinguhr, die von zwei fliegenden Kranichen gehalten wird (dem japanischen Symbol für Langlebigkeit). Eine Holztafel mit dem Familienemblem – ein Schwert und eine Blume – lehnt an der anderen Seite der Vitrine. Zehn Kalligraphien erstrecken sich oberhalb der Türen bis zum Flur.

Eke-san setzt sich neben uns auf ihre Knie und legt die Hände auf ihre Schenkel. Sie ist siebenundfünfzig Jahre alt und hat kurzes, zurückgekämmtes dunkles Haar. Sie lächelt bescheiden und gütig und bietet uns Kaffee an. Hiroshi macht den Fernseher an, um die örtlichen Wetternachrichten zu verfolgen. Wir studieren die Wetterkarten genau. Durch die Region ziehen ein Nordweststurm und ein Taifun nach Westen. Sorgfältig betrachten wir die Isobare und diskutieren die aufziehenden Formationen. Ein dichter Strudel von Linien, die eng beieinanderliegen und die Richtung ändern, kündigt einen Taifun an. Für Seeleute ist das Muster so klar wie ein Fingerabdruck. Drei Taifune sind dieses Jahr dicht an Torishima vorbeigezogen und haben Erde fortgeschwemmt. Während Hiroshi die Formationen zählt, krümmt er einen Finger nach dem anderen nach innen; auch Peter zählt mit, streckt aber seine Finger nach außen. Vielleicht bleiben wir ja verschont, obwohl das Wetter um diese Jahreszeit immer riskant ist. Wir entscheiden uns deshalb, den nächsten Wetterbericht abzuwarten.

Schon bald wird das Mittagessen serviert, eßbare Geheimnisse in lackierten Kästchen. Viele für mich neue Gemüse, Früchte und Meeresfrüchte werden uns gereicht, namenlos und pikant; wir essen sie mit einer Mischung aus Hunger und Neugier. Ein großer elektrischer Reistopf und eine Thermoskanne mit heißem Wasser stehen neben dem Tisch. Eke-san lächelt über unseren riesigen Appetit. Vögel legen vor ihrer langen Reise noch einmal die Hälfte ihres Gewichtes zu, um ihren Flug nach Südamerika oder zurück zu schaffen. Menschen verhalten sich vor einer Expedition oft ähnlich. Man weiß nie, wann man das nächste Mal etwas zu essen bekommt.

Mit einer leichten Kopfverbeugung danken wir Eke-san auf Japanisch mit »Oishii« (»Es schmeckt gut«). Bald werden wir dem *sencho* (Kapitän) einen Besuch abstatten. Sein kleines Fischerboot wird uns nach Torishima bringen, und wir müssen Proviant kaufen. Aber zuerst sollten wir die Gemeindeverwaltung aufsuchen. Hiroshi kam von seinem letzten Trip nach Torishima mit Bildern zurück, auf denen eine fürchterliche Erosion zu sehen war, und er hat die japanische Umweltbehörde überredet, Botaniker und Bodenexperten loszuschicken, die feststellen sollten, ob etwas unternommen werden kann.

In einem Bürogebäude im Stadtzentrum begrüßt uns ein großer Mann, dessen Name übersetzt Sternenfeld bedeutet. Hiroshi zeigt ihm Fotos von Torishimas Graslandschaft und von der jüngsten Erosion in den Gebieten, in die seine Leute zur Neubepflanzung geschickt werden sollen. Dieser ganze Aufruhr muß die Gemeindeverwaltung seltsam anmuten. Die Insel Hachijojima ist klein; Torishima aber ist winzig und abgelegen, es ist nicht nur am Ende der Welt, sondern auch feuerspeiend, wild und für die Öffentlichkeit gesperrt.

Jetzt aber kommt plötzlich alle Welt mit Videokameras und Wissenschaftlern nach Torishima, um ein Paradebeispiel zu liefern, wie man eine Spezies vom Abgrund ihrer Auslöschung zurückholt. Hiroshi hofft, daß die Botaniker und Bodenspezialisten die Erosion, die wertvolle Nistplätze vernichtet, aufhalten können. Ein Großteil der Inselvegetation liegt unter der Lava begraben; in diesen Gegenden müht sich die Vegetation, ihre Wurzeln durch die frische Asche zu treiben.

Eine Sekretärin serviert uns grünen Tee in blauweißen Tassen, die mit Fächern dekoriert sind. Hiroshi hängt seine braune Kordmütze über sein Knie. Zwei große weiße Narben zeichnen die Oberseite seiner linken Hand – die Stigmata seiner Zunft. Diese Wunden stammen von Albatrosküken, deren scharfe Schnäbel wie dafür gemacht sind, einen Tintenfisch mit einen Biß zu schnappen; eine menschliche Hand ist im Vergleich dazu ein langsames Ziel.

Das Foto, auf dem ein kahler Abhang zu sehen ist, zeigt mir, wo die Asche hingeweht wurde; es sieht aus wie nach einem Staubsturm. Die Pflanzenwurzeln brauchen ein Mattensystem, so daß sie die lose Asche binden können. Und Albatrosse benötigen eine Vegetation, um ihre Nester zu bauen. In den flachen Ausscharrungen, die sie in den Boden machen, zerren sie Sand und Gras zusammen. Es reicht nicht, einem Vogel eine Insel zu geben, man muß ihm auch die richtige Vegetation anbieten, so daß er seine Eier richtig brüten kann. Vor einigen Jahren pflanzte Hiroshi als Experiment Chinaschilf auf einem kleinen Teil der Insel an. Die Zahl der ausschlüpfenden Albatrosse stieg unmittelbar. Jetzt hofft er inständig, den Rest der verlorengegangenen Vegetation auf der Insel zu ersetzen. Er wird die Botaniker bitten, im Juni – der Regenzeit – zu pflanzen, damit die Nistplätze für die Vögel im Oktober fertig sind.

Zehn dieser Männer werden wir auf der Insel treffen, und

deshalb diskutiert Hiroshi mit ihnen die Versorgung und die Ausrüstung. Nachdem wir uns verabschiedet haben, gehen wir zu einer Bäckerei, einem Lebensmittelladen und einem Getränkehandel. Falls das Wetter uns auf Torishima festhalten sollte, werden wir über zusätzlichen Vorrat froh sein. In der ganzen Stadt laufen wir über Gehwege aus Lavaplatten, die von Luftlöchern durchsetzt sind; Lava ist weich und leicht zu schneiden. Diese schönen Gehsteige sind nicht für Touristen gemacht, denn die kommen nur selten nach Hachijojima. Jeder Tag ist eine besondere Gelegenheit, scheinen diese Gehsteige zu sagen; Dinge, denen wir im täglichen Leben begegnen, sollten unseren Sinnen gefallen. Gelbe Chrysanthemen, weiße Siebensterne und Bromelien überwuchern die steilen Felswände, die die gewundenen Straßen säumen. Einige Wände sind mit großen, scharfen Steinen verziert, die aus dem Vulkan geschleudert wurden, bevor er in Asche versank. Wir stehen vor einem Geschäft und beobachten die Fischerboote am Kai; in der Zwischenzeit arbeitet Hiroshi die Liste ab. Hiroshi – er hat leichte O-Beine – hat ein blaues Halstuch in seine hintere Jeanstasche gestopft, trägt ein blauschwarz kariertes Hemd und eine braune Kordkappe vom U.S. Fish und Wildlife Service, die er kürzlich von einer Reise nach Alaska mitbrachte. Erleichtert atmet er schließlich auf. Alle Vorräte sind eingekauft. Ein Kormoran hockt auf einem Holzpfosten; wir beobachten ihn durch unsere Ferngläser, als er seine Flügel wie ein Preußenkreuz spreizt. In China befestigen Fischer einen engen Ring um den Nacken eines angeleinten Kormorans (so daß er den Fang nicht verschlucken kann) und lassen ihn von einer Dschunke aus an ihrer Statt angeln. Im Unterschied zu anderen fischjagenden Vögeln ist das Gefieder eines Kormorans nicht wasserdicht; er könnte sonst nicht so gut tauchen. Dieser Vogel ist in Freiheit, und er breitet seine Flügel aus, um sie in der Sonne zu trocknen.

»Unser erster Trip nach Torishima – bald ist es soweit«, sagt Peter, dessen sonnengebräuntes Gesicht vor Erwartung leuchtet.

»Ich bin 37-mal dort gewesen«, sagt Hiroshi, »und ich bin immer noch so aufgeregt wie Sie.«

»Sie sind öfter dort gewesen als irgendjemand anderes auf der Welt oder sonst jemals irgendjemand«, erwidert Peter und nimmt sein Fernglas herunter. »Und Sie sind ein so guter Beschützer der Vögel. Wenn Sie ankommen, sollten sich die Albatrosse in einer Reihe aufstellen, auf den Füßen wippen und sich verneigen.« Er wippt auf seinen Zehenspitzen, spreizt seine Arme zur Seite und macht eine halbe Verbeugung. Hiroshi greift einen anderen Teil des Paarungstanzes auf, wölbt seine Brust nach vorne und spreizt seine Arme nach hinten. Ich füge noch eine weitere Geste hinzu, indem ich meine linke Schulter küsse und dann meine rechte, wobei ich meine Arme nach außen drehe. Ich weiß nicht, was die Passanten von dieser Szene halten, aber die Fischer auf dieser kleinen Vulkaninsel im Pazifik sind gewiß an allerlei seltsame Vögel gewöhnt. Und das Kastagnettengeklapper und das Wiehern, die wir drei als nächstes folgen lassen, überraschen sie wahrscheinlich auch nicht weiter.

Wir gehen am Kai entlang zu den Fischverpackungsständen und beobachten, wie der Fang von den Booten geladen wird. Es ist düster geworden, und nur die Decks der Boote leuchten hell. Männer in blauen Anzügen und weißen Frotteestirnbändern sortieren Makrelen, Thunfische und Riesensardinen, die sie wie Barren aus reinem Silber in Körbe werfen. Hiroshi kennt die meisten der Männer vom Sehen. Einer seiner Freunde packt eine riesige Regenbogenforelle an ihren Kiemen und hebt sie hoch; dabei hat er den für Fischer in der ganzen Welt typischen Gesichtsausdruck: ›Guck-dir-die-Größe-dieser-Süßen-an‹. Hiroshi grinst anerkennend. Nachdem der Mann die Regenbogenforelle in einen Korb gelegt hat, gibt er Hiroshi drei große Sardinen für Eke-san mit. Ölige Fische wie diese werden an Ort und Stelle verzehrt, weil sie schnell verderben. Fisch mit weißem Fleisch wird in Eis gepackt und nach Tokio verschifft. Wir bedanken uns bei den Fischern und wünschen ihnen eine gute Fischsaison. Dann machen wir uns auf den Rückweg bergan, da es langsam Zeit fürs Abendessen ist.

Zu Hause ist Eke-san gerade beim Blumenarrangieren. In einem Raum gibt es eine kleine Dekoration mit Wildblumen – purpurrote Disteln, Bittersüß, Gräser und Blätter in einer schwarzen Lackschüssel; das Wasser in der Schüssel ist ebenso wichtig wie die darin liegenden Blätter oder der Raum zwischen den Zweigen oder der Himmel darüber. Es ist etwas robust Feuchtes und Feminines an diesem Arrangement, das vielfach ineinandergesteckt ist. In einem anderen Raum findet sich ein entschieden männliches Arrangement aus Bambus und Strelitzien, das himmelwärts gerichtet ist. Wir setzen uns zum Essen, strecken unsere Füße unter den Quilt und wärmen sie am Heizer. Eke-sans 21 Jahre alte Tochter bringt uns heißen grünen Tee. Heute abend gibt es gebratenen Fisch – Besucher aus dem Westen nennen ihn »Lederjacke« (Japaner, die diesen Namen ungenießbar finden, nennen ihn »Lederentferner«) – mit Sushi, Tofu und Gemüse und Mandarinen zum Nachtisch. Die Konversation, die in Japanisch, Englisch und Pantomime geführt wird, belebt den Raum. Aber als im Fernsehen die Wetternachrichten kommen, verstummt das Gespräch. Im Reich der Fischer ist das Wetter der König. Das einzige andere Ereignis, das ein Gespräch verebben läßt, ist das Sumoringen. In dieser Woche finden die Sumomeisterschaften statt, und wir schauen uns den »Hawaiischen Vulkan« an, eine quellende Masse menschlicher Lava, 220 Kilogramm schwer. Er ist nur mit einem dicken Lendenschurz bestückt, der mit etwas gesäumt ist, das Rolloschnüren ähnelt. Schweißtriefend läuft er über die Bühne.

»Ach, er hat schwache Knöchel«, sagt Hiroshi kenntnisreich. »In diesem Sport ist Größe nicht alles. Und anders als beim amerikanischen Ringkampf gibt es keine Gewichtsklassen. Große Männer ringen mit kleinen, und manchmal gewinnt der kleinere, weil er schneller ist.« Er erklärt, daß die Strategie darin liegt, die eigenen Stärken und die Schwächen des Gegners zu kennen und zu wissen, welche Technik zwischen beiden eine Brücke schlägt. Hiroshi, ein Mensch voller Begeisterung und guter Laune, hat große Achtung vor allen Kräften der Natur; deshalb erscheint es völlig natürlich, daß er leidenschaftliche Gefühle für federleichte Albatrosse – so zahm und blattgleich – und für dickschenklige Sumoringer hegt.

Der Kampf beginnt mit einer kunstvollen Zeremonie und einem stilisierten Schiedsrichter und endet einige Sekunden später, als der hawaiische Vulkan auf seinen schwachen Knöcheln strauchelt und auf sein Gesäß poltert. Das ist so sensationell, daß Toma-san auf die Füße springt und – außer sich vor Erregung – dem Sieger mit einem Glas starken japanischen Alkohols zuprostet. »Kampai!«, ruft er mit geballter, erhobener Faust.

Der Jetlag, die Zeitverschiebung und die Müdigkeit holen uns nicht nur ein, nein, sie kollidieren vielmehr in unserem Gehirn – bereits um neun Uhr abends gähnen wir. Nachdem wir uns bei unseren Gastgebern bedankt haben, gehen wir die Treppe nach oben und waschen uns an einem langen Gemeinschaftsbecken im Gang. Eke-san, die kurz danach folgt, führt Peter in sein Zimmer. Sie schiebt die Haupttür auf und legt eine Matratze auf den Boden.

In meinem Zimmer finde ich auf dem Boden eine Matratze mit einer kirschroten Steppdecke und einem weißen Laken mit Spitzenrand. Ich danke Eke-san mit einer kleinen

Verbeugung, wünsche ihr eine gute Nacht und höre das sanfte Klappern ihrer Sandalen, als sie hinuntergeht. Mein Zimmer ist ein heller, luftiger, quadratischer Raum mit zwei Schiebetüren an einer Seite. Jede Tür besteht aus 20 dünnen, undurchsichtigen Papiertafeln. Das breite Fenster an der gegenüberliegenden Wand ist von zwei Schiebejalousien, die ebenfalls aus je 20 Papiertafeln zusammengesetzt sind, verhüllt und leuchtet weizenfarben im Mondlicht. Grasmatten liegen auf dem Boden. Die Wände sind am oberen Rand mit einem Muster aus großen blauen, blattlosen Bäumen verziert, ein geschnitztes Holzspalier führt zu den angrenzenden Zimmern. In einer Ecke des Zimmers steht ein schwarzer Garderobenständer aus Lack in der Form einer chinesischen Rune. In einer anderen Ecke thront ein Fernseher auf einem kleinen Tisch. Ansonsten ist das Zimmer kahl. Über mir befindet sich eine quadratische Leuchte aus geschliffenem Glas, in der drei Leuchtstoffbirnen unterschiedlicher Größe ineinander stecken. Das ermöglicht verschiedene Lichtarrangements.

Ich liege auf meinem Bett und lausche dem Zirpen einer Grille irgendwo hinter einer Tafel. Das Flurlicht scheint sanft durch die Papiertafeln der Tür. Der Wind rüttelt an einer Jalousie, die ihm grollt. An der Decke ermöglicht ein geschnitztes Gitter aus Kiefer, daß die Räume ineinander atmen, und ich kann das sanfte Rauschen des Windes und die gelegentlichen Schnarcher meiner Reisekameraden hören. Heute brauche ich nichts anderes zu tun als zu schlafen. Keine Sorgen wegen schwieriger Aufgaben oder Termine. Hiroshi hat alles arrangiert. Es ist etwas Wunderbares an diesem Versorgtsein, denn es führt uns in die Welt der Kindheit zurück, als das Leben ein betriebsamer Rummelplatz war, die Wißbegierde dicke Blüten trieb, sich alles verblüffend frisch anfühlte und der gesamte Lebensablauf, all die kleinen Sorgen über Richtungen und Rechnungen und

Mahlzeiten und Stundenpläne von den Erwachsenen erledigt wurde. In einer erstaunlichen Welt wurde man mit den Wundern allein gelassen. Hiroshi, der uns hier all den Ärger und die Sorgen abnimmt, hat uns jene Freiheit wiedergeschenkt.

Nachts tobt ein heftiges Gewitter, und die plötzlich wechselnden Winde hören sich wie Seidenkimonos an, die in den Bäumen zerreißen. Morgens um halb neun treffen Peter, Hiroshi und ich uns unten beim Frühstück. Es gibt Miso-Suppe, frischgekochten Lachs, ein rohes Ei, Brot, Reis, Kohl und Kaffee. Vor jedem von uns steht ein rotes Lackkästchen mit getrockneten Algenstreifen.

»Nun, was meinst du, Hiroshi?« frage ich, während ich einen Algenstreifen um einem Kloß aus Reis und rohem Ei wickle.

»Ich glaube nicht«, antwortet er kopfschüttelnd. »Spielst du Golf?« fragt er plötzlich.

»Nein«, antworte ich.

»Ich habe heute morgen«, sagt Hiroshi, »über Golf nachgedacht. Ein Schlag unter Par ist beim Golf ein Birdie, zwei Schläge unter Par sind ein Eagle, aber drei unter Par sind ein Albatros.«

»Wie erzielt man einen Albatros?« frage ich.

»Man braucht ein Loch mit einer langen Bahn – mindestens Par fünf – und dann muß man mit zwei Schlägen auskommen ...«

Hiroshi und ich beginnen zu lachen, weil uns dasselbe Bild in den Sinn kommt. Von Tokio nach Hachijojima ist der erste Schlag. Von Hachijojima nach Torishima der zweite.

Eke-san nimmt zwei Vasen mit Orchideen und trägt sie zusammen mit Bittersüß und einer Strelitzie in das Zimmer nebenan. Einen Augenblick später läutet eine Glocke, und Weihrauchduft breitet sich im Haus aus. Als sie zur Küche zurückkehrt, folge ich der Weihrauchspur in das Zimmer, das sie gerade verlassen hat, und entdecke einen großen, reich verzierten Schrein aus geschnitztem Holz. In der Mitte des Schränkchens steht ein goldener Buddha mit einer erhobenen Hand, flankiert von einer purpur- und rosafarbenen Kerze und einem Messingring an einer gelben Kordel. Ekesan hat fünf große dattelähnliche Früchte als Opfergabe zurückgelassen, zusammen mit zwei Vasen voller Blumen, einem Glas Wasser und einigen Räucherstäbchen. Braune Gebetskugeln liegen auf einem niedrigen Tisch. Alle Schnitzereien am Schränkchen stellen Vögel dar – Kraniche und Elstern mit himmelblauen Flügeln –, die sich für immer durch die Seele des Holzes schwingen.

Als ich zum Eßzimmer zurückkehre, erfahre ich, daß der Kapitän angerufen und schlechtes Wetter gemeldet hat. Wer weiß, wie lange dieser Sturm noch wütet. Also sind wir durch das Wetter erst mal an Hachijojima gefesselt und können nichts anderes tun, als tiefer in seine Kultur einzutauchen und auf ruhiges Wetter zu warten. In diesem ungewohnten Klima haben wir manchmal das Gefühl, als ob wir zu dick angezogen seien, deshalb ziehen wir den liebgewonnenen Mantel und den vertrauten Pullover aus. Wir benutzen kein westliches Besteck mehr, keine westlichen Betten oder Toiletten. Wir haben aufgehört, auf die Uhr zu sehen. Peter und ich verwenden immer häufiger Höflichkeitsfloskeln auf Japanisch, die wir unterwegs aufgeschnappt haben. Das einzige grundlegende »Höflichkeits«wort, das wir bislang nicht gelernt haben, ist das Wort für »Nein«. Bis jetzt hatten wir keinen Bedarf dafür. Wenn uns eine Mahlzeit angeboten wird, nehmen wir sie dankbar an und essen sie mit Genuß. Wenn uns ein Getränk angeboten wird, nehmen wir auch dieses an und trinken es beherzt. Wenn wir am Kai entlanggehen, durch die Stadt, in einen Laden oder einen Schrein geführt werden, folgen wir neugierig und erfreuen unsere Augen an dem Unbekannten, das sich vor uns entfaltet. Automatisch greifen wir auf ein Repertoire an Verbeugungen zurück, die hier die soziale Währung sind. Einige Situationen erfordern nur eine leichte Neigung des Kopfes, andere eine tiefere Verbeugung. Wenn man zum Beispiel an einem Tisch sitzt, dann hält man ihn mit beiden Händen fest und schaukelt vor und zurück. Zehn Monate und fünf Tage sind es her, als wir mit unseren Reisevorbereitungen anfingen, und es liegen immer noch zwei Reisetage vor uns, bevor wir in Torishima eintreffen werden. Wir müssen noch weitere Vorräte kaufen und die Wetterkarten konsultieren wie die Eingeweide eines riesigen Vogels. Wir haben das starke Gefühl, daß wir eine Pilgerreise machen; und so wie ein Novize eine strapaziöse religiöse Reise zurücklegen muß, um das, was heilig ist, zu finden, werden wir auf unserer Suche viele unvermeidliche Schritte tun und Härten erdulden müssen. In früheren Zeiten begaben sich die Menschen auf die Suche nach einer Reliquie oder irgendeinem Artefakt. Die Reise war so wichtig wie das Ziel selbst, sogar wichtiger, denn sie stählte die weichen Metalle der Seele. In Japan gibt es die traditionelle Kunst des Schwerteschmiedens, bei der das Metall viele hundert Male erhitzt, umgebogen, gehämmert, erhitzt, umgebogen und gehämmert wird. Jedesmal wird das Metall dünner, aber fester. So ist es mit den Pilgerfahrten. Bei unserer Ankunft in Torishima werden wir nachts einsegeln und bis zum nächsten Morgen warten müssen, um die Vögel sehen zu können. Und da sind die Klippen, die wir hochklettern müssen. Nur wenige Menschen haben die Vögel bislang gesehen, sehr wenige aus dem Westen und überhaupt keine Frauen. Hiroshi bürdet seinen Studenten solche Reisen nicht auf; es ist zu gefährlich. Ich fahre aus vielen verschiedenen Gründen nach Torishima, vor allem aber, weil ich Zeugin sein möchte. Es muß jemanden geben, der diese Lebensformen sieht und preist. Dies ist mein Privileg als Erd-Ekstatikerin, aber es ist auch meine Pflicht als Mitglied der

Spezies, die für die Zerstörung dieser Lebensform verantwortlich ist.

Ich habe eine wahre Besessenheit entwickelt, einen Kurzschwanz-Albatros zu Gesicht zu bekommen. In Träumen habe ich den Luftzug seiner großen langsamen Flügelschläge gespürt und seine weiche, dem Untergang geweihte Brust an mein Gesicht gedrückt. Ganze zehn Monate lang hat der Albatros mich gelockt wie eine geflügelte Sirene, meinen Terminkalender zum Platzen gebracht, meine Phantasie beflügelt, mich vor Aufregung beschwipst gemacht; in meinen Träumen ist er wild umhergeflogen.

Peter wuchs mit einem Bruder und einer Schwester in einem Waisenhaus für Seemannskinder in Brixam auf, einem kleinen Fischerdorf an der Südküste von Devon im Südwesten von England.

»Es war ein wundervoller Ort«, erzählt er. Wir sitzen auf dem Boden des Eßzimmers und lauschen dem Regen, der mit dem Klang leise geschlagener Wirbeltrommeln auf ein Metalldach jenseits der Straßenseite prasselt. »Die Menschen sagen: ›Ist es nicht eine Schande – in einem Waisenhaus aufwachsen und so‹. Aber ich kann nur sagen, daß es uns allen einen großartigen Beginn bescherte. Es war ein großes Gebäude aus Granit, mit großen Giebeln, grüner Farbe und vielen Jungs – etwa sechzig bis siebzig –, und es war wunderbar, denn wir lernten zu leben. Die meisten gingen direkt vom Waisenhaus zur Kriegs- oder zur Handelsmarine. Weil es ein Heim für Seeleute war, wurde uns alles über die See beigebracht. Wir hatten eine Bibliothek voller Bücher über das Meer. An den Wochenenden und Abenden fuhren wir mit Walfängern, großen Walfängern, hinaus. Du kannst dir vorstellen, was das für einen Neun- oder Zehnjährigen bedeutet. Wir fuhren aufs Meer, wanderten durch die Moore, navigierten und kletterten.

Direkt unterhalb des Hauses war eine Klippe voller brütender Seevögel, ein Ort namens Berry Head. An Samstagen gingen wir dort oft auf Erkundungen. Du weißt, wie Jungs sind. Sie ließen uns raus, und wir liefen wild drauflos, erkundeten jeden Winkel und hingen an den Klippen. Im Winter waren diese Klippen völlig verlassen – kahler, grauer Felsen. Doch sobald der Frühling kam, der Wind blies und nur noch eine Spur von Eis auf ihm lag, kamen die Vögel vom Meer zurück und fingen an, sich wieder in ihren Nistkolonien einzurichten. Falls du das Auge eines Künstlers hast, stellst du beim Zeichnen eines Vogels – auch eines ganz normalen – vielleicht plötzlich fest, daß du ihn um so mehr als Individuum wahrnimmst, je länger du ihn betrachtest. Du fängst an, kleine Unterschiede zwischen den einzelnen Vögeln zu entdecken. Und so kam es, daß ich mich an bestimmte Vögel, die zurückkehrten, gewöhnte, insbesondere an Trottellummen und Krähenscharben, und ich wußte, welche Vögel auch das letzte Jahr und das Jahr zuvor dagewesen waren. Für ein Kind sind zwei Jahre wie ein Menschenleben. Deshalb war die Rückkehr der brütenden Seevögel jedes Jahr eine große Sache. Ich wollte sehen, wer überlebt hatte. Ich glaube, daß ich mich in diesem frühen Alter in Vögel verliebt habe.«

Peter verließ mit fünfzehn ohne Abschlußprüfung und Zeugnis die Schule. Er bildete sich aber weiter und erlangte schließlich einen Magisterabschluß an der Universität von London. Dann ergatterte er einen gemütlichen Job als Architekt. Seine Frau arbeitete im Nachbargebäude, und sie konnten zu Fuß zur Arbeit gehen. Sie hatten ein Haus, zwei Autos, bezahlten Urlaub und Pensionsanspruch; das Leben war bequem, vorhersehbar und sicher.

»Aber es kam eine Zeit, als ich mir sagte: Eines Tages bist du sechzig, blickst dann zurück und fragst dich, was du mit deinem Leben gemacht hast. Ich werde einen Job gehabt haben und all das, aber was habe ich wirklich gemacht? Mit diesem Gedanken im Kopf haben wir einfach alles hingeschmissen; wir verkauften das Haus, verkauften die beiden Autos, kauften einen Landrover – und ich überredete meine Frau, mit mir um die Welt zu reisen. Wir rechneten mit vier Jahren, um all die Seevögelplätze der Welt aufzusuchen. Es gab kein gutes, anerkanntes Werk über Seevögel, und ich entschloß mich, eines zu schreiben. Aus den vier Jahren wurden sieben, und wir reisten überallhin und bekamen überall Jobs. Die meisten Jobs waren auf Schiffen, weil man dort den Seevögeln am nächsten ist. Ich arbeitete auf allen möglichen Fischerbooten und Trawlern und Forschungsschiffen. Als wir nach Hause zurückkamen, waren wir pleite, und ich mußte eine Familie ernähren. Also nahm ich einen Job als Fischfilierer an. Ich stand um fünf Uhr auf, ging um sechs hinunter zum Fischmarkt und filierte Fische bis mittags, ging nach Hause, wusch mich, holte mein Buch heraus und fing an zu schreiben und zu illustrieren. Vier Jahre lang arbeitete ich jeden Tag achtzehn Stunden, oft bis nach Mitternacht. Ich brauchte allein drei Jahre, um die 1600 Zeichnungen von Seevögeln zu erstellen.«

Als sein Führer 1983 nach elf Jahren Forschungsarbeit endlich erschien, nahm Peter einen Lehrauftrag bei einem Seefahrtsunternehmen an – dessen Schiffe sind seine schwimmenden Dörfer geworden. Sie fahren gerne zu abgelegenen und exotischen Schauplätzen, und daher ist es ihm möglich, ein abenteuerliches Leben zu führen. Er war Dutzende Male in der Antarktis. Aber sogar auf normalen Überfahrten kann es Überraschungen geben.

»Ich sage immer zu den Fahrgästen: ›Wenn Sie auf Deck Vögel finden, bringen Sie sie in meine Kabine.‹ Nun, als einmal die Nacht an der Bar lang geworden war und ich in meine Kabine zurückkehrte, flogen 42 Vögel darin herum!«

Obwohl er kein »Auflister« ist (einer jener Vogelkundler, die zwanghaft Strichlisten von jeder Sichtung machen), weiß er doch, daß er 315 der 320 Seevogelarten gesehen hat. Die einzigen, die er noch nicht persönlich beobachtet hat, sind der Kurzschwanz-Albatros, die chinesische Seeschwalbe, die Gobi-Schwarzkopfmöwe, der Baraustrumvogel und der Fiji-sturmvogel (der in den letzten 99 Jahren nur zweimal ge-sichtet wurde). Weil er die Gelegenheit hat und weil er es mag, verbringt Peter jedes Jahr sieben bis neun Monate auf See. Wenn er zu Hause ist, arbeitet er an großen Gemälden, hauptsächlich von Seevögeln. Die meiste Zeit verbringt er als ornithologischer Führer; er ist berühmt für seine gute Laune, seine Scherze, seiner Leidenschaft für das andere Geschlecht, seine Trinkfestigkeit sowie seine hartnäckige Weigerung, ir-gendetwas – Felsen, Gletscher, Stürme, Wüsten – zwischen sich und einen Vogel kommen zu lassen. Wann immer er irgendwo landet, klettert er unverzüglich auf den höchsten Punkt. Vor einem Jahr befand ich mich auf dem Aussichts-deck eines Schiffes in der Antarktis (Peter war gerade nach unten gegangen) und hörte, wie eine Frau zu ihrer Nachba-rin sagte: »Es ist erstaunlich, wie der Ozean zur Wüste wird, wenn Peter weggeht.« Es vergeht kaum ein Tag, an dem er nicht skizziert, zeichnet oder etwas malt.

Endlich bricht eines Morgens ein ruhiger und lieblicher Tag an. Wir packen schnell, frühstücken kräftig und eilen hinunter zum Kai, wo ein großer, dünner *sencho* uns an Bord seines Fischerboots willkommen heißt. Seit Stunden ist Hiroshi in einem Zustand aus intensiver Erregung und ab-soluter Furcht. Es zeugt in der Tat von seiner Hingabe an den Kurzschwanz-Albatros, daß er bereit und sogar erfreut ist, diese Reise immer wieder zu machen, obwohl er weiß, daß die Seekrankheit ihn wie mit einer Axt umhauen wird, deren Klinge in der Hölle geschmiedet wurde. *Mal de mer* ist eine Marter, an der er teuflisch leidet, immer gelitten hat und immer leiden wird. Das Gespenst der Seekrankheit verfolgt ihn tagelang vor jeder Fahrt nach Torishima, und der November, so weiß er, verspricht eine ungeheuer hohe See. An Bord des Bootes nimmt er als erstes ein schlafförderndes Mittel gegen Seekrankheit ein und erhebt Anspruch auf seine Lieblingskoje; derweil klettern Peter und ich nach oben auf das Brückendeck und setzen uns auf eine Bodenluke. Zum Abschied winken wir Eke-san, Toma-san und einigen Interessierten zu, während das Schiff langsam losfährt. Eine rötlichbraune Seeschildkröte schwimmt neben uns her wie ein Trittbrett in den sicheren Hafen. Am Horizont taucht eine Reihe Fischerboote auf, die mit ihren Netzen im Schlepptau Sardinen fangen. Bald rückt die Insel Hachijojima von uns weg, bis sie zu einem kleinen Edelstein in der Fassung des Ozeans geworden ist. Das Boot rollt von einer Seite zur anderen. Ein blauer Mast schwingt vor dem helleren Blau des Himmels. Dicke goldene Seile hängen wie Militärtressen um den dunkelgrünen Besanmast herum und von ihm herunter. Andere Seile liegen locker gerollt an Deck wie schlafende Schlangen. In einer Ecke des Achterdecks stoßen große weiße Wasserkanister aus Plastik gegen ihre Befestigung. Der sich nach oben verjüngende Mast zittert im Wind. Das Meer ist stürmisch und wechselhaft, und die Wellen gehen bis zu zwei Meter hoch, aber es ist noch keine große, offene Dünung zu sehen. Ein dicker weißer Wolkenfleck am Horizont zeugt von einer Insel. Aber sie ist zu weit entfernt, um sichtbar zu sein. Als der Seegang stärker wird, sieht die Gischt vor dem glänzenden Blau des tiefen Meeres fluoreszierend weiß aus – vertraute Farben in der japanischen Kunst. Gelegentlich erhält das Boot einen harten Schlag – wie eine Schublade, die in die Kommode zurückgestoßen wird. Dann wird die Gischt des Meeres zu Hufen panischer Pferde.

Peter klettert zum Achterdeck herunter und stellt sich an

das Geländer, das Fernglas fest an die Augen gepreßt. Als das Boot krängt, steckt er seine Hände in die Taschen und geht in die Knie. Wenn das Boot sich zuerst auf die eine und dann auf die andere Seite legt, stellt er sich stets senkrecht zum Horizont – er ist die Drehachse, um die das Boot rollt. Wir kommen in ein Gebiet, in dem es von Fischerbooten wimmelt. Sie sind alle weiß, mit einem kleinen, leuchtend grünen Besansegel am Heck.

»Wir sind jetzt aus dem Landschatten heraus und auf dem offenen Meer«, sagt Peter fröhlich, als er auf das Oberdeck hinaufklettert. Er sieht entspannt und glücklich aus. Das Meer ist ihm so vertraut wie sein Lebensmotto. »Das Meer hat einen Rhythmus«, erklärt er, »einen Rhythmus, der uns im Leben oft fehlt. Das Meer zwingt uns, seinen Rhythmus anzunehmen. Du hast keine Wahl. Deshalb sehe ich den Ozean manchmal als den Herzschlag der Erde an. Wenn du irgendwo am Ufer stehst, und sei es nur das eines Sees, und einfach zuhörst und die Stille um dich herum sich senkt, dann ist da, egal wo du bist, immer ein Rhythmus, ein Takt. Ich liebe es, Teil eines größeren Selbst zu sein. Der Ozean ist etwas Lebendiges ... er ist zerbrechlich, er lehrt uns, wie verwundbar wir als Gattung sind. Für mich ist er aber auch ein Fluchtweg; es fällt mir schwer, an einem Ort zu bleiben.

Und dann gibt es diese unglaublichen Vögel. Wenn ich einen Seevogel sehe, manchmal Tausende von Kilometern vom Land entfernt, bin ich immer von einer Art Benommenheit erfüllt, denn ich weiß: Würde man irgendeinen von uns acht Kilometer von der Küste entfernt über Bord werfen, würde es keiner zurück an Land schaffen. Aber du kannst einen Seevogel nehmen, dessen Gehirn die Größe einer Erbse hat, und ihn Tausende von Kilometern wegbringen, und er wird nicht nur überleben, sondern zu seinem ursprünglichen Nistplatz zurückkehren.« Er nimmt eine seiner Kameras und macht einige Bilder von den Fischerbooten, die wie Kissenbezüge am Horizont festgeklammert zu sein scheinen.

Plötzlich erfaßt uns ein Brecher und schleudert unser Boot herum. Die kobaltblauen Wellen sind angeschwollen und tragen weißen Schaum, als ob jemand mit dem Schneebesen im Ozean gerührt hätte. Der Schiffskoch klopft gegen die Holzluke, auf der wir sitzen. Er reicht uns Schüsseln mit Suppe und Nudeln und zwei Paar Eßstäbchen herauf. Auch wenn sich mein Magen umdreht – es geht nichts über eine stürmische See, um die Seele ins Gleichgewicht zu bringen, es geht nichts über das Schnauben und Schäumen der Wogen, um den galoppierenden Sinn für Abenteuer zu befriedigen. Irgendwo auf dem Meer führt stets eine Sonnenstraße – ein Pfad glitzernden Lichts – zum Horizont. Als wir ausliefen, fuhren wir geradewegs einen solchen Pfad entlang. Am Nachmittag hat sich das Meer glasig gefärbt, und die Sonnenstraße erstreckt sich bis an unsere Steuerbordseite.

Um drei Uhr entdeckt Peter einen Schwarzfuß-Albatros, der hinter uns sekundenschnell mit einer Geschwindigkeit von etwa 110 Stundenkilometern den Horizont von Ost nach West überquert. Er jettet senkrecht nach oben, gleitet dann zur Seite und saust nach unten auf die Meeresoberfläche, nur um dann wieder nach oben abzudrehen. Albatrosse segeln in drei Dimensionen. Dynamisches Segeln nennen die Forscher das, ein plumper und mechanischer Ausdruck. Der Flug, zu dem ein Albatros ansetzt, kann so vollkommen ausgewogen sein und mit den Wundern von Wind und Wasser derart harmonieren, daß er über Stunden, Wochen, sogar Monate nicht zu landen, ja noch nicht einmal mit den Flügeln zu schlagen braucht. Dank der verläßlichen Zauberei der Physik bläst der Wind knapp oberhalb des Wassers langsamer als in größerer Höhe. Möchte ein Albatros über dem Meer an Höhe gewinnen, ohne mit den Flügeln zu schlagen, setzt er zu einem langen, langsamen Abwärtsflug zur Wasseroberfläche an. Dort bewegt sich die Luftschicht langsamer. Nehmen wir an, der Vogel fliegt 20 Stundenkilometer und die Windgeschwindigkeit beträgt 50 Stundenkilometer. Fliegt er mit dem Wind, überquert er die Wasseroberfläche mit 70 Stundenkilometern. Stößt er aber zu der langsameren Luftschicht nahe der Wasseroberfläche hinab, bringt er viel Schwung mit, den er nicht einfach abschütteln kann. Er hat nun diese überschüssige Geschwindigkeit zur Verfügung und nutzt die 70 Stundenkilometer, um an Höhe zu gewinnen – er schießt sogar noch weiter hinauf als zuvor. Er fliegt immer noch 20 Stundenkilometer, aber jetzt in größerer Höhe. Dann läßt er sich wieder hinabfallen und setzt so die ewige Bewegung des Hinabstoßens und Hochfliegens fort. Da es entscheidend ist, zu der Luftschicht mit der niedrigsten Geschwindigkeit zu gelangen, das heißt so nah wie möglich an die Wasseroberfläche – wobei jeder Zentimeter zählt –, manövrieren Albatrosse geschickt wie Hochseilartisten direkt über der Meeresoberfläche. Manchmal streifen ihre Federn tatsächlich das Wasser. Über dem explodierenden, tobenden Meer folgen die Albatrosse jeder winzigen Schwankung der Oberfläche mit ihren Flügelspitzen. Und sie brauchen überhaupt nicht mit den Flügeln zu schlagen. Tatsächlich benötigt ein Albatros, der tausend Kilometer fliegt, weniger Flügelschläge als ein Spatz, der eine schmale Straße überquert. Ganz sicher kommt der Albatros, den wir beobachten, von Torishima. Wir grüßen ihn als Vorboten und folgen seinem schwindelerregenden Kurs, bis er schließlich außer Sicht gerät.

Albatrosse segeln häufig geradewegs auf ein Boot zu, um in Essensresten zu schwelgen oder im frisch aufgewühlten Kielwasser zu fischen – und die Seeleute heißen sie willkommen. Von allen Vögeln auf der Erde sind es die Albatrosse, die die Menschen in allen Ländern zu allen Zeiten am meisten verzaubert haben. Sie haben eine riesige Flügelspannweite von über vier Metern, und sie können elf Kilogramm wiegen. Ein Adler oder ein Kondor sind Zwerge, verglichen mit einem Albatros. In ihren auserlesenen Farben schimmern die Albatrosse wie Satin, und sie wirken heiter, sanft, königlich. Kein Wunder, daß sie in den Märchen und Mythen vieler Länder auftauchen. Dies wußte Coleridge, als er in seinem Gedicht »Die Weise vom alten Seefahrer« einen Albatros beschrieb; sein Gedicht hat viel dazu beigetragen, das Bild des Albatros als unheilverkündendem Vogel zu prägen. Aber in Wirklichkeit hat Coleridge nie einen Albatros gesehen. Als er und Wordsworth sich 1797 auf eine Wanderung durch Somerset begaben, beschlossen sie, daß jeder ein erzählerisches Gedicht schreiben sollte, um die Reise zu finanzieren. Aber Coleridge haderte wegen des Themas. Wordsworth, ein Liebhaber der Naturkunde, hatte kurz zuvor einen Abenteuerbericht über eine Schiffahrt durch die Drakestraße gelesen und schlug Coleridge das Thema zur »Weise« vor. Auch Baudelaire schrieb über diesen »Monarchen der Wolken«, den er wegen seiner mächtigen, großen Flügel als Metapher für den Poeten sah, der ja auch in der Alltagswelt oft so unbeholfen ist. In »Ida« bewundert Gertrude Stein das Zeremonielle an den Albatrossen: »Sie hatte einst gehört, daß der Albatros, ein Vogel, dessen Namen sie mochte, sich stets verbeugt, bevor er etwas tut.« Die Maori von Neuseeland schnitzen Albatrosse in den Bug ihrer Boote, um eine friedliche Reise zu beschwören.

Albatrosse bevorzugen zwar abgelegene Nistplätze, aber den größten Teil ihres Lebens verbringen sie in der Luft und ziehen ihre Bahnen über alle Ozeane der Welt. Sie sind Nomaden, immer in Bewegung und durchdrungen von der Beredtheit und dem Schwung des Windes; sie sind Geschöpfe, die untrennbar mit dem Meer verbunden sind. Es klingt unglaublich, aber sie können vier oder fünf Jahre fliegen, ohne jemals an Land zu gehen. Bei sanftem Wind strecken sie ihre Flügel voll aus wie Leinensegel. Bei stürmischem Wind falten sie sie teilweise zusammen und winkeln sie an, um die Segelfläche zu verringern. Rauhes Wetter ist ein Vergnügen für einen Albatros. Er kann sogar beim Fliegen ein Nickerchen halten. Er hat einen kleinen Rekorder für Windgeschwindigkeiten in seinem Schnabel, weshalb sein Gehirn beim Schlummern auf Autopilot schaltet; bei einem plötzlichen Windstoß wird ein schnelles Signal gesendet, woraufhin sich die Flügel einziehen oder ausstrecken. Es gibt eine Geschichte von einem Albatros, der im Schlaf gegen die Bordwand eines Schiffes prallte. Kehren Albatrosse aber an Land zurück, dann genießen sie diesen Ausflug ins Grüne, so sehr sie können. Ihr Werben umfaßt lange, beredte, orientalisch aussehende Tänze mit vielen Küssen, Umarmungen, Posen – wie bei den Kabukitänzern – und symphonischen Paarungsrufen, die von den Berghängen, an denen sie nisten, widerhallen. Beobachter sind immer wieder verzückt von ihrer Schönheit und ihren Ritualen. Ihre lateinischen Namen spiegeln die Erhabenheit und die Romantik wider, die Menschen in ihnen gefunden haben: Unter den Übersetzungen gibt es so wunderbare Fundstücke wie »blaßrückige Mondgöttin«.

Das Wort »Albatros« tauchte zum ersten Mal in einer Sammlung von Briefen von Dr. John Fryer im Jahr 1698 auf. In ihnen beschreibt er die Reise um das Kap der Guten Hoffnung, als er sich auf dem Weg von Südafrika nach Ostindien befand. Er buchstabierte das Wort »albetross«, eine Verfälschung des portugiesischen Wortes *alcatraz*, das man für jeden großen Seevogel verwandte (vermutlich stammt es von dem arabischen *al-ghattas* ab: weißschwänziger Seeadler). Als Sir William Halley 1744 eine Reise nach Süd-Georgien machte, beschrieb er den Albatros als einen Vorboten des Kaps. Da Albatrosse gerne ihre Nahrung in flachem Auftriebsgewässer suchen, kann eine Ansammlung von Albatrossen durchaus das erste Anzeichen von Land sein. Deshalb wurden sie zu einem wichtigen Symbol der Hoffnung. Für die Seeleute symbolisieren sie etwas Mythischeres. Wie bereits erwähnt, folgen Albatrosse gewohnheitsmäßig Schiffen, und es gibt nichts Unheimlicheres, als auf einem Schiffsdeck zu stehen, hochzuschauen und einen Vogel in der Größe eines Albatros mit einer Flügelspannweite von vier Metern zu sehen, der auf einen zusegelt, absolut bewegungslos mit ausgestreckten Flügeln dahinschwebt, hinuntersieht und den Kopf zur Seite legt, als ob er einen kenne. Abergläubische Männer behaupteten, daß Albatrosse reinkarnierte Seelen toter Seeleute seien, die nach ihren Freunden suchen. Leichter als Luft, geformt aus Wind und Schaumkronen, schweben sie einher wie rastlose wandernde Seelen. Seeleute haben häufig Albatrosse getötet und für die meisten ihrer Körperteile eine Verwendung gefunden. Das ölige Erbrochene wurde zur Imprägnierung von Stiefeln benutzt, die flaumigen Brustfedern für Muffs oder Kragen, die zusammengenähten Häute für Federdecken. Ausgelassene Kadaver lieferten Dünger und Öl. Aus den Schwimmhäuten stellten die Seeleute Tabaksbeutel her, aus den hohlen Flügelknochen Pfeifenstiele.

Die Sonne gleitet hinter eine dicke Wand aus korianderfarbenen Wolken und findet ein kleines Loch, an dem sie verharrt, ein perfekter Rubin über dem Horizont. Schließlich verschwindet sie in einer vibrierenden malvenfarbigen Wolkenschicht. Nach Sonnenuntergang klettern wir hinunter zum Achterdeck und kriechen in eine Kabine mit einer niedrigen Decke. Die ist vollgestopft und düster und sieht aus wie das Zimmer eines bockigen Kindes, das sich geweigert hat aufzuräumen. Die Kabine ist vier Meter lang und zwei Meter breit, aber nur neunzig Zentimeter hoch. Ein grüner Emaillekessel auf einer Gaskochplatte ist mit einem Gitter aus rostfreiem Stahl versehen. Daneben steht ein weißer Reisdampfkochtopf aus Porzellan. Darüber hängt ein Kalender mit Fotografien, die japanische Fischer bei der Arbeit zeigen. Obwohl dieser Käfig viel zu klein und niedrig ist, um aufrecht sitzen zu können, ist er vollgestopft mit allen möglichen elektronischen Geräten – einem Videorekorder, einem Fernseher, einem Faxempfänger für Wetternachrichten, Navigationsbildschirmen; es gibt sogar einen Holzaltar. In der heißen Kabine, die voll von Zigarettenrauch und Küchendünsten ist, strecken wir uns zu sechst auf blauen und grünen Decken aus. Der *sencho* teilt Schalen mit Reis, Süßkartoffeln, gebratenem Tofu, Eiern, Shrimps und Tintenfisch aus. Während die anderen hungrig zuschlagen, muß ich mich seekrank auf meine Schale übergeben, dabei drehe ich mich, so gut es geht, zur Seite. Wenn ich auf Torishima ankomme, habe ich mehr als vierundzwanzig Stunden nichts Nahrhaftes im Magen gehabt, deshalb werde ich dort viel Wasser trinken müssen. Aber bald fühlt es sich gut an, so leer zu sein, so bereit für Nahrung. Nach dem Abendessen unterhält sich die Mannschaft leise auf Japanisch, und Peter und ich reden auf Englisch. Die Sprachen unterscheiden sich so stark in Tempus und Melodie, daß jede leicht durch das offene Gewebe der anderen hindurchströmt.

Peter sucht sich mit den Schultern eine Position an der Wand, klemmt sich eine aufgerollte Jacke unter seinen Rücken und versucht, in dem Wirrwarr der Gliedmaßen Platz für seine Beine zu finden. Der *sencho* reicht ihm eine Dose Bier, dessen Etikett ein tänzelndes mythisches Tier zeigt, halb Pferd, halb Drachen. In dem Schein einer einzigen Glühlampe sitzen wir gedankenvoll beieinander, während das kleine Fischerboot die Glashügel des Ozeans hinuntergleitet. Wo auch immer in der weiten Fläche mein Blick hinfällt, ragt das Meer bedrohlich und dunkel auf wie das Innere der Erde. Es gibt weit und breit nur ein einziges Licht, das brennt, und das ist unseres. Wir sind so zerbrechliche Wesen und treiben auf diesem riesigen Ozean umher. Ich erinnere mich an das Seemannsgebet: »Beschütze mich, Herr, denn das Meer ist so groß und mein Schiff so klein.« Eine harte Welle schüttelt das Boot, läßt die Schlafenden aufeinander rollen und schleudert Töpfe und Pfannen aus ihren Befestigungen.

»Taifunzeit«, sage ich. »Jetzt verstehe ich, warum man ›hohe‹ See sagt. Aber ich wette, du hast wunderbare Leute auf ihr kennengelernt.«

Peter stützt sich mit einem Arm an der Decke ab und vermeidet so, daß er über ein schlafendes Besatzungsmitglied rollt.

»Weißt du«, erwidert er, »Seeleute gehören zweifelsohne zu den klügsten, lustigsten und irgendwie auch zu den traurigsten Personen, denen man begegnen kann. Ich glaube, das Meer bringt das Beste oder das Schlechteste in Menschen zum Vorschein. Es gibt ausgelassene Zeiten, und es gibt natürlich Zeiten, in denen du in Gefahr bist und so weiter, aber im Grunde genommen hat man auf See eine bessere Zeit als jemals an Land. Man trifft exotischere Leute. Ihr Lebensrhythmus gleicht dem des Meeres, und der ist selten gemütlich – entweder weht ein starker Wind oder ein unglaublich starker Wind. Es scheint keine Windstille zu geben – ständig passiert etwas in ihrem Leben, ob sie Fischer sind oder Forscher wie ich.

Zwei der schillerndsten Persönlichkeiten, die ich jemals getroffen habe, stammten aus Bluff von der Südinsel Neuseelands. Als meine Frau und ich in unserem Landrover umherfuhren, mußten wir oft illegal, ohne Arbeitserlaubnis arbeiten, und meine Aufgabe war es, an Haustüren zu klopfen und die Leute nach Arbeit zu fragen. Ich arbeitete für wenig Lohn, aber ich hoffte immer, mit Seevögeln arbeiten zu können. Geld war ein Dauerproblem. Ich konnte zu diesem

Zeitpunkt etwa zweihundert Dollar mein eigen nennen, und hier waren wir nun, hatten die halbe Welt umsegelt, hatten keinen Job und versuchten, in einem Fischereihafen Arbeit zu finden. Und Bluff ist das neuseeländische Äquivalent zu, sagen wir, Steinbecks ›Straße der Ölsardinen‹. Es gab dort wundervolle Menschen. Die Sprache aber war furchtbar. Ich habe in meinem ganzen Leben nie eine solche Sprache gehört. Ich war in allen drei Bars von Bluff – allesamt Spucke- und-Sägemehl-Kneipen, wie ich immer sage –, in denen nur Fischersleute verkehren. Ich war drei Wochen herumgelaufen, und ich wußte, daß ich bei allen Kapitänen gewesen war, und sie hatten alle nein gesagt. Sie konnten hören, daß ich Engländer bin, und natürlich war das nicht unbedingt eine gute Sache, denn ich war keiner von ihnen. Aber wenn ich etwas besitze, dann ist es Ausdauer. Ich ging also wieder in diese Bar, in der ich in den zurückliegenden Wochen schon so oft gewesen war, und ich sah dort zwei Männer sitzen, die mich schon die ganze Zeit beeindruckt hatten, gerade wegen ihrer Verschiedenheit. Der eine war kleiner als ich, aber breiter, mit einem großen, hellen Haarschopf, das war George West. Der Kerl bei ihm war so groß, wie George klein war. Er muß etwa 1,95 Meter oder zwei Meter groß gewesen sein, war genauso breit wie George und hatte einen großen, schwarzen Haarwust. Das war Big John. Beide waren Maori. George war blond, weil sein Vater, ein russischer Robbenfänger, vor langer Zeit von seinem Schiff abgehauen war und die Tochter des Häuptlings geheiratet hatte.

Nun, ich ging auf sie zu und setzte mich unaufgefordert neben sie. Sie sahen noch nicht einmal auf. Ich stellte mich vor. Ich sagte: ›Seit ich euch zum letzten Mal gesehen habe, habe ich es bei jedem verdammten Fischerboot probiert, aber ich komme nicht weiter. Ich bekomme keinen Job. Ich kenne zwar keine Langustenboote, aber ich habe auf Trawlern gearbeitet, ich habe Fische filiert, und ich kann mit Booten ziemlich geschickt umgehen. Es gibt zwar keine Möglichkeit, euch Jungs davon zu überzeugen, aber ich bin mir meiner Fähigkeiten so sicher, daß ich weiß, daß ihr sie erkennen werdet, wenn ihr mich nur auf eine einzige Seereise mitnehmt. Ihr braucht mich noch nicht einmal zu bezahlen; wenn ihr am Ende der Reise überzeugt seid, daß ich etwas wert bin, dann laßt uns uns hinsetzen und darüber reden.‹ Sie reagierten immer noch nicht. Big John guckte irgendwie hoch und nahm einen kräftigen Schluck aus einem Glas, einem Viertelliterglas, das tatsächlich fast bis zur Hälfte mit Whiskey gefüllt war. Sie waren starke Trinker und harte Arbeiter und Männer des Meeres. Und George sah hoch und fing von etwas völlig anderem an zu reden. Fing an, über die Tatsache zu reden, daß die Fische nicht wanderten und ob sie es weiter südlich probieren sollten, und mir wurde klar, daß ich so nicht weiterkam. Ich sah den Barkeeper an und verlangte ein Glas, und er kam und stellte ein Glas hin, das genauso groß war wie ihre, und George fragte: ›Möchtest du einen Drink?‹ Und ich antwortete: ›Sicher möchte ich gern einen Drink, aber noch lieber hätte ich einen Job.‹ George ignorierte meine Bemerkung, griff nach der Whiskeyflasche, die vor uns auf dem Tisch stand, und fing an einzuschenken. Nicht in mein Glas, sondern zuerst in sein und dann in Big Johns Glas, anschließend machte er eine Pause, die gerade lang genug für die Überlegung war, mir doch keinen Drink zu geben, und dann begann er einzugießen. Er füllte genauso viel in mein Glas wie in ihre beiden Gläser. Zum Schluß knallte er die Flasche auf den Tisch, unsanfter als nötig, und in mir keimte der Verdacht, daß uns ein Kampftrinken bevorstand. Er erhob sein Glas, sah Big John direkt in die Augen – als ich George kennenlernte, entdeckte ich, daß er einen bösartigen Sinn für Humor hat – und sagte: ›Nun, hoffen wir, daß die nächste Tour besser wird als die letzte.‹ Er erhob also sein Glas, schüttete mit einer einzigen Bewegung einen Viertelliter Whiskey hinunter und stellte es dann auf den Tisch zurück. Big John nahm sein Glas in die Hand, erhob es, ohne ein Wort zu verlieren, warf den Kopf zurück, und der Whiskey war verschwunden. Es gab kein Keuchen, kein Schlucken, der Whiskey verschwand einfach, als ob er ihn in ein Rohr geschüttet hätte. Mein Lehrer sprach gerne in Sprichwörtern, und eine seiner Lieblingswendungen lautete: *Man muß mit den Wölfen heulen.* Ich war erst 27 Jahre alt, aber ich erhob mein Glas, sah beiden in die Augen und sagte: ›Und ich hoffe, daß ich dabei bin.‹ Und ich schüttete den Whiskey hinunter. In meinem ganzen Leben habe ich mich nie schlechter gefühlt als in diesem Augenblick – wegen meiner Verlegenheit, wegen meines Würgens. Dieser Whiskey setzte mir schwer zu, und noch bevor er meine Kehle richtig passiert hatte, protestierte mein Magen bereits. Er zog sich krampfhaft zusammen, und meine Kehle brannte. Aber ich hielt ihnen das Glas hin, und ich konnte sehen, daß sie sehen konnten, wie ich zitterte. Mein ganzer Körper zitterte, und das Glas fiel und schlug auf dem Tisch auf, Tränen strömten aus meinen Augen, und ich schaute beiden ins Gesicht, und George sah mit einem Seitenblick und einem blöden Grinsen zu Big John und sagte: ›Weißt du, dieser Bastard ist in Ordnung. Ich glaube, wir nehmen ihn.‹ Es war kurz nach fünf Uhr abends, und ich weiß nicht, wie lange ich durchhielt, aber kurz danach brachten sie mich nach draußen, warfen mich auf die Ladefläche des Kleinlastwagens, als ob ich so etwas wie ein totes Schaf wäre, und fuhren mich zum Campingplatz, auf dem wir wohnten. Sie klopften an die Tür des Landrover. Meine Frau öffnete die Tür und war entsetzt, einen Riesen und einen Zwerg zu sehen, die mich festhielten. Ich war völlig weggetreten und stank nach Whiskey. Sie warfen mich auf den Boden. George richtete sich an meine Frau und sagte: ›Sag dem Bastard, wenn er nüchtern ist und immer noch mitkommen will, daß wir morgen früh um sechs

Uhr aufbrechen.‹ Und das war der Beginn der zweieinhalb schönsten Jahre meines Lebens.

Es war eine wunderbare Zeit, mit George und Big John zusammen als Langustenfischer in Bluff zu arbeiten. Am Ende jeden Arbeitstages saßen sie beisammen und erzählten Geschichten. Wir arbeiteten etwa hundertzwanzig Kilometer von Bluff entfernt, südlich der Stewart-Insel, am 50. Breitengrad. Es war kalt, und es war Eis auf der Takelage. Man mußte Salz auf den Decks verstreuen, damit sie nicht zufroren. Ich war der Winschmann und der Koch und der Korbbaiter. Ich bin immer ein einigermaßen guter Koch gewesen, das war also nicht das Problem, aber die anderen beiden Jobs waren sehr hart, besonders das Hantieren mit der Winsch. Wir arbeiteten auf einem Langustentrawler, der eine sechs Millimeter dicke Stahlwand besaß. Muß etwa zwanzig oder einundzwanzig Meter lang gewesen sein, es war also ein ziemlich großes Boot. John und George waren in vielen Aspekten grundverschieden, aber sie hatten beide einen ausgelassenen Humor, und beide wußten nichts von einem christlichen Gott, vermutlich weil sie Maori waren. Sie waren Menschen, die nach den Zeichen der Natur lebten, ihr Leben war der Natur angepaßt. Und beide hatten, wie die Generationen vor ihnen, ihr Leben lang auf diesen Inseln gearbeitet. Wir waren an einem Ort namens Big Mogey – und wenn du dir eine Insel von der Form eines Hufeisens vorstellst, wobei die Öffnung im Osten war und das ganze Wetter vom Westen kam, dann weißt du, daß wir einen wunderbar sicheren Ankerplatz hatten. Wir arbeiteten stets zwischen den Stürmen, und an einigen Tagen war es unglaublich rauh und die Wellen brachen sich über uns an Deck, und dann und wann riß es einem buchstäblich die Füße weg und man wurde gegen den Schandeckel geschmettert. Bei solchen Gelegenheiten hob Big John mich hoch wie einen Terrier, schüttelte mich und stellte mich wieder aufs Deck zurück. Er war irrsinnig stark.

Eines Tages erhielten wir eine Warnung wegen schlechten Wetters. Wir bekamen ständig Sturmmeldungen, deshalb machte sich keiner Sorgen wegen eines Sturms der Windstärke 10. Wir arbeiteten während so eines Sturms. Aber über Funk erhielten wir die Warnung, daß ein wirklich großer Sturm im Anzug wäre und jeder versuchen sollte, in den Hafen zurückzukehren. Der Hafen war etwa hundertdreißig Kilometer entfernt und wir begriffen, daß wir dem Sturm nicht entkommen konnten; deshalb fuhren alle Boote in dieser Gegend zu einer Insel namens Pukenai, etwa dreißig Kilometer südlich. Es müssen ungefähr vierzig Boote gewesen sein, die Pukenai ansteuerten. Aber George wollte nicht fahren. Er sagte, sein Großvater ließ sich nicht aus Mogey herauspopeln – wie er es nannte –, sein Vater nicht, und verdammt noch mal, George West ließ sich auch nicht herauspopeln, nur weil ein Luftzug nahte. Also blieben wir draußen. Wir warfen Anker, holten die Heck- und Bugtaue heraus und machten alles irgendwie fertig. Dann schlug der Sturm zu, und er war absolut schrecklich, deshalb suchten wir Schutz in der kleinen Bucht. Die Insel umgab uns an drei Seiten. Wir hatten aber dieses Fenster hinter uns, durch das wir den Sturm und die Wellen vorbeiziehen sehen konnten, eine Wasserwand nach der anderen, jede fünfzehn Meter hoch. Sie überfluteten die Insel und rissen Bäume aus, die schon achtzig Jahre dort standen. Als die Wellen vorbeijagten, setzte im Rücken der Insel eine Sogwirkung ein, die unglaublich war. Bei uns ging es deshalb hoch und runter, und Albatrosse wurden vorbeigeschleudert – Königsalbatrosse, Wander-, Schwarzbrauen-, Graukopf-, Dunkelalbatrosse –, es war phantastisch. Es gab Pinguine um uns herum, und auch andere Vögel wurden in dem Sturm durch die Gegend gefegt. Es ist wirklich unglaublich, einen dreieinhalb Meter großen Vogel wie einen Albatros zu sehen, der hochgerissen und herumgeweht wird. Der Sturm blies und blies und blies einen ganzen Tag lang. Am zweiten Tag war er immer noch da, er wurde sogar noch schlimmer. Ab Sturmstärke zehn hebt sich das Wasser von der Meeresoberfläche. Wenn man hinausschaut, sieht es fast wie bei einem Schneesturm aus. Riesenwellen sind umhüllt von Gischt und weißem Schaum – wir nennen das dampfen oder rauchen. Und wenn das Meer dampft oder raucht, dann weißt du, daß du wirklich in der Klemme sitzt. Wir blieben dort und hielten Funkkontakt mit den Kumpels auf Pukenai. Sie lagen hinter einer großen Insel und waren vollkommen sicher. George sagte den Leuten dort in Pukenai: ›Ihr kleinen Arschlöcher voller Hühnerscheiße‹ – ich entschuldige mich für die Sprache, aber so pflegte er nun einmal zu sprechen –, ›Ihr seid keine Männer. Man erwartet, daß ihr Männer aus Stahl auf Holzbooten seid. Unter euch ist kein einziger Mann!‹ Ich wußte von Anfang an, daß er offen mit dem Feuer spielte. Man kann nicht solche Kommentare machen und damit jedesmal durchkommen. Wir kamen durch den zweiten Tag, und am dritten Tag blieb dieser Sturm irgendwie über dem südlichen Ende der Stewart-Insel hängen. Es heulte. Ganze Bäume flogen durch die Luft, und das Wasser war trübe von den Erdbrocken, die aus der Insel herausgerissen wurden. Es war einfach unglaublich. Ich hatte noch nie einen solchen Sturm erlebt. Als wir zu frühstücken versuchten, ruckte das Boot plötzlich bloß ein klein wenig in Richtung Hafen, und George und Big John schossen hoch und sprangen über den Tisch. Ich blieb sitzen und dachte: Was zum Teufel geht hier vor? Big John, der Maschinenmann, kurbelte schnell den Motor an, und während er ihn ankurbelte, sah ich, wie George mit der Feueraxt kämpfte, die beinahe so groß war wie er selbst. Er kam mit dieser Axt aus der Tür des Ruderhauses, und ich dachte: Was um Himmels willen geht hier vor?

Natürlich rannte ich hinter ihnen her. Der Motor blockierte und sprang nicht an, George war auf dem Heck des Bootes, schwang seine Axt und hieb die fünf Zentimeter dicken Haltetaue entzwei. Mit vier oder fünf Schlägen durchschlug er die zweite Trosse. Erst dann sah ich mich um und bemerkte, was passiert war. Eine der Bugtrossen war zerrissen. George und Big John waren so vertraut mit dem Boot und dem Ozean, daß ihnen klar war, daß sie die Trosse unter keinen Umständen wieder anbringen konnten. George rannte dann vor zum Bug – das Heck war der Meeresseite zugewandt – und wartete, bis der Motor ansprang. Sobald der Motor lief, hieb er das letzte Seil durch. Und wir wurden sofort aus der kleinen Bucht hinausgespült. Wir hatten keine Zeit, die Burschen bei Pukenai zu warnen, daß wir herausgepopelt worden waren, wie George es ausdrückte. Und sobald wir draußen waren, nahm er über Funk Kontakt auf. Es war etwa sieben oder acht Uhr morgens, und natürlich schaltete sich jeder ein. Das Meer war absolut entsetzlich. Es raubte mir den Atem. Die Wellen waren hoch wie Berge. Manchmal befindet man sich zwischen zwei Wellen, die fünfzehn bis achtzehn Meter hoch, dafür aber lang sind. Es können vielleicht dreihundert Meter zwischen ihnen liegen. Aber diese Dinger – es war, als befände man sich in einer engen Felsschlucht. Die Wellenkämme lagen nur etwa dreißig bis fünfzig Meter auseinander, und sie waren zwischen zwölf und achtzehn Meter hoch. Das ganze Meer rauchte. George sprach in den Funk: ›Wir sind rausgepopelt worden.‹ Und um es gleich zu sagen, alle lachten und beschimpften ihn: ›Du bist also rausgepopelt worden! Wir haben es dir gleich gesagt, du Hurensohn.‹ Und dann gab es plötzlich eine Veränderung. George sagte: ›Wir können nur eines machen; wir müssen mit den Wellen zu euch fahren.‹ Und sie wußten, daß dies etwa dreißig Kilometer waren. Anstatt der Hänselei und des Spotts war es plötzlich ganz ruhig, es herrschte

Funkstille, ernsthafte Besorgnis. Sie sagten Dinge wie ›Halte Funkverbindung mit uns‹ und ›Wenn du in Schwierigkeiten gerätst, werden wir mit einem Boot losfahren und versuchen zu kommen.‹ Wir wußten natürlich, daß das unmöglich war. Aber es war wunderbar, auf der Brücke zu sein und zu wissen, daß es vierzig Schiffe gab, die alle den Funk eingeschaltet hatten und mithörten, welche Fortschritte wir machten. Und George lieferte ihnen einen Höllenbericht über unsere Fahrt. Er schrie: ›Hier ist noch eines dieser Scheißdinger, sie ist achtzehn Meter hoch, sie macht mir keine Angst. Du blöde Scheiße! Es gibt keinen Gott dort draußen, es gibt nichts, das groß genug ist, mir mein Boot zu nehmen. Ich bin vielleicht aus Mogey herausgepopelt worden, aber ich lasse mich nicht versenken. Für mich gibt es kein Seemannsgrab.‹

Ich sah mich um, als er so rumbrüllte, und ich sage dir, es wurde dunkel. Du standest im Ruderhaus, und es wurde dunkel, und du hattest Angst, auf die Riesenwelle zurückzuschauen, die uns folgte. Auf einem Langustentrawler befindet sich der größte Teil der Gerätschaft im vorderen Bootsteil, und im hinteren Teil ist nur eine große Plattform. Hätte uns das Wasser tatsächlich eingeholt und uns überspült, wäre das Heck geradewegs nach unten gedrückt worden, und wir wären gesunken. Die Wellen brachen sich immer wieder, und zwei Meter hohe Wassermassen krachten aufs Deck. Im Ruderhaus standen wir einen Meter tief im Wasser, und George brüllte aus Leibeskräften: ›Du jagst mir keine Angst ein. Nichts wird uns versenken, wir werden dort ankommen. Wenn du denkst, du kannst uns versenken, versuch's doch! Dieses Schiff ist besser als jede Welle, die du uns schickst. Die nächste bitte, schicke mir die größte. Gib mir dein größtes Geschoß, und ich werd's dir zeigen!‹ Und ich sagte: ›George, George, glaubst du nicht, glaubst du nicht, du solltest es nicht weiter herausfordern…‹ Und Big John stand nur da, bekümmert, und rauchte eine Zigarette. Dann schlugen zwei große Wellen über uns zusammen, und sogar George verlor den Halt, wir fielen alle zu Boden, und überall um uns herum war Wasser. Ich dachte, wir wären gesunken. Ich dachte: Das war's; zieh die Stiefel aus und fang an zu schwimmen. Alles war auf den Kopf gestellt, und George lachte immer noch wie verrückt und sagte: ›Du Bastard, nicht getroffen, nicht getroffen!‹ Aus dem Funk hörten wir: ›George, was zum Teufel geht dort vor sich? Seid Ihr über Bord? Schwimmt Ihr? George, wo bist du?‹ Und George griff zum Funkgerät und sagte: ›Nichts ist groß genug, mich zu versenken. Diese Stahlwand ist sechs Millimeter dick. Ich habe das Boot mit meinen eigenen verdammten Händen gebaut, und das Wasser bringt mich nicht auf den Meeresgrund!‹

Wir brauchten drei Stunden für die dreißig Kilometer. Es war schrecklich. Hinter Pukenai war ein kleiner Kanal, und als wir durchfuhren, stand jeder an Deck – selbst aus fast zwei Kilometern Entfernung konnte man ihre Hurrarufe hören. Wir kamen dort herein, und wir waren die Helden. Wir waren richtige Männer in einer Männerwelt. Der Sturm ging an diesem Nachmittag allmählich zu Ende, und wir tranken zwei Tage lang bis zur Besinnungslosigkeit. Nach zwei Wochen Fischfang kehrten wir heim und hatten nur viereinhalb Pfund Langusten gefangen. Also *das* war ein Sturm.«

Der *sencho* lehnt sich weit in die Kabine herein, flüstert »Torishima! Torishima!« und deutet zum Bootsheck. Hastig klettern Peter und ich über die Schlafenden und eilen hinaus aufs Deck. Die Nacht ist eisig und sternenklar, Sterne in einer Wildnis von Sternen. Die Lichter von vier entfernten Fischerbooten glitzern an unserer Backbordseite. Dann sehe ich allmählich eine noch größere Dunkelheit in der Nacht – Torishima, das sich direkt vor uns erhebt. Peter und ich schauen uns freudig und ungläubig an. Wir sind da, tatsächlich hier in Torishima, nach so vielen Monaten. Aber immer noch ist es ein Mysterium. Und wo sind die Vögel?

»Camp«, sagt der *sencho* und deutet auf eine Seite der Insel. Unsere Blicke folgen seiner ausgestreckten Hand, aber wir sehen weder Land noch Sicherheit, nur eine Spur in einem dunklen Raum. Unser Basiscamp in den Vorbergen ist im anbrechenden Morgen noch unsichtbar. Dies sollte uns eigentlich nicht verwundern, denn es gleicht so sehr dem Leben selbst. Aber es verwundert uns doch.

Wir nicken, danken ihm und taumeln zurück in die Kabine; es ist, als ob man in einen niedrigen, schwimmenden Viehstall zurückkriecht. Peter läßt sich an der einen Wand nieder und ich an der anderen. Wir schließen unsere Augen und versuchen zu schlafen. Es hat keinen Sinn, Hiroshi zu wecken. Es gibt nichts, was irgendjemand vor Tagesanbruch sehen oder tun könnte. Nach einigen Minuten der Ruhe ertönt ein trauriger Schrei über dem Wasser.

Peters Augen öffnen sich blitzschnell; er setzt sich auf und flüstert erregt: »Hörst du das? Kurzschwanz-Albatros!« Dann legt er seinen Kopf auf seinen Matrosenpullover zurück, lehnt sich an die große Uhr, die unterhalb des verzierten goldenen Spiegels und neben dem Sicherungskasten steht, und schläft lächelnd ein.

Beim ersten Licht stehen wir auf und stolpern wieder hinaus aufs Deck; diesmal sehen wir die schwarze, klumpenförmige Insel ganz klar. In der Nacht sind wir etwas abgetrieben, und der *sencho* klettert geschwind nach oben, stellt sich sogar auf das Steuerrad und lenkt es mit einem nackten Fuß. Hiroshi ist aufgewacht und gesellt sich mit einem breiten Lächeln zu uns. »Torishima!« rufen wir einstimmig und breiten weit die Arme aus – wie Opernsänger, die mitten in einer großen Arie zu Salzsäulen erstarrt sind.

Der *sencho* läuft etliche Male hin und her, um uns zusammen mit fünfzig Kisten und schweren Nahrungssäcken, Wasser und Kameraausrüstungen in einer steilen, mit Felsblöcken übersäten Bucht abzusetzen. Wir winken ihm zum Abschied zu, stehen uns dann gegenüber und sehen uns an, als sei es das erste Mal. Hiroshi packt große Kannen mit chinesischem Tee und Orangensaft aus, wir reichen sie herum und verteilen süße Stückchen. Weder Hiroshi noch ich haben in den letzten vierundzwanzig Stunden etwas gegessen. Wir haben Hunger, aber dies ist unausgesprochen auch eine symbolische Mahlzeit, die Möglichkeit, für einen Augenblick am Rande der Insel innezuhalten und miteinander das Brot zu brechen.

»Torishima«, sagt Peter leise und nickt, als ob er auf eine Frage antworte.

»Torishima«, erwidere ich und spüre denselben Nervenkitzel, den ich empfand, als ich das erste Mal durch ein Teleskop blickte. Da war der Saturn mit seinen breiten sorbetartigen Ringen und all seinen leuchtenden Monden im Schlepptau, genau da, wo er sein sollte. Eine verborgene Welt.

»Torishima«, sagt Hiroshi mit dem Stolz des Gastgebers, der ein mythisches Reich aufschließt.

Hoch über uns auf einem Vorsprung, der aus dem scharfkantigen, verschlungenen Durcheinander schwarzer Felsen herausragt, steht eine kleine Zementgarnison, die unser Zuhause sein wird. Dorthin zu gelangen bedeutet, vierzehn Stockwerke fast senkrechten Felsens hochzuklettern. Die Männer tragen das schwere Gepäck schweigend, obwohl ihre Gesichter die Anstrengung widerspiegeln. Schwer atmend balanciere ich das leichtere Gepäck auf meinem Kopf, so wie es Frauen auf der ganzen Welt tun, und trage Säcke, die um meinen Körper gebunden sind. An einer besonders schwierigen Stelle arbeiten wir zusammen – Peter wirft Kisten zu mir hoch, und unter Ausnutzung des Schwungs werfe ich sie hinauf zu Hiroshi, der sie noch höher wirft. Es dauert nicht lange, bis unsere Haare vor Schweiß nur so triefen.

»Freunde«, sagt Hiroshi und zeigt zu einer zweiten Bucht nicht weit entfernt von der unseren, wo die zehn Männer, die von der Regierung geschickt wurden, ebenfalls begonnen haben, ihre Vorräte auszuladen. Wie eine lange Ameisenkarawane klettern sie den Berg hoch. Einige tragen aufeinander gestapelte Kisten vor sich her; andere haben sich Plastikkörbe auf die Rücken geschnürt. Wir winken ihnen zu und hieven unsere ersten Versorgungsmaterialien über die letzte Kante zur Garnison. Das Gebäude, das etwas zurückgesetzt auf einer Felsterrasse liegt, auf der die Überreste einer Kanone stehen, hat nur einen Eingang und Fenster, die nicht breiter als ein Gewehrlauf sind. Davor liegt ein seltsamer Haufen sorgfältig aufgehäufter Rauten. Vor langer Zeit wurden hier Zementsäcke erst naß, dann flüssig und schließlich hart. Mit der Zeit verwitterten die Säcke, und es blieb nur diese Anordnung von Steinkissen übrig.

Hiroshi spaziert in das Gebäude, schaut sich um, hebt mit aufgerissenem Mund eine halbverweste Ratte auf, wirft sie nach draußen und sagt: »Ja, das ist wie Zuhause.«

Auf halbem Weg nach unten begrüßen wir die Regierungsabgesandten, tun uns zusammen und verbringen die nächste Stunde damit, die gesamte Verpflegung heraufzuholen. Als einige der Männer fertig sind, packen sie kleine bernsteinfarbene Flaschen mit einem Lebenselixier aus und schütten das Tonikum mit einem Schluck hinunter. Der Koch, den sie mitgebracht haben, hat bereits begonnen, Reis zu kochen. In der Zwischenzeit kümmern sich die Männer um ihre Tornister. Im Bunker folgen die Schlafarrangements einem strikten Protokoll. Eine kleine Mauer mit Kisten zieht sich durch die Mitte des Raumes.

»Man ißt die eigene Privatsphäre auf«, sagt Peter lachend,

während er dabei hilft, Kisten zu stapeln, die alles Mögliche von getrocknetem Seetang bis zu Tintenfisch in Dosen enthalten.

Seile trennen unseren Raum von dem der anderen zehn. Hiroshi, Peter und ich werden in einer Ecke schlafen, die durch die Kisten abgeteilt ist, wobei ich zwischen den beiden Männern liege. Diese Anordnung transportiert eine unausgesprochene, aber klare Botschaft: Sie wird beschützt. Wir erwarten keinen Ärger. Aber ich bin die einzige Frau in einem Camp mitten in der Wildnis unter zwölf Männern, und zu unserem Vorrat gehört auch Alkohol. Es ist besser, zusätzliche Vorkehrungen zu treffen. Als wir anfangen, unsere persönlichen Sachen auszupacken, schenkt mir Hiroshi einen grünen ärmellosen Poncho aus Nylon. Er ist leicht und voluminös, fällt schön bis zum Boden und hat oben ein Loch mit einem Gummizug. Er bemerkt das Unverständnis in meinem Gesicht.

»Zum Umziehen«, erklärt er mir lächelnd. »Das verwenden Frauen auf Kanus.«

Verwundert schüttele ich meinen Kopf. Er hat aber auch an alles gedacht.

Mittlerweile haben einige Männer vor dem Gebäude einen niedrigen Holztisch aufgebaut und einen Baumstamm an jede Seite gerollt. Wir setzen uns alle zu einem schnellen Frühstück mit Erdnußbutter und Marmeladenbroten, Käse, Fisch und Reis zusammen. Hiroshi reicht Peter und mir Plastikschüsseln und rote Emailletassen. Seine eigene Tasse ist schwarzweiß mit einem grünen Eisvogel darauf und dem Spruch *Wir lieben Vogelbeobachtung*. Nach dem Frühstück stehen wir drei nahe am Felsrand, trinken Kaffee und betrachten das schillernde Dämmerlicht auf dem Meer; plötzlich taucht eine dunkle Gestalt über uns auf und kreist am Himmel. Peter fährt herum und schreit: »Kurzschwanz-Albatros – noch nicht ausgewachsen!« Hiroshi und ich führen mit ihm einen kleinen Kriegstanz auf, und dann gratulieren wir ihm förmlich.

»8 Uhr 38« notiert sich Hiroshi, nachdem er auf seine Uhr gesehen hat.

Peter hat nun seine letzte Albatrosart gesehen, und er legt eine Hand auf die Brust, wo ein süßer, jubilierender Schmerz sitzt. Freude überströmt sein Gesicht. Seit zehn Jahren haben er und Hiroshi in Briefen davon gesprochen, hierher nach Torishima zu kommen; Hiroshi hatte ihn ermahnt, nicht ein Leben lang darauf zu warten. Und jetzt ist er hier, steht auf einer Felsnase, die einst von Federjägern besetzt und wieder verlassen wurde, dann von einer Garnison und einer Wetterstation – und sieht seinen ersten Kurzschwanz-Albatros. Dieser hier war – nach seinen braunen Farben zu urteilen – noch nicht geschlechtsreif. Peter sehnt sich danach, die ausgewachsenen Tiere mit ihren goldenen Kronen und ihren pinkfarbenen Schnäbeln zu sehen, und wir beschließen, auf der Stelle aufzubrechen.

Während sich alle für die Wanderung über die Insel fertigmachen, gehen wir kleinen Hals-und-Beinbruch-Ritualen nach – Schuhe neu binden, Helme anpassen, Hosen zum Schutz gegen Geröll in die Socken stopfen. Dann machen wir dreizehn uns in einer langen Karawane auf, klettern hinter der Garnison hoch, vorbei an den Baracken der verlassenen Wetterstation, über eine steile Wiese mit Gräsern und niedrigen, buschigen, gelben Chrysanthemen. Unter uns kräuseln sich erstarrte Lavablöcke bis zur Küste hinunter, wo sie einst ein ganzes Dorf umgaben. Den steilsten Anstieg machen wir am frühen Vormittag, wir wandern quer über das Gebirge, klettern einen Gletscher voller Lavageröll hoch und über Erde, die von hellgelben Schwefelsalzen und heißen schwarzen Schorfen versengt ist. Am späten Vormittag erreichen wir den flachsten Teil der Insel unterhalb von Sulfur Peak. Dort hat ein Feld aus Lavafelsen – Geschosse, die der

Vulkan verschleudert hat – den schmalen Paß in eine wind-durchtoste schwarz-weiße Mondlandschaft verwandelt. Mondwüste nennt es Hiroshi. Er zeigt auf eine Stelle am Ende des Passes, wo das Land abfällt und der Eingang zu den Klippen anfängt.

»Von dort aus können wir die Albatrosse sehen«, sagt er aufgeregt.

Alle eilen voran, nur Peter und ich gehen in dem gleichen langsamen Tempo wie zuvor. Schließlich können auch wir den Augenblick nicht länger erwarten. Der Paß eröffnet den Blick auf eine schiere Explosion von hohen Felsspitzen und verwitterten Klippen, an denen sich Felswände abwärts in verschlungene Abgründe ergießen. Vor uns liegt die Festung der *ahodori*. Fernab, am Fuße unpassierbarer verblockter Felsen, punktiert ein kleiner Schwarm braunweißer Vögel das Gras. Sie sehen aus wie Taschentücher, die jemand auf einen Rasen fallengelassen hat. Eine unsichtbare Faust schlägt den Atem aus mir heraus, und ich seufze laut. Es gibt so wenige von ihnen. Es ist herzzerreißend, die letzten übriggebliebenen brütenden Kurzschwanz-Albatrosse auf der Welt zu sehen. Trotz des Windes können wir ihr Pfeifen und Wiehern hören und ihre Kastagnetten, die wie hohle, an-einanderschlagende Holzpfeifen klingen. Die Szenerie strotzt vor Farben – die herausragenden, oxidierten orangen Klip-pen, die grünen Gräser darunter, auf denen die Albatrosse brüten, die gelbbraune Felsfassade, die goldenen Ockertöne, die schwarze Lava. Durch das Fernglas sehe ich die gelben Schöpfe der Vögel, so nah jetzt, aber doch so unerreichbar. Über ihnen segelt eine Schar Albatrosse über den Himmel. Am anderen Ende der Insel bauten Männer einst eine Gar-nison, aber hier baute die Natur eine andere, die viel stärker ist – fast unzugänglich. Aufgrund dieser natürlichen Festung, vollkommen auf der schlechten Laune des Gesteins gegrün-det, haben die Vögel den Angriff des Menschen überlebt.

Peter steht am Rand des Felsens und drückt mit einer Hand leicht sein Fernglas an die Brust, seine Augen sind feucht vor Rührung.

Hiroshi schließt sich uns an, und wir drei stehen still da und schauen uns für einige Minuten die Festung an. Es ist absolut erstaunlich, daß Hiroshi die Vögel in den letzten zehn Jahren an einem so unmöglichen Ort studiert hat, daß er Neuigkeiten über die Vögel herausfinden konnte und daß er sogar zu selten Gelegenheiten die Außenwelt hierher bringen kann, um die Albatrosse aus der Nähe zu betrachten. Es ist ein großartiges Zeugnis für Hiroshis Arbeit und für die Unterstützung durch die japanische Regierung, daß die Zahl der Vögel wieder anwächst, und es ist beruhigend, daß in einer Hochgeschwindigkeitswelt, in der sich die Menschen oft mit geringsten Anstrengungen zufriedengeben, Naturwissenschaftler wie Hiroshi ihr Leben der Rettung einer Spezies widmen. Was für eine reichhaltige Erinnerung muß es sein, wenn man weiß, daß man eine wunderbare Lebensform davor bewahrt hat, für immer von diesem Planeten zu verschwinden.

»Auf geht's«, sagt er schließlich, und wir machen uns entlang der Ostseite der Bergwände auf den Weg. Hiroshi hat mit weißer Farbe ein großes O auf einige der sichereren Felsen auf unserem Weg gemalt. Es ist ein steiler, schlüpfriger Abstieg über nackte, hundertdreißig Meter hohe Klippen. Als wir zu einem besonders heiklen Felsabsturz nahe der Kante kommen, befestigt Hiroshi ein Seil an einem der Felsen. Ein geübter Kletterer kann sich, wenn er das Seil hinter der Taille vorbeiführt und es mit der linken und der rechten Hand hält, in das Seil hineinlehnen und so rutschend und bremsend nach unten gelangen, ohne Gurtzeug benutzen zu müssen. Ich bin noch nie zuvor mit Seilen geklettert, aber ich mag das Gefühl des Seils, wie es durch meine Hände gleitet und kratzt. Ich lehne mich zurück und versuche, mich langsam hinabzulassen, aber dann gleiten meine Füße ab, und plötzlich rutsche ich talwärts bis zur Felskante. Verzweifelt klammere ich mich am Seil fest. Lose Steine rattern unter mir davon. Alle erstarren. Über mir sehe ich Peter, Hiroshi und die zehn anderen Männer an den Felsen kleben. Sie beobachten mich, die ich über einer hundertdreißig Meter tiefen Kluft hänge; alle Gefühle sind aus ihren Gesichtern gewichen. Es hat keinen Sinn, nach unten zu schauen. Ich habe nur einen einzigen Gedanken: *Laß das Seil nicht los.* Ich halte es mit der linken Hand fest, dann führe ich meine rechte Hand herum, greife auch mit ihr zu und ziehe mich nach oben. Als ich festen Boden unter den Füßen habe, gehe ich über eine Felsenbrücke und lasse das Seil für den nächsten los. Über mir fangen die Leute an, sich wieder normal zu bewegen. Der nächste Kletterer nimmt das Seil, gerät in Panik, erstarrt auf halber Strecke und weigert sich weiterzugehen. Peter klettert ihm nach und überredet ihn schließlich, den Weg fortzusetzen. Der Rest des Teams arbeitet sich trotz der mit Foto- und Überwachungsgeräten vollgestopften Rucksäcke schrittweise den ersten Abschnitt der Klippen hinab. Dann überqueren wir das Gelände zu einem noch steileren Absturz. Hier hat Hiroshi vier Felshaken in den Felsen an der Spitze eingeschlagen; von ihnen hängt ein Seil herab. Peter und Hiroshi klettern schon seit vielen Jahren, und plötzlich verstehe ich, wie verführerisch das sein kann. An jeder Stelle auf dem Weg fühlt man sich wie ein Falke. Man thront hoch oben in gewaltiger Freiheit und schaut über das Tal weit unten und den Ozean dahinter. Besonders aber mag ich die Aufgabe, mir auszurechnen, welcher Felsen meine Hand halten wird, an welcher Steintafel oder -pyramide, an welchem Bunker ich mich festhalten oder auf welchen schmalen Felsvorsprung ich meine Füße setzen kann. Manchmal greift man brutal nach den Knochen des Planeten, dann wiederum geht man auf Zehenspitzen die flachsten Treppen hinab. Es ist ein seltsames, tastendes Suchen mit allen Gliedmaßen, und es vereint einen auf eine unnachahmliche Weise mit dem Herz des Planeten, mit den Kräften, die ihn geformt haben, mit dem Druck und dem Sturz des Felsens, wie er für immer im Gedächtnis des Berges eingefroren ist. Felsen haben Venen und Gesichter. Und Felsen haben eine Oberflächenstruktur – in einem Augenblick sind sie kratzig, dornenartig und brutal, im nächsten sanft, nachsichtig und glatt. Sie tragen die Farben des Blutes, der Mitternacht und des Herbstes. Die Schwerkraft ist ein gefährlicher Verführer, sie lockt uns den felsigen Rücken hinab. Wieder mache ich einen Fehltritt. Ich klammere mich an das Seil und gleite zurück auf einen Felssims. Ich sammele mich und setze meinen Abstieg fort. Hiroshi, der sieht, daß es mir gutgeht, springt in einen Hügel aus tiefer sandiger Lava und saust dann kaskadenartig hinunter auf den Grund. Peter macht das gleiche, und ich folge ihm. Dann klettern wir eine kleine Düne hinauf, und plötzlich sehen wir über ein Plateau geradewegs auf zwei geschäftige Kolonien von Kurzschwanz-Albatrossen.

Sie nisten, öffnen ihre Flügel, schwärmen einander an, behüten ihre Eier, zanken sich – sie gehen ihren ganz normalen Geschäften nach; dabei sind sie nur zweihundert Meter von uns entfernt; das ist aber weit genug, um von unserer Gegenwart nicht erschreckt zu werden. Die ausgewachsenen Tiere sind strahlend weiß, mit leuchtend gelben Köpfen und korallenrosa Schnäbeln, die ein wenig ins Blaue spielen – sie sind unbeschreiblich schön. Ein feiner Schattenwirbel rotiert hinter ihren dunklen Augen. Sie dehnen ihre glänzenden, eleganten, wachsweichen Flügel, und selbst im Sitzen umarmen sie den Wind. Die heranwachsenden Vögel sind braun oder haben ein braun-weiß marmoriertes Gefieder; manche haben auffallende weiße Epauletten. Alle tragen kleine, diskrete Farbbänder um ihre Beine – ein Geschenk von Hiroshi, damit ich sie identifizieren kann. Jede Farbe benennt ein anderes Jahr. Ein weißes Band zum Beispiel wurde 1986 am rechten Bein jedes der 47 Vögel befestigt, die in diesem Jahr ausschlüpften. Die zwei Vogelkolonien werden von einem schwarzen, gekräuselten Lavaband getrennt, das aber so schmal ist, daß die Vögel hinüberlaufen können. Die Jungvögel suchen sich manchmal einen Partner im anderen Dorf und lassen sich dort nieder. Je nach den Windverhältnissen landet ein Vogel mitunter im unteren Dorf und klettert dann hinauf ins höher gelegene. Die älteren Vögel, die ein besonders weißes Gefieder haben, ziehen es vor, im Zentrum der Kolonien zu nisten, die jüngeren bevorzugen die Ränder. Einige sitzen auf Eiern. Manchmal steht ein Vogel auf und ordnet sein Federkleid, damit das Ei auch fest an der warmen Brütstelle sitzt, und dann läßt er sich mit ein oder zwei Zuckungen wieder auf die weichen Schenkel nieder. Zwei Eier liegen außerhalb der Nester; das bedeutet, daß die Küken in ihnen gestorben sind. Bei einer Spezies, die so selten wie diese ist und bei der jedes Neugeborene zählt, ist das ein tragischer Anblick.

Ein besonders reizendes Weibchen mit einem Schnabel im temperamentvollen Korallenrot eines Sonnenuntergangs auf den Bahamas öffnet seine flaumigen Flügel und putzt sie sanft. Jede einzelne Feder hat ein Nervenende. Ich versuche mir vorzustellen, wie das wäre, wenn ich meinen Arm ausfahren und jedes Haar einzeln zupfen könnte. Ein Männchen nähert sich ihr, und plötzlich breitet sie die weiten Röcke ihrer Flügel aus und macht einen Knicks vor ihm. Er knickst zurück. Dann langt er mit seinem Schnabel zu ihr hinüber und frischt einige Federn auf ihrer Brust wieder auf. Das macht sie völlig wild. Sie gleitet mit ihrem Schnabel an der Seite des seinen entlang und beginnt, zart die kleinen Federn an der Schnabelwurzel zu küssen. Er macht das gleiche mit ihr; dann ziehen sie sich ein paar Zentimeter zurück und beginnen ein klapperndes Crescendo, das klingt, als ob man mit einem Löffel gegen ausgehöhltes Holz schlüge – die Kastagnetten. Zusammen rollen sie ihre Köpfe von einer Seite auf die andere, als wollten sie einen imaginären Schnellball formen. Er wippt auf seinen Zehen nach vorne, als ob er sich nach ihr sehne; dabei drückt er seine Brust heraus wie ein Segel in starkem Wind; sie tut das gleiche. Plötzlich schleudern sie ihre Köpfe himmelwärts, dehnen ihre Hälse in wechselseitiger Sehnsucht, zittern und flattern und trompeten in den Himmel empor.

Ihre wilden, überirdischen Klänge schweben über das Gras, halb Wiehern, halb Muhen, wie ein »surrealistisches Brüllen von Vieh«, so beschreibt es Peter. Als nächstes vollführen sie den »Groucho walk« umeinander – ein vornüber gebeugtes Stolzieren mit gekrümmten Schultern; dann sehen sie einander an und fangen wieder an zu knicksen. Während dieses erotische Menuett weitergeht, befassen sich Dutzende von Schwarzfuß-Albatrossen, Mitglieder einer dunkleren und weniger extravaganten Spezies, die in der Nähe nistet, mit ihren eigenen bescheideneren Werbungstänzen, bei denen sie klingen wie Autos, die kreischend um enge Kurven rasen.

Plötzlich segelt ein weißer Kurzschwanz-Albatros vom Ozean herein, fliegt eine weite Spirale um die Kolonien herum, beschreibt eine Kurve, neigt sich fließend und graziös und fängt mit dem an, was man »reffen« nennt: Er wölbt seine Brust, legt die riesigen Segel seiner Flügel halb zusammen, läßt seine großen Füße herabhängen wie ein Flugzeug sein Fahrgestell, sträubt seine Schwanzfedern als eine Art Luftbremse und versucht, genügend Tempo zu verlieren, um landen zu können. Immer wieder fliegt er im Kreis, steigt auf und refft, schießt herab und schwebt hinauf. Dies alles geschieht mit einer Gewandtheit, angesichts der uns der Mund offensteht. Wir wissen nicht, bei welchem seiner Rundflüge er genug Geschwindigkeit verlieren wird, um endlich aufzusetzen. Die Sonne scheint durch seine gelben Füße wie durch die Papiertafeln einer Schiebetür in einem japanischen Haus.

»Kirei«, sage ich, das japanische Wort für »schön«. Es ist mehr ein Ausatmen als ein Wort. Und ich meine alles damit – die von der Hitze verursachten Luftspiegelungen zwischen uns und den Kolonien; die nistenden Vögel, perfekt wie Statuen aus Alabaster; den zeremoniellen Squaredance der umeinander werbenden Paare; den einfliegenden Vogel, der tief herumwirbelt und dann wieder aufsteigt in höhere Himmelsschichten.

»Kirei«, sagt Hiroshi ruhig. Auch seine Augen folgen dem hypnotisierenden Flug des Albatros, der einige Male mit dem Schwanz zuckt.

»Warum werden sie eigentlich Kurzschwanz-Albatrosse genannt?« frage ich. »Ihre Schwänze sehen doch gar nicht so besonders kurz aus.« Ohne ihren Blick vom Albatros abzuwenden, lächeln Hiroshi und Peter.

»Es ist wegen der Art und Weise, wie ihre Füße abstehen«, erklärt Peter. »Ein großer Vogel benötigt lange Beine und große Füße, um sich aus dem Wasser erheben zu können. Manchmal, wenn der Wind nicht richtig steht, rennen sie wirklich fünfzig Meter und mehr über das Wasser und geben dann auf. Der Schwanz wirkt darum kleiner, als er tatsächlich ist, aber das ist nur Einbildung. Man könnte sie genau so gut auch Langbein-Albatrosse nennen.«

»Vielleicht wäre es besser, sie bei ihrem anderen Namen zu nennen: Stellers Albatros«, sagt Hiroshi. »Besonders weil eine Reihe von Tieren, die von Steller, dem großen Naturwissenschaftler, ihren Namen erhielten, inzwischen ausgestorben sind.« Er zieht ein Notizbuch aus seiner Hosentasche und beginnt mit der diesjährigen Volkszählung: Vögel, Eier, Paare. Peter nimmt seinen Skizzenblock und füllt flink zwei Seiten mit Albatrossen bei der Werbung, eingefangen bei aussagekräftigen Gebärden. Ein Albatros fliegt über unsere Köpfe; der Wind, der laut durch seine Federn strömt, klingt genau wie das entfernte Röhren einer 747. Schließlich schwebt er in geringer Höhe über dem oberen Dorf ein, streckt seine Füße noch weiter heraus, als ob er sie wie ein Teleskop auf den Boden ausfahren wolle, dann durchläuft ein zuckendes Arpeggio seinen Körper von Kopf bis Fuß, die Flügel sind dabei weit geöffnet wie ein Schirm. Schließlich landet er in einer Serie knapp verhinderter Stürze, die schließlich in einem Rückwärts-Purzelbaum ein Ende finden. Wir lachen. Albatrosse sind großartige Künstler der Luft, aber auch große Clowns.

Am Nachmittag kehren die Vögel, die den Morgen über zum Fressen auf See waren, in ihre Kolonien zurück. Nacheinander tauchen sie am Himmel über der Festung auf und bilden über uns einen riesigen »Kessel« – ein Gebrodel aus Vögeln. Sobald einer herabtaucht, eine Flaute findet, Anker wirft und landet, gleitet ein anderer auf den Deckel des dicken Gebräus aus Albatrossen, die über den Himmel kreisen, Haken schlagen, hinabtauchen, sich drehen und gleiten. Mit ihren gespreizten Flügeln bilden sie schwarze Kreuze vor dem Hintergrund des silbernen Meeres. Ein Albatros fliegt knapp über unseren Köpfen herein, läßt die Füße herabhängen, refft seine Flügel und kommt dem Boden nahe, nur um dann wieder von einem Aufwind hochgehoben zu werden. Er breitet seine Flügel aus und segelt im Kreis, um einen neuen Versuch zu starten. Wieder mißlingt der Anflug, er segelt noch einmal im Kreis, bremst mit den Füßen, schießt in einer Kurve herab und steuert in seiner Verzweiflung die Klippen an, um ein Abreißen der Strömung zu erreichen. Das funktioniert dann schließlich. Bei zwanzig Landeversuchen hat er nicht einmal mit den Flügeln geschlagen.

Die Albatrosse wirken in diesem Felsenkloster so sicher und ungezwungen. Jeder einzelne von ihnen stammt von den wenigen Exemplaren ab, die auf See waren, als ihre Brüder getötet wurden. Wenn die Jungvögel flügge sind, fliegen sie aufs Meer und bleiben dort drei bis fünf Jahre lang. Einige Jungvögel, die die Insel verlassen hatten und damit den Knüppeln der Federjäger und den Vulkanausbrüchen entgangen waren, sind die Stammväter all jener Albatrosse, die wir heute sehen. Es ist sehr verständlich, daß sich diese Vögel – anders als andere Albatrosarten – dem Menschen gegenüber sehr vorsichtig verhalten. Im Jahr 1897 kamen die ersten Vogelfänger nach Torishima, um Federn zu »ernten«, und schon 1900 gab es eine florierende Siedlung mit 300 Menschen. 1902, als der Vulkan ausbrach, waren 125 Menschen im Dorf; alle starben unter der kochenden Lava. Aber es kamen andere Vogelfänger, um sie zu ersetzen, und das ging so weiter bis in die zwanziger Jahre, als es nicht mehr genug Albatrosse gab, um eine dauerhafte Ansiedlung lohnenswert zu machen. 1933 erklärte eine japanische Verordnung Torishima zum verbotenen Gebiet. Aber 1932 machten sich die Vogeljäger, wohl wissend, daß sie ihre Lieblingsjagdgründe bald verlieren würden, zu einem letzten Schlachtfest auf. Dieses Massaker reduzierte die Zahl der Vögel von einem funktionsfähigen Brutbestand von 2 000 bis auf dreißig bis fünfzig Tiere. 1939 brach der Vulkan zum zweiten Mal im 20. Jahrhundert aus. Die Mondwüste, die einst der beliebteste Nistplatz für die Kurzschwanz-Albatrosse gewesen war, wurde zu herumwirbelnder Asche verkohlt. Während des Zweiten Weltkriegs errichtete die japanische Regierung auf der Insel eine Garnison; die dort stationierten Männer berichteten, sie hätten nur einen einzigen Albatros gesehen. Im Jahr 1949 umkreiste Oliver Austin, ein amerikanischer Ornithologe, die Insel auf einem japanischen Walfangschiff, er konnte überhaupt keine Albatrosse entdecken; also nahm er an, der Vogel sei ausgestorben. Es muß aber einige versteckte Nester gegeben haben, vielleicht nicht mehr als vier oder fünf, denn 1950 wurden wieder einige Vögel gesichtet. Im

Herbst des Jahres 1965 gab es zahlreiche Erdbeben, und das Personal der Wetterstation wurde evakuiert.

Weil die verarmte Familie der Kurzschwanz-Albatrosse nun endlich wieder allein in ihrer Steinzitadelle war, begann sie sich allmählich zu erholen. Naturschützer stellten sicher, daß die Art vom International Council for Bird Preservation, der 1960 in Tokio einen Kongreß abhielt, international als gefährdet eingestuft wurde. Das bewegte die japanische Regierung dazu, die Kurzschwanz-Albatrosse im Jahr 1962 zum nationalen Denkmal zu erklären. Als Hiroshi mit dem Projekt betraut wurde, stürzte er sich hinein wie ein Turmspringer. Am 17. November 1976 unternahm er seine erste Reise nach Torishima, und seitdem kehrt er mindestens zweimal im Jahr auf die Insel zurück – um die Vögel zu studieren, ihre Entwicklung zu überwachen und alles Menschenmögliche für sie zu tun. 1956 gab es nur zwölf Nester, 1988 aber wurden 89 Eier gelegt.

Das klingt wie eine Erfolgsgeschichte. Aber die Kurzschwanz-Albatrosse sind immer noch extrem gefährdet. Falls der Vulkan wieder ausbrechen sollte, was jeden Tag geschehen kann, ist es unwahrscheinlich, daß die Albatrosse irgendeinen anderen Nistplatz auf der Insel finden könnten. Das Brüten wäre zu Ende. Deshalb ist es entscheidend, daß die Albatrosse von so vielen anderen Nistplätzen wie möglich angezogen werden. Hiroshi hofft, daß die Vögel auch auf anderen Inseln Nistkolonien suchen werden, wenn sie sich nur auf Torishima kräftig genug vermehren. Auf den leeseitigen Inseln Hawaiis hat man bereits Kurzschwanz-Albatrosse entdeckt, die dort neben Schwarzfuß- und Laysan-Albatrossen saßen. Und man hat sie auf Minami-Kojima auf den Senkaku-Inseln beobachtet. Aber man sah sie an keinem dieser Orte nisten.

Obwohl Hiroshi seit Jahren der fahrende Ritter und scharfe Beobachter der Kurzschwanz-Albatrosse ist, bleiben sie auch für ihn ein gefiedertes Geheimnis. Da es nur so wenige Vögel gibt, ist es sogar schwierig, ihre jahreszeitlichen Wanderungen aufzuzeichnen. Aber insbesondere über ihr Verhalten haben wir einige Informationsbröckchen, und noch viel mehr wissen wir über das Verhalten von Albatrossen im allgemeinen. Anfang Oktober kehren die Kurzschwanz-Albatrosse nach Torishima zurück und versammeln sich für einige Tage vor der Küste. Dann beginnen sie mit der Landung auf der kleinen Plattform am Fuß der Klippen. Albatrosse leben lange – durchschnittlich vierzig bis sechzig Jahre. Jeder Vogel, den wir sehen, ist ein Langzeitbewohner dieses Planeten. Sie sind monogam; die Paare treffen sich am Nistplatz des Vorjahres wieder. Jungvögel kommen nach zwei oder drei Jahren auf See wieder auf die Insel zurück und beginnen mit jener barocken Werbungsshow, die die feste Bindung eines Paares sichert. Jungvögel wissen oft nicht recht, wie sie sich begatten sollen, aber sie versuchen es trotzdem, selbst wenn das dazu führen sollte, daß sie dem anderen auf dem Kopf statt auf dem Schwanz sitzen. In ihren jungen Jahren üben sie die Romanze und lernen, wie man ein Heim aufbaut. Die Werbung müssen sie zu einer rasierklingenfeinen Finesse perfektionieren, daß sie im Einklang tanzen können – *eine* Begeisterung, *eine* Sehnsucht. Das ist notwendig, um das Paar in eine Erregung hineinzusteigern, in der die Paarung stattfinden kann. Der Geschlechtsverkehr selbst dauert bei den Albatrossen nur 30 oder 40 Sekunden. Das extravagante Vorspiel bedeutet alles.

Wenn das Paar auf See hinausfliegt, klebt es nicht aneinander; manche Tiere fliegen bis an die Westküste Nordamerikas oder bis zur Bering-See. Das Männchen kommt zwei bis vier Tage vor dem Weibchen zurück; er erkennt sie wieder, wenn er sie sieht, und begrüßt sie mit zeremoniellen Verbeugungen. Dann ergehen sie sich für einige Wochen in ihren Werbungsritualen; Ende Oktober oder Anfang November legt sie ein Ei. Jedes Weibchen legt nur ein Ei pro Saison – ein großes, mattweißes Ei, das ungefähr sechsmal so groß wie ein Hühnerei ist; es wiegt ungefähr 350 Gramm. Die Bebrütung dauert 64 oder 65 Tage. Üblicherweise sitzt das Weibchen etwa drei Wochen lang auf dem Ei; dann löst das Männchen sie eifrig für ungefähr 22 Tage ab. Während dieser Zeit steht jeder Elternteil alle paar Stunden auf und dreht das Ei um. Natürlich kann er das Nest nicht verlassen, um zu fressen oder zu trinken. Während dieser langen Fastenzeit kann ein Albatros 20 Prozent seines Gewichts verlieren. Schließlich übernimmt das Weibchen eine weitere 22-Tage-Schicht. Wenn sich der Tag des Schlüpfens nähert, geraten die beiden Vögel in eine regelrechte Verzückung; fast stoßen sie einander vom Nest herunter, so als ob jeder der letzte sein wollte, der das Ei bebrütet. Dies ist auch eine Zeit heftigen Schnäbelns, Putzens und Liebkosens.

Nachdem das Junge ausgeschlüpft ist, steht immer ein Elternteil Wache, um das Junge zu wärmen und es vor dem Wüten der Elemente – Sonne, Staub und Stürme –, aber auch vor potentiellen Raubtieren zu schützen. Es gibt nicht genügend Albatrosse auf Torishima, um eine Population ernstzunehmender Feinde zu ernähren, aber früher waren Dschungelkrähen und Zecken für über ein Drittel der Todesfälle bei den Küken verantwortlich. Heutzutage ist die Unerfahrenheit der Albatrosse die größte Gefahr. Manchmal stoßen die Vögel versehentlich ein Ei aus dem Nest, und wenn es erst einmal draußen ist, dann könnte es genau so gut eine Socke oder ein Schneeball sein – der Vogel hat nicht die geringste Vorstellung, was es sein könnte, und wird es daher nicht ins Nest zurückholen.

Alle Albatrosse füttern ihre Jungen mittels Erbrechen. Die Eltern fliegen nachts über den Ozean und fischen Krabben und Tintenfische, wenn sie an die Oberfläche kommen und dabei eine breite, leuchtende Spur hinterlassen. Albatrosse fressen aber nicht im Fliegen. Wenn ein Vogel Beute sieht, dann rutscht er ins Wasser, paddelt wie eine Bauernhofente umher und greift mit einer flinken Bewegung seines langen gekrümmten Schnabels den Happen. Albatrosse sind Wandernomaden des Himmels; sie fressen weiter von ihren Küken entfernt als jeder andere Vogel. Man hat tatsächlich farblich gekennzeichnete Albatrosse beobachtet, die 3 800 Kilometer von ihrem Nistplatz entfernt fischten. Auf der Futtersuche bleiben sie manchmal vierzehn Tage am Stück auf See; die halbverdaute Nahrung lagern sie in einem speziellen Beutel am Mageneingang. Wenn sie zurückkehren, erbrechen sie die Nahrung vor ihren Küken. Nach zwei oder drei Wochen werden beide Elternteile benötigt, um das Küken zu füttern, denn seine Ansprüche steigen. Zu dieser Zeit kann das Küken jedoch schon ohne Risiko alleingelassen werden, während die Eltern auf Nahrungssuche sind.

Gegen Mai, Juni verlieren die erwachsenen Albatrosse langsam das Interesse an ihrer Elternschaft, und sie verlassen das mollige Junge, das jetzt aussieht wie ein langgliedriger brauner Vulkan. Manchmal sitzt solch ein Junges noch zwei Wochen auf der Insel herum, verliert an Gewicht und testet seine Flügel, bis es schließlich ohne jede Hilfe und Anleitung zu seinem ersten Flug abhebt. In Hiroshis Büro sahen wir einen Film, den er von einem Küken gemacht hat, das unter allerlei tolpatschigem Herumstolpern und überaus ängstlich zu seinem ersten Flug aufbricht. Gegen den Wind sprintet es mit seinen großen Füßen und den ausgefahrenen Flügeln ungefähr vierzig Meter über die Abhänge von Torishima, bis plötzlich seine wackligen Beine zu tanzen beginnen, seine Flügel wie ein Sonnenschirm auf einer windigen Straße zu schweben beginnen und es sich mit einem wilden, über sich selbst erstaunten Blick über die Küste auf die See hinaus schwingt. Wie schmerzlich muß es für Hiroshi sein, Jahr für Jahr seine Vogelfamilie davonfliegen zu sehen und zu wissen, daß er die Jungen mindestens zwei Jahre, vielleicht aber auch vier oder fünf Jahre nicht mehr wiedersehen wird.

Widerstrebend packen wir alles für den Rückweg zusammen, als das Licht gegen Ende des Tages schwächer wird. Bald werden die Klippen voller nistender Schatten sein, und es wird zu schwierig werden, zurück ins Land der Menschen zu klettern. Wir müssen gehen, obwohl wir es vorziehen würden, zu bleiben, am Rand dieser Naturbühne zu kampieren und die Albatrosse zwischen den vorsintflutlichen Felsspitzen zu beobachten. So nahe bei den Albatrossen zu sein, ist eine Erfahrung, die irgendwo zwischen dem Geistigen und Sexuellen angesiedelt ist. Die wiehernden Schreie der Albatrosse erfüllen die Luft in unserem Rücken, als wir unsere Lasten hochhieven und den langen Aufstieg beginnen.

Als wir ins Lager zurückkehren, stoßen wir dort auf das Regierungsteam, das bereits zurückgekehrt und beim Abendessen ist; also laden wir unsere Lasten ab und setzen uns rund um den niedrigen Tisch. Wir müssen lachen, als wir das Bankett sehen, das vor uns ausgebreitet ist; Expeditionen bedeuten in der Regel Essen aus Dosen und fades Brot. Heute abend aber gibt es Pfeffersteaks, Reis, gegrillten Fisch, frisch zubereitetes Sushi und frisches Gemüse. Dann bringt der Koch eine Platte mit gekochten Schnecken. Sie sind fest und knorpelig und erinnern mich an das Innere eines Pferdehufs – inklusive der Steine. Eine Delikatesse. Zuletzt folgen Mandarinen, Bier und starker japanischer Schnaps. Am Himmel beobachten uns schweigend fünf Vogelkonstellationen aus ihrem steinkalten Vogelhaus zwischen den Sternen – der Kranich, der Schwan, der Phoenix, der Pfau, der Adler. Ich schaue in den Brunnen der Nacht, bis mein Blick in den tiefen Weltraum taumelt und in der Zeit zurückwandert bis zu den ersten federartigen Übellaunigkeiten des Universums. Mein Schiff ist so klein, denke ich, und der Ozean so groß. Schließlich ziehen sich alle, erschöpft von den Anstrengungen des langen Tages, in den Bunker zurück, kriechen in ihre Schlafsäcke und warten mit geschlossenen Augen, bis der Generator draußen herunterfährt, so daß die Glühbirne im Bunker langsam erlischt.

Kein Wecker klingelt, aber exakt drei Minuten vor sechs wachen alle Männer auf, dehnen ihre Arme und trödeln dann faul aus dem Bunker. Der Koch gähnt, zieht sein Hemd über und stellt einen großen Kessel auf den Gasbrenner. Schnell frühstücken wir und freuen uns darauf, in die Festung zurückzukehren. Hiroshis Rucksack sieht heute noch schwerer aus, aber irgendwie schafft er es, ihn fröhlich zu tragen; dabei macht er die kurzen, langsamen Schritte eines Mannes, der mit schwerem Gepäck auf einer langen Wanderung ist. Einmal mehr klettern wir an den verlassenen Baracken der Wetterstation vorbei. Die eindringlichen Töne eines Regenpfeifers treiben durch den Morgen, während wir über die Lavaseen und durch die Felder aus gelben Chrysanthemen wandern. Heute ist der Marsch schneller und leichter. Der Weg nach oben ist verschieden von dem nach unten. Solange wir noch frisch sind, klettern wir steil nach oben, dann gehen wir über die Lavafelder bis zum Schoß des Sulfur Peak; dort ist der Boden heiß, wenn man ihn berührt, und Schwefeldämpfe tanzen im sich langsam ausbreitenden Licht der Morgendämmerung. Einige Bodenabschnitte sehen wie roh aus. Ohne den Vulkan gäbe es kein Torishima und keine Zuflucht für die Albatrosse. Überall in den Ozeanen der Welt steigt Magma aus dem geschmolzenen Herzen der Erde auf und bildet Vulkaninseln wie diese. Die geschmolzene Lava wird fester und stabiler und häuft sich an, während andere heiße Flecken weitere Vulkaninseln schaffen, und so entsteht nach und nach ein dampfender Archipel. Dies ist mein erster Vulkan, und ich mag die Schwefeldämpfe, die herumtanzen wie Geister.

Ich fühle die Wärme des heißen Herzens der Insel durch meine Stiefel, während wir über die stechend riechenden Felder hinaufklettern. Dampf steigt überall um uns her auf wie der Atem eines Drachen. In der Mondwüste, in der der Lavasand umhergeblasen wird, hinterläßt jeder Schritt eine Wolke; es ist, als ob die Lebenskraft durch die Sohlen verbrennen würde. Gestern ließen wir Wasserbeutel hier zurück. Ich falle auf die Knie, halte einen über mich und gieße einen langen Wasserstrahl in meine Kehle, der den schwarzen Staub in mir davonspült. Dann gehen wir weiter durch den engen Paß. Bald sind wir an der Kante zur Festung und beginnen mit dem Abstieg. Heute gehe ich tastender vor als gestern und empfinde das erste Seil als einfacher. Beim zweiten Seil suche ich nach einem guten Halt und gleite dann mit einem Fuß einen Felsen hinab, den zweiten Fuß lasse ich hängen; dann rutsche ich hinab zum nächsten Sims. Der nächste Vorsprung für die Zehen wartet weiter unten. Ich strecke mich, lasse das Seil etwas lockerer, strecke mich noch weiter, lasse mich etwas herab, fühle nach dem Vorsprung und – *peng!* – schießt der Boden unter mir davon, ich drehe mich und falle nach hinten. Meine linke Hand greift nach dem Seil, und ich donnere gegen einen scharfen Felsen. Ein Schmerz fährt tief in meinen Rücken. Unter mir ist Hiroshi schon außer Sicht. Doch Peter ist in der Nähe, er ist aufmerksam und ruhig, aber bereit herbeizueilen.

»Ich bin verletzt«, rufe ich. Die Worte kommen als langes Klagen aus meinem Mund.

Peter hastet herbei. Ich bin zwischen den Klippen in einem Sieb aus Felsen eingeklemmt. Peter sagt: »Tief atmen. So ist es gut. Luft holen.«

»Ich glaube, ich hab' mir eine Rippe gebrochen.« Ich sehe

hinunter auf die nächste Klippe, dann auf die über mir und frage mich, wie ich hier rauskommen soll.

Peter sitzt unterhalb von mir und sucht nach dem besten Weg in die Tiefe. Ich weiß, daß es sehr weh tun wird, aber ich muß mich irgendwie umdrehen und dabei das Seil mit meiner linken Hand packen. Meine Hände werden mich retten. Ich drehe mich um und ergreife das Seil. Diese kleine Bewegung bohrt den Schmerz wie ein Messer in Brust und Rücken. Peter sagt die Punkte an, an denen ich Halt finden kann.

»Strecke deinen rechten Fuß nach unten aus, dorthin, wo meine Füße sind«, sagt er. »Jetzt bewege deinen linken Fuß nach unten bis zu einem freien Platz neben diesen zwei schmalen Felsen.« Er bewegt sich fünfzehn Zentimeter nach unten. »Den rechten Fuß genau über meinen rechten Fuß ...« Und so klettern wir hinunter, bis die Felsen aufhören und der Lavahügel anfängt. Dort kämpfe ich darum, meinen Körper aufrechtzuhalten, lege meine Hände auf seinen Rucksack und folge ihm langsam bis auf den Grund der Düne.

Hiroshi kommt ängstlich und teilnahmsvoll herbeigerannt. Die beiden Männer versuchen den Schmerz genau zu lokalisieren, der unten an meiner linken Seite wütet und es mir unmöglich macht, mich in der Taille abzuwinkeln. Ich kann auch nicht husten, laut sprechen, niesen oder lachen, wie ich bald feststelle. Für einige Wochen werde ich zu flachem Atmen verdammt sein. Die beiden führen mich zum Gipfel des Lavahügels, unserem Aussichtspunkt; dort graben sie ein Loch, polstern es mit Rucksäcken aus und lassen mich nieder. Später werde ich erfahren, daß drei Rippen gebrochen sind – komplett durchgebrochen, wobei die Rippenspeere parallel zueinander liegen. Monatelang werde ich nicht in der Lage sein, mich alleine hinzulegen oder aufzustehen, und der Schmerz wird mein ständiger Begleiter sein. Aber als ich die Albatrosse beobachte, wie sie den Himmel auf ihren Flügeln tragen, erfüllt vom rastlosen Fortgang ihres Fluges, möchte ich mein Geschick mit niemandem tauschen. Das Leben hat zu viele leichte Ein- und Ausgänge. Die Vögel brauchen ihre Festung, denn sie hat sie gerettet. Ich heiße den Schmerz nicht willkommen, der an mir nagt wie ein Raubtier, aber wenn er der Zoll ist, den ich entrichten muß, dann ist er ein fairer Preis. Ich nehme einen Atemzug und lache leise in mich hinein. Kein Wunder, daß sie hier überlebt haben. Ich bin der Beweis, daß ihre Festung funktioniert.

In der Abenddämmerung beenden wir wie Mönche unsere schweigende Betrachtung. Für mich ist sie eine Art Gebet. Wir sammeln die Rucksäcke ein und denken an den Aufstieg. Eine feste Zwangsjacke aus Schmerz behindert mich; ich kann die linke Körperhälfte nicht bewegen; aber irgendwie müssen wir wieder auf die Klippen hinauf. Hiroshi legt ein Führungsseil um meine Schultern, und Peter hebt meinen Körper etwas an. Wir sind eine gute Mannschaft – in der Flaute und im Sturm. Wir arbeiten zusammen, und schließlich kommen wir aus der Festung heraus und klettern müde zu unserem Lager hinunter.

»Ein großartiger Tag, trotz allem«, sage ich, und das meine ich auch so. »Wer trinkt schon aus einer Tasse, wenn er aus der Quelle trinken kann?«

Am nächsten Morgen machen sich Peter und Hiroshi alleine auf den Weg zu den Albatrossen; die Regierungsleute bereiten sich darauf vor, von einem gecharterten Boot abgeholt zu werden, und ich verbringe den Tag im Lager. Der Schmerz ist noch viel schlimmer geworden, und ich kann spüren, daß sich die Knochen wie Mah-Jongg-Täfelchen verschieben, wenn ich einatme. Bald bekomme ich Fieber, das auch trotz Aspirin, Paracetamol und Antibiotika nicht weichen will. Das nächste Krankenhaus liegt mit dem Fischerboot 18 Stunden entfernt. Ich weiß, daß Rippenbrüche sehr schnell zu einer Lungenentzündung führen können, und als mein

Fieber steigt, verliere ich ab und an das Bewußtsein. In klaren Momenten erwäge ich düstere Möglichkeiten. Ich könnte auf dieser abgelegenen Insel sterben, alleine in diesem Steinbunker, fern von zu Hause und meinen Liebsten. Als einer der Ingenieure wegen seiner Ausrüstung zurückkehrt, flüstere ich das japanische Wort für »Hilfe!«. Mithilfe von Pantomime und einigen Worten aus einem Buch mit japanischen Redewendungen sage ich ihm: »Krank. Innen gebrochen. Bitte finden Hiroshi und Peter. Mit Albatrossen. Bitte gehen schnell, schnell.« Ich gebe ihm eine kurze Notiz, die er bei ihnen abliefern soll. Als er weg ist, wickle ich mich in einen Haufen Kleider und Decken ein und warte. Eine junge japanische Frau erscheint – ich weiß nicht, ob sie wirklich ist oder eine Halluzination. Sie befühlt meinen brennenden Kopf, zieht ihre weiße Bluse aus und wäscht mit ihr mein Gesicht; dann füllt sie die Bluse mit Eis – Wo kommt dieses Eis her? – und legt sie über meine Stirn. Schließlich verschwindet sie. Tief im Bunker beobachte ich einige Sonnenstrahlen, die den engen Raum ausdeuten. Die Welt draußen zittert vor Licht. Ich träume von blendendweißen Albatrossen, deren gelbe Köpfe funkeln, als sie in der Dämmerung herumwirbeln wie ein namenloses Sternenbild. Plötzlich taucht ein Schatten in der Tür auf. Es ist Peter. Er keucht, Schweiß rinnt an ihm herab, seine Haare kleben an seinem Kopf wie ein Stahlhelm. Er sieht aus, als wäre er gerade aus einem Geburtskanal herausgekrochen. Er nimmt sein Gepäck ab und setzt sich hin. Wir erörtern die verschiedenen Möglichkeiten, von der Insel wegzukommen. Die sicherste Methode ist, an Bord des Charterboots der Regierung zu gehen, das bald ablegen wird. Das Fieber ist hoch und mysteriös, und wir müssen schnell handeln. Peter hat sich schon von Hiroshi verabschiedet, der in der Festung geblieben ist, auf seinem Posten bei den Albatrossen, dort, wo er hingehört.

Eine Stunde später klettern wir an Bord eines Schiffes, das dreimal so groß ist wie jenes, das uns nach Torishima brachte. Dieses Schiff ist erst zwei Monate alt, und es glänzt mit rostfreien Beschlägen, haufenweise Teppichen und Schlafkojen. Es ist ein Charterboot, das hauptsächlich zum Gerätetauchen und Fischen zwischen den Inseln im Norden kreuzt. Die geheimnisvolle Frau, die mich mit ihrer Bluse wusch, ist ein Mitglied der Crew, und der Kapitän hat über Funk bereits einen Krankenwagen angefordert, der uns am Dock erwarten wird. Bevor wir nach Norden abdrehen, umkreist der Kapitän noch einmal die Insel, die uns einen guten Blick auf die Lavabrocken an der Stelle gewährt, an der das Dorf in das Meer gespült wurde. Sulfur Peak erhebt sich zottig, als ob er den blauen Himmel pipettieren wollte. Schließlich treibt die Festung der *ahodori* in unser Blickfeld – ihre freitragenden Wände, ihr Ampitheater aus schartigen Felsen und die kleine grüne, weiß gepunktete Einfassung. Die Vögel sehen, umgeben von den erstarrten Felskaskaden, zart und zerbrechlich aus.

»Das ist die gesamte Weltpopulation nistender Kurzschwanz-Albatrosse«, sagt Peter traurig. Aber einen Augenblick später grinst er breit. Wir beide grinsen, denn wir empfinden den gleichen unauslöschlichen Nervenkitzel, weil wir sie gesehen haben. »Schau mal, dort ist Hiroshi!« Er zeigt auf eine einsame Gestalt, die auf einer Lavadüne unter einem Schneesturm aus segelnden Vögeln sitzt. Wir winken ihm zu, und Hiroshi nimmt seinen Hut und winkt zurück. Als das Schiff nach Norden abdreht und die Sonne langsam in einem dichten Wolkengewoge untergeht, erklingt »Auld Lang Syne« aus den Lautsprechern. Kurzschwanz-Albatrosse schießen herab und gleiten über die Wellenkämme dahin. Einer taucht knapp am Bug des Schiffes vorbei und nimmt Geschwindigkeit auf, als er in den Bereich ruhiger Luft gerät. Jetzt wendet er durch den Wind und gleitet hinter eine Welle. Dann kippt er die Flügel, zieht nach oben, steigt fast senkrecht hinter dem Wellenkamm auf, kommt wieder herunter und startet noch einmal durch den Wind, wobei er in ungeheurem Tempo einen Zickzackkurs fliegt. Wir stehen eine Zeitlang im Glühen der untergehenden Sonne und beobachten den Albatros, der über den Wellen Räder schlägt. Er ist weiß vor dem Hintergrund des dunklen Wassers und schwarz, wenn er vom helleren Himmel eingerahmt wird – Positiv und Negativ. Er taucht aus der durchsichtigen Luft zum dicken, eisigen Wasser hinab; dann steigt er wieder auf und schnürt Meer und Himmel mit seinem Flug zusammen. Er ist die Art und Weise, wie der Wind über sich selber denkt. Schließlich fliegt er unter einem ungestümen blauen Himmel, der Schattenhaikus auf dem Wasser tanzen läßt, geradewegs die Sonnenstraße hinunter bis zum Horizont, und verschwindet im hellen Königreich der Wolken.

Goldgelbe Löwenäffchen

Im Sommer laufen die Goldgelben Löwenäffchen im Zoo von Washington DC frei herum und bahnen sich an Pfaden aus Seilen ihren Weg durch die Baumwipfel. Nach und nach werden sie nach Brasilien geflogen und im Regenwald freigelassen. Die Verantwortlichen des Zoos hoffen, daß die Äffchen während ihrer Zeit in Washington die Fertigkeiten erlernen, die für das Überleben in der Wildnis notwendig sind. Tieren, die im Zoo aufgewachsen sind, fehlen jedoch viele natürliche Verhaltensweisen. Diesen Goldgelben Löwenäffchen muß man beispielsweise beibringen, wie sie mit Enttäuschungen fertig werden und wie sie ihrer Natur gerecht werden und als Primaten leben. Man muß sie lehren, sich als Affen zu entwickeln, denn wenn alle täglichen Widrigkeiten, die das Leben im Wald mit sich bringt, fehlen, dann verschwinden auch die Instinkte, die sich dank dieser Probleme ausformen. Was sagt uns das bezüglich der Notwendigkeit von Streß, Unsicherheit und Kampf? Ein Leben in Gefangenschaft ist ein streßfreies Leben, aber je länger die Tiere in diesem reduzierten Zustand leben, um so reduzierter werden auch sie selbst. Es gibt im Zoo keine
Raubtiere, aber auch keinen Instinkt für Flucht und Rettung, keinen Hunger, aber auch keine Begeisterung über die

eigene Leistung. Die Goldgelben Löwenäffchen leben monogam, unter ihnen gibt es scharfe Rivalitäten, und sie insze-
nieren Sexdramen wie in Seifenopern. Einige ihrer Familien-
probleme erscheinen gar zu menschlich und liefern uns
Hinweise darauf, wie das Leben für unsere frühen Vorfahren
ausgesehen haben mag. Da ich solche Lebenswelten unwiderstehlich finde und die Goldgelben Löwenäffchen zu den
schönsten und am meisten gefährdeten Geschöpfen auf dieser Welt zählen, entschied ich mich, das Projekt bei der Auswilderung zu unterstützen und einige Äffchenfamilien in der
Hoffnung nach Brasilien zu begleiten, sie würden fruchtbar
sein und sich mehren.

Im Regenwald gibt es keine ungenutzten Nischen. Keine Leere bleibt ungefüllt. Jeder Sonnenstrahl wird eingefangen. In Millionen Westentaschen ticken Millionen von Lebensformen ruhig vor sich hin. Kein anderer Platz auf der Erde ist so üppig. Manchmal malen wir uns den Regenwald als ein Echo des Gartens Eden aus – als uraltes, friedliches und fruchtbares Königreich, in dem Pythons dahingleiten und Jaguare springen. Aber hauptsächlich ist er eine Welt schlauer und wilder Bäume. Träge Pflanzen überleben hier nicht. Die Sanftmütigen erben nichts. Licht ist ein kräftiges, gelbes Vitamin, für das sie töten würden – und genau das tun sie auch. Eine der ersten Wahrheiten, die man im Regenwald lernt, lautet: Pflanzen sind nicht hasenfüßig und schwach. Um sich zu behaupten, werden sie aggressiv. Manche Bäume schützen ihr Kreislaufsystem, indem sie eine Schicht Strychnin oder Chinin unter ihrer Rinde ausbilden. Andere verfügen über giftige Säfte, Blätter oder Beeren. Es gibt Tannine und Düfte, die die Hormone und Enzyme junger Insekten nachahmen, und Wirkstoffe, die so mächtig sind, daß sie ein widerspenstiges Insekt oder Tier lähmen können. Ein sehr erfinderisches Gewächs ist eine Kletterpflanze namens Derris, deren Rinde die Amazonasindianer im Fluß zerdrücken, um Fische zu vergiften. Einige Pflanzen entwickeln farbenprächtige Blätter mit roten Tupfen oder Streifen, so daß sie aussehen, als seien sie am Absterben oder bereits tot. Daher sind sie für hungrige Mäuler uninteressant. Die Brechnuß kann Ihr Herz mit ihrer Schönheit verzaubern – und es mit seinem Curare zum Stillstand bringen. Und dann gibt es natürlich noch Halluzinogene, die von Bäumen und Kletter-pflanzen, von Blumen, Bohnen, Kakteen und Pilzen produ-ziert werden. Auch einige Kröten sind halluzinogen, was nicht sonderlich überrascht, wenn man ihre Farbenpracht betrachtet, wie sie auf einem Zweig kauert und grell davor warnt, sie zu berühren. Auf einer Wanderung durch den Regenwald entdeckte ich einen wasserblauen und gelben Pfeilspitzenfrosch, der über und über mit giftigem Schleim bedeckt war. Winzig, aber nach Tod riechend, saß er auf einem gefällten Baum und ließ mich so nahe herankommen, daß er meinen Atem spüren konnte.

In den gemäßigten Wäldern des Nordens findet man we-niger Pflanzengattungen pro Areal, dafür aber von jeder Gattung viele Exemplare; große Waldungen voller Schier-lingstannen und Ahorn sind durchaus nicht ungewöhnlich. Im Regenwald jedoch gibt es ein ganzes Kaleidoskop unter-schiedlicher Spezies, aber dafür nur sehr wenige Exemplare von jeder einzelnen. Wenn man in einen Regenwald hinein-sieht, hat er Tiefe, Struktur und Vielfalt. Die Mitglieder der einzelnen Gattungen jedoch stehen weit auseinander. Es gibt nicht viel Wind, der die Samen verbreiten könnte. Es ist sehr schwer, ein Geschlechtsleben zu haben, wenn man sich nicht bewegen kann, und daher haben sich die Pflanzen des Dschungels zu unglaublichen Schwindlern und Manipulato-ren entwickelt, die andere auf betrügerische Weise dazu bringen, sie zu befruchten. Im Regenwald hat es keinen Zweck, wenn Bäume ihren Samen auf den Boden unter sich verstreuen. Dies ergäbe zuviel Inzucht, und aus der Sicht einer Pflanze ist Sex bestens dafür geeignet, den eigenen Genpool aufzufrischen. Deshalb ködern Pflanzen Kolibris,

Bienen, Fledermäuse, Schmetterlinge, Falter und Insekten. Manche Pflanzen verkleiden sich sogar als Tiere. Einige sind Fleischfresser. Auch wenn sie nicht schnellfüßig sind – milde sind sie deshalb nicht. Sie sind promiskuitiv, und sie lassen sich zu jedem niederträchtigen Trick herab. Wenn sie könnten, würden sie sich auch als Gorilla verkleiden.

Einige Orchideen, die hoch oben in den Baumwipfeln leben, haben beispielsweise gelernt, Bienen mit ihren tollen Farben und Blüten dermaßen vom Weg abzulenken, daß die nichtsahnenden Tiere ihre Geschlechtsorgane streifen. Andere Orchideen haben die Fähigkeit entwickelt, die weibliche Raupenfliege nachzuahmen, so daß die Männchen versuchen, sich mit ihr zu paaren. Am Ende sind sie aber nur über und über mit Blütenstaub bedeckt. Wiederum andere Orchideen ahmen das Revierverhalten einer Centrisbiene nach und müssen dann nur noch auf ein vorbeikommendes Männchen warten, das den Kampf aufnimmt. Sex oder Gewalt sind willkommen: Ob die Orchideen nun umworben oder bekämpft werden – sie verreiben allemal ihren Blütenstaub auf den Besuchern. Einer der besten Bestäuber ist die hell metallicblaue oder grüne männliche Prachtbiene, die nicht hinter Blütenstaub, sondern hinter Düften her ist, die sie als Bestandteil eines aphrodisiakischen Gebräus verwendet und in Taschen an ihren Hinterbeinen verstaut. Sie wandert von Blume zu Blume, sammelt deren Duftstoffe ein und mischt sie in den Taschen an ihren Hinterbeinen. In einem bestimmten magischen Augenblick wird die Mixtur unwiderstehlich, und die Biene wird zu einem solchen Adonis, daß es sogar andere Männchen bemerken. Unmittelbar darauf lockt ein Schwarm hell blitzender, im Sonnenlicht tanzender Männchen weibliche Prachtbienen an – genau so, wie die Blumen es zuvor mit den Männchen taten. Jetzt sind die Männchen die schönen, duftenden Blüten des Dschungels. Wer könnte ihnen widerstehen?

Kein anderer Ort auf Erden ist biologisch so komplex wie der Regenwald. Tiere durchbrechen die dichten Mauern aus Grün und flattern umher. Herabhängende Moose, Farne, Kakteen, Ranken und Bromelien feiern eine Orgie der Üppigkeit. Jeder Baum ist ein Palimpsest anderer Pflanzen. Die meisten Hängepflanzen, die man an den Bäumen sieht, sind keine Parasiten; sie verwenden Bäume ganz einfach als Sitzplatz. 90 Prozent aller Kletterpflanzen der Welt leben im Regenwald; die Lianen können so dick wie ein menschliches Bein werden und wie vollgefressene Schlangen auf dem Boden herumliegen. Zu jedem Sonnenaufgang erklingt der Chor der Vögel wie bei einer Probe zu einer Symphonie von Charles Ives. Brüllaffen jodeln, während sie sich durch die Bäume schwingen. Es gibt dreizehige Faultiere, Jaguare, Fledermäuse, Bambusratten, Eulen, Rhinozeroskäfer, Kolibris, Korallenschlangen, große Echsen und Nagetiere, Wildhunde, riesige Spinnen, afrikanische Mörderbienen und Heerscharen weniger bekannter, selten beobachteter Insekten und Vögel.

Dieser außerordentliche Lebensraum ist auch die Heimat des Goldgelben Löwenäffchens, des schönsten Affen der Welt, ein Lebewesen in den Farben des Sonnenuntergangs und maisgelber Seide, das nirgendwo sonst auf der Welt lebt. Vor nicht allzu langer Zeit besuchte ich Russell Mittermeier, Direktor von Conservation International und zeit seines Lebens Erforscher des Regenwaldes. Er schwärmte von den Goldgelben Löwenäffchen: »Ihre Färbung ist herrlich. Sie sind wirklich spektakulär aussehende Säugetiere. Als der jesuitische Chronist von Magellans Weltumseglung diese Affen im 16. Jahrhundert zum ersten Mal sah, beschrieb er sie als ›affenartige Katzen, die kleinen Löwen ähneln‹, und so kamen sie zu ihrem Namen. Sie sind winzige Tiere, aber sie haben ein wirklich verblüffendes Merkmal: Sie sehen wie Mini-Löwen aus. Und neugeborene Goldgelbe Löwenäffchen sind die anziehendsten Geschöpfe, die man sich vorstellen kann. Sie haben diesen unschuldigen Blick. Ich kann Ihnen sagen: Wenn so ein winziges goldenes Ding von der Größe Ihrer Faust dasitzt und verloren dreinschaut, dann werden unsere Elterninstinkte sehr schnell geweckt.« Große Familien dieser Affen durchstreiften einst die Baldachine der Wälder, fraßen Früchte und Insekten, schliefen in ihren Nachtnestern und zogen ihre Jungen auf. Bis heute haben aber nur ungefähr 400 Tiere in der Wildnis überlebt. Inzwischen gibt es weltumspannende Anstrengungen, die Goldgelben Löwenäffchen zu retten, nicht zuletzt, weil sie eine sogenannte Flaggschiffgattung darstellen. Sie leben – wie der Panda und der Koalabär – in einem gefährdeten Ökosystem. Nicht nur sie, sondern ihre gesamte Welt droht auszusterben.

Die Mata Atlântica ist ein schmaler Streifen Regenwald, der sich über 1500 Kilometer entlang der nordöstlichen Küste Brasiliens erstreckt; da er durch Berge vom Amazonasgebiet getrennt wird, sind seine Pflanzen und Tiere einzigartig. Aber auch hier sind – genau wie in der Amazonasregion – die Bäume den Bulldozern und Bauern zum Opfer gefallen. Von der Vegetation sind nur einige Inseln übriggeblieben, durchzogen von Straßen, Dämmen, Städten und großen Farmen (Fazendas). Wir wissen aus historischen Berichten über dieses Gebiet, daß nur zwei Prozent des ursprünglichen Waldes übriggeblieben sind. Die bittere Wahrheit dabei ist: Der Wald verschwand nicht wegen der Böswilligkeit der Menschen oder irgendwelcher Katastrophen, sondern weil die Menschen ganz einfach ihre Lebensumstände verbessern wollten. In Nordamerika wurden Grenzgebiete und Wildnisse auf ganz ähnliche Weise zerstört. Der Fortschritt ist ein hungriger Riese. Vielen Menschen ist nicht bewußt, daß die meisten Nährstoffe des Regenwaldes sich in den Bäumen befinden, nicht im Boden – und es gibt keine Extraportion, keine Sicherungskopie. Sobald irgend etwas stirbt, kehrt es sofort qua Verrottung in den Lebenskreislauf zurück. Es verweilt nicht in der oder wird sogar zu Erde, wie dies in gemäßigten Regionen der Fall ist. Entweder wird es vom Regen weggewaschen, oder Mycorrhizapilze verwandeln es auf der Stelle, und es kehrt in die Bäume zurück. Auch die Unmenge der Insekten hilft bei diesem Prozeß. Aber es hat keinen Zweck, das Land zu bebauen oder Vieh auf ihm zu halten. Da der gesamte Reichtum in den Bäumen steckt, bricht das gesamte Ökosystem zusammen, wenn die Bäume verschwinden.

Ich höre sie, bevor ich sie sehe: Ein kurzes trillerndes Vogellied, gefolgt von einer ganzen Note, die auf einer Flöte gespielt wird, danach ein krampfartiges Glucksen, ein jähes Trillern und noch ein langer Ton. Papageien? Drosseln? Was macht ein Vogelschwarm am Frachtflughafen von Rio de Janeiro? Fünf gelbbraune »Konvertierbare Tierwohnungen« werden ausgeladen und vor mir abgestellt; jedes der Häuschen ist mit kleinen Atemlöchern perforiert, und mir wird klar, daß die kleinen Löcher die Kästen in eine Art Blasinstrument verwandelt haben. Eine Kaskade aus melodischem Lärm ergießt sich aus ihnen. Ich hocke mich hin und erspähe in einem Kasten im Schatten von Strohklumpen undeutliche Farbblitze und sich bewegende Pelze. Wieder ertönt das Vogellied, dieses Mal lauter und drängender. Im Innern des Kastens drängt sich eine Familie Goldgelber Löwenäffchen aus dem Zoo von Washington DC aneinander und ruft ihre Nachbarn in den anderen Kästen. Selbst ihr Murren ist harmonisch.

»Sie sind gesund und wohlbehalten«, sagt Ben Beck erleichtert. Ben ist ein kräftiger Mann in den Fünfzigern mit graumeliertem Haar, einem akribisch getrimmten Bart und einer ruhigen Art, die Dinge in die Hand zu nehmen. Er lei-

tet das »Goldgelbe-Löwenäffchen-Auswilderungsprogramm«.
Da nur so wenige dieser Affen überlebt haben, züchtet sie
der Zoo von Washington in Gefangenschaft und schickt sie
dann per Boten zurück in den Wald. Zweimal im Jahr fliegt
Beck mit kompletten Löwenäffchenfamilien oder aber mit
einem Partner für ein brasilianisches Äffchen, das geschlechtsreif geworden ist, nach Brasilien. Zu unserer Reise-
gruppe gehören außerdem seine Frau Beate, eine kleine Frau
mit blondem Haar und leichtem deutschen Akzent, die bereits seit vielen Jahren mit Affen arbeitet, Joleen, eine
31jährige Affenpflegerin aus dem Brookfield-Zoo in Chicago (der eine der Äffchenfamilien geschickt hat), Howard, ein
großer, bärtiger Fotograf vom Brookfield Zoo, und Alfie,
ein Primatologe vom Washingtoner Zoo, der auf Fossilien
und Zähne spezialisiert ist. Wir werden von einigen der Brasilianer abgeholt, die auf der Feldstation leben und arbeiten:
Fernando, der das Projekt hierzulande leitet, Andrea, die die
tägliche Arbeit leitet, die Affen füttert und Beobachterteams
ausschickt, und Denise, eine Kombination aus Erzieherin
und Diplomatin, die Schulkindern in einer Mischung aus
Erziehung und Diplomatie etwas über Affen beibringt, Beziehungen zu den Farmern knüpft und die Regierung dabei
unterstützt, gestohlene Äffchen wiederzufinden und auszu-
wildern. Die Goldgelben Löwenäffchen sind so schön – sie
werden illegal zu 20 000 Dollar gehandelt –, daß Jäger oft
sogar eine zweijährige Gefängnisstrafe riskieren, um eines zu
stehlen. Eine Schlüsselfrage des Löwenäffchen-Projekts ist,
wie gut es in das tägliche Leben der Nachbarn paßt. Von den
Mitarbeitern des Projekts kommen 22 aus nahegelegenen
Städten, und das macht das Programm für die örtliche Wirtschaft bedeutsam. Nahe der Hauptstraße zeigt ein Bildungs-
institut mit angeschlossenem Museum Filme und bietet
Bücher, Flugschriften, Poster und T-Shirts an. Die Bevölke-
rung fürchtet sich vielleicht vor dem tiefen Wald, aber sie ist

auch stolz darauf, neben einem Naturwunder zu leben. Natürlich tragen die Löwenäffchen – da sie schön und faszinierend sind – auch dazu bei, die Notlage des Regenwaldes zu personalisieren. Für viele Menschen ist die Natur irgendwie zu unkontrolliert, zu üppig; sie erschreckt sie durch ihren schieren Überfluß. Ihre zweite Angst (die erste ist die vor dem Tod) besteht darin, daß sie ebenso tief und unergründlich sein könnten wie das, was sie erblicken. Wenn sie sich die tiefen grünen Lungen des Dschungels ausmalen, dann bekommen sie Atemnot und Panik. Sie benötigen etwas sanft Vertrautes, einen geistigen Führer, einen Fokus für ihr Interesse. In diesem Regenwald gibt es viele gefährdete Vogel-, Insekten-, Frosch-, Schlangen- und Pflanzenarten, aber sie sind alle nicht so süß und knuddelig wie das schimmernde goldene Äffchen – das dazu noch monogam ist, seine Familie liebt und mit dem man sich daher leicht identifizieren kann. Das Goldgelbe Löwenäffchen trägt ein menschliches Antlitz.

»Jetzt kommt der gefährlichste Teil unserer Arbeit«, sagt Ben grinsend, als wir auf der zweispurigen Schnellstraße, die die Mata Atlântica für die Zivilisation erschlossen hat, nach Norden fahren. PKWs und Laster beschleunigen meist nebeneinander, benutzen die Seitenstreifen als Überholspur und verlieren oft ihre Achsen in halbmetertiefen Schlaglöchern. Jungen stehen am Straßenrand und verkaufen Bündel getrockneter, gepreßter Bananen. Wir kommen an Dutzenden von Keramikfabriken vorbei. Die Herstellung von Terracotta-Ziegeln ist in diesem Teil Brasiliens eine bedeutsame Industrie; den Brennstoff für diese Fabriken liefern die Bäume des Regenwaldes.

Mit der Zeit macht die Kette von Fast-Food-Lokalen, Grillrestaurants und Geschäften ausgedehnten Farmen und bewaldeten Hügeln Platz. Vor uns sehen wir eine Gebirgskette – den Saum des atlantischen Küstenwaldes, den zerbrechlichen Rand des Kontinents. Es verstößt gegen brasilianisches Gesetz, den Regenwald auf dem Gipfel eines Berges zu fällen, denn die Bäume verhindern Erosion und Erdrutsche. Die Wälder auf den Berggipfeln bleiben also erhalten, um die Farmer zu schützen, aber ganz unbeabsichtigt haben sie auch die Geschöpfe des Waldes in diesen kleinen Vegetationsinseln gerettet. Bei einem Schild mit der Aufschrift RESERVA BIOLÓGICA POÇO DAS ANTAS biegen wir in einen Feldweg ein, und nach einer zwanzigminütigen Fahrt durch Ackerland, Sumpf und schließlich Wald erreichen wir eine palmengesäumte Zufahrt und ein großes, weißes, mit Stuck verziertes Haus.

Das Haus, das früher ein Ziegenstall war, wurde von den ersten Forschern renoviert. Jetzt sieht es groß und einladend aus; an seinen Eingangsstufen steht eine prächtige purpurfarbene Bougainvillea, es gibt einen Kräutergarten, einen Grillplatz und Brotfrucht-, Limonen- und Bananenbäume. Im Innern öffnet sich eine kleine Küche zu einem Eßraum, der von einem langen Tisch beherrscht wird, dessen Platte aus unregelmäßig gemasertem einheimischem Holz auf Hochglanz poliert ist. Zwei kleine Schlafzimmer – jedes mit vier Etagenbetten – dienen als Männer- beziehungsweise Frauenschlafraum. Eine Toilette und eine Duschkabine befinden sich auf der anderen Seite der Diele. Meistens versammeln sich die Bewohner auf der offenen Veranda hinter dem Haus, wo vier schwarze Autositze als Sofas dienen. Über ihnen hängen Wäscheleinen. Eine Wandtafel verkündet den Wochenplan; unter ihr steht ein Werktisch mit Werkzeugen, Saugflaschen für die Affen und verschiedenen anderen Geräten. An einem Brett mit Haken hängen Regenmäntel, darunter sind nasse, schmutzige Stiefel ordentlich aufgestellt. Die Luft riecht nach Moder, reifen Bananen, der Hundefutter ähnlichen »Affendiät«, freilaufenden Hühnern, Autoabgasen und Wildblumen.

Die Arbeit beginnt sofort. Unsere Affen benötigen Übergangsquartiere. Normalerweise schläft eine Familie Goldgelber Löwenäffchen zusammengeknäult in einem Baumloch oder einem Nest aus dicken Ranken. Drei große Käfige, die sich in die Bäume nahe der Eingangstür schmiegen, werden ihre vorläufigen Unterkünfte sein. Wir polstern die Käfige mit Zweigen, Bromelien und Bambusstücken aus. Dann hängen wir eine Wasserschüssel an einen Zweig und kleine, teilweise geschälte Bananen an einen anderen. Außerdem füllen wir einige Drahtfallen, die wie Schuhkartons geformt sind, mit Bananen. Wenn man die Affen an die Fallen gewöhnt, kann man sie, wenn sie erst einmal in der Wildnis sind, leichter wiedereinfangen. Schließlich statten wir jeden Käfig mit einem »Nestkasten« aus, einem großen, blauweißen iglu-artigen Kasten, der speziell für die Affen entwickelt wurde. Löwenäffchen bevorzugen Maisonettewohnungen, weil sie ihnen etwas Abwechslung verschaffen und sie besser vor Raubtieren schützen. Deshalb sind die Nestkästen in einen oberen und einen unteren Raum aufgeteilt, wobei eine mandelförmige Tür in das Obergeschoß führt. Ein Löwenäffchen, das Zurückgezogenheit sucht, findet sie im allgemeinen auch, und wenn ein Ozelot in das obere Stockwerk des Nestes hineingreift, dann können die Äffchen ins Untergeschoß flüchten.

Während wir nach und nach die Einzelteile der neuen Löwenäffchen-Welt arrangieren, nimmt der Käfig immer mehr das Aussehen eines Weihnachtsbaumes an – allerdings ohne Baum. Andrea bringt die letzte Verzierung an – ein großes, quadratisches Futterhäuschen mit der technischen Bezeichnung »tragbare Mikromanipulator-Plattform«. Die Einheimischen nennen sie einfach *comidoro*. Sie sieht aus wie ein überdimensioniertes Gerüst aus Kinderspielzeug und besteht aus fünf Röhren, die mit gleichgroßen Löchern versehen und mit einer Vielzahl zerkleinerter Früchte und

Fleischstücke der Affendiät gefüllt sind. Der *comidoro* ermöglicht es, die Affen zu füttern, aber er trainiert sie auch dabei, mit ihren langen, schlanken Fingern in engen Löchern Nahrung zu suchen.

Überall im Gehege rufen die Äffchen leise nach ihren Artgenossen, und wir können das Echo ihrer unsicheren Stimmen auf dem ganzen Gelände hören. Sie haben Glück, hier zu sein. In letzter Minute wären sie nämlich beinahe zurückgelassen worden. In diesem Sommer sandte der Brookfield-Zoo in Chicago (der seit vielen Jahren Löwenäffchen erfolgreich züchtet) dem Zoo in Washington eine Löwenäffchen-Familie, die in die Wildnis zurückkehren sollte. Aber bei ihrer Ankunft entdeckte ein Tierarzt bei Flash, dem zeugungsfähigen Männchen, im Zuge einer Blutuntersuchung einen Hepatitis-ähnlichen Virus. Das war nicht ungewöhnlich – auch menschliche Erwachsene weisen oft noch Antikörper gegen Mumps oder Masern auf, die sie als Kinder hatten, ohne selbst infektiös zu sein. Also nahm man an, daß mit Flash alles in Ordnung sei, aber sicherheitshalber gab man ihn in Quarantäne. Keiner der anderen Affen zeigte irgendein Krankheitszeichen. Vor einer Woche bewies ein Pathologe des Zoos eindeutig, daß der Virus hämorrhagisches Fieber auslöst, eine Nagetierkrankheit, die auch Menschen befallen kann. Das Gerücht ging um, daß die infizierten Tiere Ansteckungsherde sein könnten: Obwohl sie selbst nicht krank zu sein schienen, könnten sie den Virus auf andere übertragen. Nur einmal angenommen, das betroffene Männchen stürbe und würde von Nagetieren beseitigt, die wiederum von anderen Nagetieren, Stachelschweinen oder Ozelots gefressen würden – könnte dann nicht eine Epidemie ausbrechen, die den gesamten Regenwald gefährdete? Wie hätte der Zoo die letzten Goldgelben Löwenäffchen einer Seuche aussetzen können? Also entschied Ben vor drei Tagen, das Risiko mit Flash nicht einzugehen. Der Rest der

Gruppe kam nach Brasilien – aber nun braucht sie ein zeugungsfähiges Männchen.

»Da war ich wirklich in der Klemme«, sagt Ben, während er die Verdrahtung am *comidoro* in Ordnung bringt. »Was sollte ich tun? Zum Glück fand ich ein junges Männchen, das schon in Brasilien war und gerade ins zeugungsfähige Alter kam. Es ist nicht ideal – wir bevorzugen Männchen, die bereits Erfahrung im Großziehen von Kindern haben, bevor sie ihre eigenen Familien gründen. Aber wir untersuchten seine Gene, um sicherzugehen, daß die Inzucht nicht überhandnimmt, und er ist ein guter Partner für das Brookfield-Weibchen.«

Im Zoo von Washington fungiert ein »Goldgelbe Löwenäffchen-Zuchtstammbuch« als altmodische Familienbibel, die alle Hochzeiten und Nachkommen von Goldgelben Löwenäffchen überall in der Welt verzeichnet. Eine Computerüberprüfung zeigt den Züchtern »den Inzuchtkoeffizienten« an – ein Schlüssel für Abstammung und genetische Vielfalt. Nicht immer erlauben die Umstände genetische Durchmischung. Dies trifft insbesondere auf Zoopopulationen zu, bei denen die Tiere zu nah verwandt sein können und deshalb die Mannigfaltigkeit verlieren, die eine Voraussetzung für ein starkes Immunsystem ist. Einige wildlebende Tiere – der Gepard ist wohl das bekannteste und traurigste Beispiel – weisen einen so hohen Grad an Inzucht auf, daß ihr Aussterben als nahezu sicher gelten kann. Da alle Geparden dieser Welt eine identische DNA aufweisen, sind sie eigentlich Klone der anderen. Eine Spezies muß mehr umfassen als nur ein Individuum, um zu gedeihen; bei den Geparden aber ist jedes Individuum die gesamte Spezies. Jeder Virus, der ein Exemplar tötet, kann alle töten. Da sich bei den Goldgelben Löwenäffchen ein ähnliches Problem entwickelt, gehen die Zoos bei der Paarung sehr sorgfältig vor und wenden bei einigen Gruppen sogar

Geburtenkontrolle an, um eine starke Blutslinie sicher-zustellen.

Wenn das brasilianische Männchen das Weibchen und die Kinder aus dem Brookfield-Zoo trifft, wird es ein »altgedienter Neuling« sein, ein ausgewilderter Affe, der sich auskennt, und das wird den Neuankömmlingen bei ihrer Anpassung helfen. Er versteht den Regenwald bereits, kann Insekten auf verdrehten Palmenblättern ausfindig machen, sich zwischen den Zweigen orientieren und ist wachsam gegenüber Raubtieren. Er wird den anderen nicht bewußt irgendwelche Fertigkeiten beibringen, aber sie werden schneller lernen, indem sie ihn beobachten.

»Okay. Holen wir die Affen«, sagt Ben schließlich. Wir nehmen eine der »Tierwohnungen«, tragen sie in den Käfig und öffnen ihre Tür. Wie ein gelber Blitz stürzt das Muttertier heraus, rennt hinüber zum vertrauten Geruch des Nestkastens und verschwindet darin. Ihre vier Kinder folgen; sie geben hohe Knutschlaute von sich, während sie ihre Köpfe herausstrecken und die neue Umgebung beäugen. Die Kleinen sehen mit ihren wilden Mähnen, ihrem leuchtenden Fell, den gummiartigen Gesichtern und den runden Augen so schwarz wie Kaffeebohnen aus wie Kobolde. Die Mutter wirkt mehr wie eine Kabukitänzerin mit ihren leicht orientalischen Augen, ihrer gekräuselten Haut und dem kräftigen Kinn. Während die Kinder herauskriechen, um den Käfig zu erforschen, geben sie ununterbrochen »Kontaktrufe« von sich, die soviel bedeuten wie »He, ich bin hier! Wo bist du?« »Ich bin auch hier. Ist sonst noch jemand da?« Eines der Jungtiere findet eine Banane und gibt einen hochtönenden Triller von sich. Bald fressen alle. Der Schauplatz mag ihnen merkwürdig vorkommen, aber zumindest ist die Familie zusammen, es gibt Nahrung und sogar den beruhigenden Geruch ihrer Betten. Wenn sie ihre langen Rufe blöken, fallen ihre Unterkiefer herab, und es kommen scharfe Zähne zum

Vorschein. Später ziehen sie ihre Körper die Zweige entlang und setzen Duftmarken mit Hilfe ihrer Brust- und Analdrüsen. Ein schweres Moschusaroma versüßt die Luft. Bald schon wird der Käfig vollständig mit Düften – ihrem einzigen Besitz – überzogen sein, und das Neue wird vertrauter werden. Andrea pfeift und gluckst, und eines der Kinder gluckst ruhig zurück.

Von der Veranda holen wir eine zweite »Tierwohnung«, in der Marty ist, ein zwei Jahre altes Männchen aus dem Brookfield-Zoo. Nahe einem Limonenbaum geben wir ihm einen Käfig ganz für sich allein. Im Wald ereignete sich im letzten Jahr eine schwere Tragödie: Eine Löwenäffchen-Familie aus Los Angeles hatte sich bereits glänzend in ihrer neuen Welt eingelebt, als Wilddiebe Vater und Mutter stahlen, um sie als Haustiere zu verkaufen. Vier Waisen blieben zurück: ein junges Weibchen, ein junges Männchen und ein Zwillingspaar, das erst zwei Monate alt war. Die älteren Geschwister zogen die Zwillinge auf, so gut sie es eben konnten, aber sie dürfen sich nicht paaren. Also werden wir den Bruder umquartieren, Marty der Schwester als Partner geben und hoffen, daß er die jüngeren Geschwister annehmen und noch mehr eigene Kinder haben wird.

Schließlich holen wir die letzten Löwenäffchen und lassen sie in einem dritten Käfig frei. Zu dieser Gruppe gehört eine noch fruchtbare Mutter im mittleren Alter, eine Tochter im Teenager-Alter sowie zwei jüngere Kinder – Sohn und Tochter. Sie brauchen einen Vater. Unser Plan ist, im Wald ein Männchen fangen, das zu ihnen paßt. Dieses Ehestiften funktioniert nicht immer. Manchmal können sich die Verlobten ganz einfach nicht ausstehen. Aber das kommt selten vor. Eine größere Hürde ist, daß die Tiere, die in Gefangenschaft aufgezogen wurden, vergessen haben, wie es ist, ein Affe zu sein.

Wenn man Löwenäffchen, die im Zoo geboren wurden,

im Wald freiläßt, sind sie desorientiert und hilflos. In den Dickichten verirren sie sich zwischen Dornen und Lianen. Viele hungern, weil sie nicht wissen, wie sie sich ernähren sollen oder wie sie zu ihren Familien zurückkehren können. Würden wir Menschen denn wissen, wie wir in einer afrikanischen Savanne überleben könnten? Zootiere haben nie gelernt, nach Futter zu suchen, Raubtieren zu entkommen, sich räumlich zu orientieren und ihre Umgebung zu entziffern. Wenn man eine Banane vor sie hin legt, wissen sie nicht, wie sie sie öffnen sollen. Stellen Sie sich vor, sie müßten einem *Affen* beibringen, wie man eine Banane schält! Vor allem aber sind Zootiere nicht an Enttäuschungen gewöhnt. In den Zoos kommt die Nahrung nach festem Zeitplan in Schalen oder auf Tellern, aus denen sie leicht fressen können. Im Regenwald müssen die Affen Nahrung entdecken – Insekten, die sich in aufgerollten Palmenblättern oder unter der Rinde von Bäumen verstecken, Früchte, kleine Amphibien. Manchmal bewegt sich die Nahrung, und sie kommt in allen möglichen Formen vor, und manchmal ist sie nicht da, wo sie das letzte Mal war. Wie lehrt man Affen, sich nicht entmutigen zu lassen? Sie müssen lernen, daß manche Frösche und Schlangen giftig sind. Im Zookäfig gab es keine giftigen Tiere. Und sie müssen das Fallen lernen. Im Zoo rannten sie über robuste Äste und Stangen, hangelten sich an Seilen entlang oder hängten sich an die Käfigdrähte. Niemals befanden sie sich höher als ein paar Meter über dem Boden. Im Regenwald können Zweige brechen, und schleimige Ranken sind rutschig. Nicht alle Zweige tragen ihr Gewicht, und die Wipfel sind oft mehr als hundert Meter über dem Boden. Im Zoo gibt es auf dem Boden gütige Wärter und eine sichere, stabile Welt, in der sich die Löwenäffchen aufgehoben fühlen. Doch in der Wildnis ist es der Himmel, der sie retten wird – der Boden wimmelt von Dschungelkatzen, menschlichen Jägern und anderen Verfolgern.

Wilde Löwenäffchen führen ein Leben voller komplizierter sozialer Rituale und Stammesbeziehungen. Sie sind akrobatisch und analytisch zugleich und können so das Ausmaß des Waldes und die besten Nahrungsquellen kartographisch erfassen. Manchmal kämpfen sie mit Nachbargruppen, doch verbirgt sich hinter diesen Kriegen eine geheime Tagesordnung. Während sich die Erwachsenen in Positur werfen und toben, spielen die Jugendlichen miteinander und halten nach potentiellen Partnern Ausschau. Es gibt für sie tatsächlich keinen anderen sozial sanktionierten Weg, um sich gegenseitig kennenzulernen. Goldgelbe Löwenäffchen sind gewöhnlich monogam und leben in engen Familiengruppen zusammen, in denen der Vater bei der Aufzucht der Jungen hilft. Wenn eine Tochter im Alter von ungefähr zwei Jahren die Pubertät erreicht, wird sie von der Mutter davongejagt, damit sie eine eigene Familie gründet. Auf diese Weise wird Inzest verhindert. Der Vater tut mit dem heranreifenden Sohn das gleiche. Die Weibchen gebären fast immer Geschwisterpaare, und Brüder und Schwestern helfen einander während ihres Aufwachsens. Die Familien sind in der Regel groß. Berührung beherrscht ihr Leben: Wenn sie nicht fressen, spielen sie miteinander oder pflegen sich wechselseitig. Wenn man Löwenäffchen von ihrer Familie trennt, können sie an Einsamkeit sterben.

Ben und seine Kollegen haben die Löwenäffchen viele Jahre lang studiert. Nur wenige von den ausgewilderten Äffchen überleben – 70 Prozent sterben im ersten Jahr nach ihrer Freilassung. Daß aber 30 Prozent überleben, das ist der große Erfolg des Projekts.

Nachdem wir ausgepackt und die Affen Zeit gehabt haben, sich an ihre neue Umgebung zu gewöhnen, fangen wir drei Löwenäffchen in unseren Fallen und bringen sie ins Labor, wo sie Funkhalsbänder erhalten sollen. In ihrem kleinen Käfig beobachtet Jenny uns ruhig. Ich schiebe eine Holztrennwand durch den Käfig und drücke Jenny gegen die Wand, damit Andrea ihr eine Injektion geben kann. Drei Minuten später schläft Jenny. Mit Daumen und Zeigefinger fasse ich sie hinten am Nacken und bugsiere sie aus dem Käfig heraus. Wie weich und zerbrechlich sich ihre Kehle anfühlt! Es kostet Nerven, ein Lebewesen so fest an der Luftröhre zu packen, um es halten zu können, aber locker genug, um es nicht zu erdrosseln. Was für ein Balanceakt zwischen Leben und Tod! Während meine Finger ihre Entscheidungen alleine treffen, erinnere ich mich daran, bei wievielen Vorgängen im Leben komplizierte, nicht in Worte zu fassende Kunstgriffe erforderlich sind. Man legt wohl kaum eine Pause ein, um vorausschauend zu planen, wie man eine Leiter erklimmen muß, wie man zu schwimmen oder eine belebte Straße zu überqueren hat. Muskeln und Gelenke machen ihre ganz eigenen Versuche und Korrekturen. Jenny ist nicht so kognitiv wie ich, aber ihr Körper folgt seiner Intelligenz in der gleichen Weise, wie es der meine tut. Es gab eine Zeit, nicht allzu weit zurück in der dämmrigen Vergangenheit unserer Spezies, als wir so aussahen wie sie und sogar so ähnlich dachten. Wie unheimlich es ist, eine frühere Version von sich selbst in den Armen zu wiegen.

Ich trage Jenny durch den Raum und lege sie zuerst auf die Waage – sie wiegt 630 Gramm –, dann bette ich sie auf den Arbeitstisch. Goldene Fellbüschel sprießen zwischen ihren Fingern und Zehen hervor, die kleine runde Wülste am Unterteil jeder Pfote haben. Ihre langen, schlanken Finger sind wie gemacht, um in enge Spalten zu langen, in denen vielleicht Insekten verborgen sind. In den Gemälden von Thai-Tänzern habe ich geschmeidige, graziöse Hände wie diese gesehen. Ich streiche über die dunklen Fußwülste und stelle überrascht fest, daß sie weich und nachgiebig sind. Empfindlichkeit ist kostspielig. Ihre verwundbaren Sohlen eröffnen ihre eine Welt voller Details, aber zu welchem

Preis? Dornen, stechende Ameisen, Bienen, scharfkantiger Bambus – alles kann gefährlich sein. Goldgelbe Löwenäffchen haben – anders als viele andere Affenarten – keine Greifschwänze; ihr langer Schwanz dient als Balancierstange. Auf ihrer kleinen Nase zeigen die zwei dünnen Nasenlöcher in verschiedene Richtungen. Die natürliche Gestalt ihres Mundes ist eine leichte, auf den Kopf gestellte Kurve, er wirkt, als ob sie eine permanente Schnute zöge. Goldene Barthaare entsprießen ihrem Kinn, und ein kanariengelber spitzer Haaransatz führt zu der vollen goldenen Mähne, die ihren Kopf umgibt. Ihre winzige, wie ein Gitarrenblättchen geformte Zunge schnellt heraus und hinein; in der Mitte hat sie eine tiefe Furche, dort liegen die meisten Geschmacksbecher. Goldgelbe Löwenäffchen sondern einen so starken Geruch ab, daß man einzelne Exemplare an ihm identifizieren kann. Ich vergrabe meine Nase in Jennys Brustfell und atme ein Aroma von heißem Pfefferkuchen ein, vermischt mit dem Geruch von nassem Weizen. Wir notieren, daß Jennys Geruch »durchschnittlich« ist. Andrea stattet sie mit dem Funkhalsband aus, einer Schleife aus Elektronik und Antennen. Dann trage ich sie zum Spülstein und bemale ihren Schwanz mit schwarzer Farbe. Wir kennzeichnen die Schwänze nach einem bestimmten Code in vier Abschnitten; das macht die spätere Identifizierung der Tiere einfacher. Da Jenny das älteste Weibchen ist, wird ihr gesamter Schwanz schwarz angemalt. Jetzt beginnt Alfie mit seinen Zahnexperimenten; er bringt grünen Latex auf den Zähnen an und macht einen Abdruck. Was für scharfe Eckzähne! Als ich auf den Gaumen voller Kammlinien sehe, muß ich lächeln, denn ich kenne dieses Muster von mir selbst. Alle Primaten haben gerillte Gaumen. Dann sind wir mit Jenny fertig und setzen sie zurück in einen kleinen Käfig, so daß wir sie im Auge haben, bis sie wieder aufwacht.

Anschließend »fertigen« wir ihre Tochter Maria auf die

gleiche Weise »ab«. Aber wir sind beunruhigt, als wir auf ihrer linken Schulter einen Schnitt wie eine kleine rote Plakette entdecken. Dieses Pärchen aus dem Columbia Zoo muß sich wohl schlimmer gestritten haben, als wir dachten.

»Solange sie keinen Schnitt im Gesicht hat, ist alles in Ordnung«, sagt Joleen behutsam. »Wenn sie Verletzungen im Gesicht haben, waren die Kämpfe ernst genug, um ein Tier zu töten, denn das würde bedeuten, daß eines der Tiere passiv wurde und nicht weglief.«

Im Augenblick können sich Mutter und Tochter nicht aus dem Wege gehen, aber wir hoffen, daß die Tochter morgen, wenn ein Männchen für die Mutter ankommt, friedfertiger werden wird. Dann werden wir sie in einem Waldabschnitt voller Früchte freilassen. Wenn ihre sozialen Bande stabil sind und sie sich gut an ihre neue Heimat anpassen, sollten sie unmittelbar mit dem Paaren beginnen. In der Wildnis werden Goldgelbe Löwenäffchen im allgemeinen einmal im Jahr schwanger. Wenn das Jahr besonders regenreich ist und es viele Früchte gibt, kommen manchmal auch zwei Schwangerschaften vor. Jedesmal gebären sie zweieiige Zwillinge, und es ist dieser Nachwuchs, der den Regenwald dann wirklich meistert. Ausgewilderte Affen sind typische Einwanderer, die von den üblichen Einwandererproblemen geplagt werden. Sie passen sich nicht perfekt an, denn es gibt zu vieles, das neu ist – Klänge, Nahrungsmittel, Unterbringung, Raubtiere, Klima, Krankheiten, Verkehrsregeln, Notwendigkeiten der Erziehung. Ihr Heimatdialekt aus Gewohnheiten und Handlungen funktioniert in dieser von Leben wimmelnden neuen Welt nicht so recht. Aber ihr Nachwuchs wird sich in dieses magische Reich so perfekt einpassen, als gäbe es eine Zauberformel. Die erste Generation, die in einem Land geboren wird, gehört ihm wirklich an.

Um 5 Uhr 45 am nächsten Morgen beginnt der Hahn laut zu

krähen, obwohl »würgen« eigentlich eine genauere Beschreibung seines Krachs wäre, denn er klingt, als ersticke er an einem Stück Flanell. Das Zimmer ist so dunkel wie ein Bergwerksschacht. Nach dem vierzigsten Krähen höre ich auf zu zählen und schwinge meine Füße aus dem Bett. Gerade noch rechtzeitig fällt mir ein, daß ich im oberen Etagenbett liege. Ich taste mich in die Küche vor, zünde eine Kerze an und beginne mit dem Kaffeeritual: Wasser kochen, Kaffee hineinschütten, noch einmal schnell aufkochen, von der Flamme nehmen, kurz bevor es überkocht, und dann durch einen sockenähnlichen Stoffilter, der an einem Dreifuß hängt, abgießen. Zum Schluß gieße ich den Kaffee in zwei große Thermosflaschen und genehmige mir selbst eine Tasse. Brasilianischer Kaffee ist stark, ölig und schwarz wie Glyzerin, und er gibt mir einen Kick, der mich schließlich, als das Tageslicht aufdämmert, auf die Veranda hinausjagt. Dort treffe ich auf Andrea und Beate, die bereits Nahrungsmittel für die Affen vorbereiten.

»Bom dia!« sagt Beate. »Todo bem?« Guten Morgen! Alles klar?

»Todo bem«, antworte ich. Alles klar.

Weil wir uns alle Sorgen um Jenny und Maria machen, steuern wir ihren Käfig unter dem Bananenbaum an. Beide Affen sitzen außerhalb ihres Kastens, Marias Fell ist richtiggehend aufgeplustert, und ihr Rücken ist wie ein Katzenbuckel steif gewölbt. Ihre Mutter sitzt auf einem niedrigeren Zweig. Beate schüttelt den Kopf. Das ist gar nicht gut. In der Wildnis würde die Mutter die Tochter dominieren, aber hier – da kein Männchen zur Hand ist – haben sich die Rollen irgendwie umgekehrt. Wir fragen uns, was geschehen wird, wenn wir ein Männchen in diesen Kreis einführen. Nur ein Weibchen pro Familie pflanzt sich fort. Obwohl sie bereits im mittleren Alter ist, ist die Mutter immer noch vital, und normalerweise würde sie die Tochter verjagen, damit diese eine eigene Familie findet. Wird sie jetzt aufhören, fruchtbar zu sein, und ihre Tage in dieser Gruppe als Matrone beschließen, während die Tochter die Kontrolle über die Fortpflanzung übernimmt? Werden sie so wild miteinander kämpfen, daß sie sich gegenseitig töten?

Im Haus treffen bereits die ersten Arbeiter ein. Einer hat einen Kolibri gefunden, der vom Aufprall auf das Verdeck seines Autos betäubt ist. Ben hält den winzigen, grünschillernden Körper und biegt den langen Schnabel hinab zu einer Schale mit Orangensaft, den der Kolibri mit seiner noch längeren Zunge schlürft. Bald darauf kann er aus eigenen Kräften davonfliegen, und wir klettern auf den Lastwagen und brechen zu unserem Treffen mit den sieben jungen Männern und Frauen des Auswilderungsteams auf. An einer Kreuzung nahe der Schnellstraße warten sie auf uns; alle tragen lohfarbene Uniformen. Wir sind ein wenig spät dran; und deshalb haben sie ihre Macheten benutzt, um eine Bank aus Bambus und Ranken zusammenzuhauen; und da sitzen sie jetzt beim »Steineschießen«, wie Ben diese Kunst des Wartens nennt. Sie lächeln breit, als wir uns nähern, und begrüßen Ben und Beate mit Händeschütteln und Umarmungen. Alle sind in den Zwanzigern, fit und athletisch; dies ist ein Full-Time-Job, sechs Tage pro Woche. Sie teilen uns Neuigkeiten über die Affen mit, berichten von Problemen mit Wilddieben, Eigentümern der Fazendas und ihren Sorgen wegen der Bezahlung. Eine galoppierende Inflation hat die brasilianische Wirtschaft ausgebrannt, aber ihr Gehalt wird in US-Dollars ausgezahlt, und der Dollar steigt und fällt auf dem einheimischen Markt. Ben versichert ihnen, daß ihre Löhne vollständig an die Inflationsrate angepaßt werden. In einem gewissen Sinn ist ihr Heimatdorf Silva Jardim eine Firmenstadt. Das Projekt beschäftigt 22 junge Leute aus dem Dorf; außerdem kauft es dort eine beachtliche Menge an Nahrungsmitteln und anderen Bedarfsgütern und hat so das örtliche Wirtschaftsleben angekurbelt. Die Mitglieder des Auswilderungsteams sind gut bezahlt und ausgebildet, sie haben renommierte Jobs und arbeiten für eine noble Sache. Und deshalb hat das Dorf das Projekt und seine portugiesisch sprechenden Gringos angenommen.

Als wir aufbrechen, macht sich das Team an seine Tagesarbeit, die vielen Wohnplätze der Löwenäffchen abzupatrouillieren. Wir selbst fahren zu einer Fazenda in der Nachbarschaft, in deren Wald eine Löwenäffchenfamilie aus Seattle lebt. Wir hoffen, dem voll entwickelten Sohn Seattle Six eine Falle stellen zu können. Er ist bereits zu alt, um noch länger zu Hause zu leben. Seine Mutter ist gestorben. Der Vater kümmert sich zwar um die Kinder, aber Seattle Six muß jetzt wegziehen und eine eigene Familie gründen; und der Vater benötigt eine neue Braut. Niedrige Wolken hängen wie Rauch in den Tälern, und Cecropia-Bäume schimmern weißlich von den Gipfeln der Hügel, während wir die ausgefahrenen Straßen einer auf Milchwirtschaft spezialisierten Farm entlangrollen. Die Straße endet am palastartigen Haus des Besitzers. Wir verlassen den Lastwagen und beginnen den steilen Aufstieg zum Wald auf dem Gipfel des Hügels.

»Das ist die am wenigsten fortgeschrittene Gruppe«, sagt Ben traurig, als wir schließlich den grasbewachsenen Hügel hinter uns gelassen haben und vor einem dichten Regenwald stehen. Plötzlich fühlt sich die Luft kalt und naß an. »Sie sind noch nicht wild. Wir geben ihnen immer noch jeden dritten Tag Nahrung.«

Wir klettern durch das Unterholz, wandern an einem Fluß entlang und finden uns zu guter Letzt im Affenhimmel wieder – einer sonnenüberfluteten Lichtung voller hoher Bäume und schwingender Lianen. Äste wiegen sich über uns, Zikaden zirpen, Moskitos heulen wie fallende Bomben, und prachtvolle Kolibris stoßen auf Paradiesvogelblumen herab. Ein Baumfrosch knarrt so gemächlich, als ob jemand ein

Spielzeug aufzöge. Aber dennoch ist dieser Dschungel in einem sonderbaren Sinn fast eine Wüste: Es gibt im Unterholz weder Gräser noch Kräuter, von denen sich Tiere ernähren könnten. Tatsächlich sieht man, wenn man durch den Dschungel geht, auch fast keine Tiere. Manche sind nur nachts aktiv. Viele sind so gut getarnt, daß man in nächster Nähe an ihnen vorbeigehen kann, ohne sie zu bemerken. Aber die meisten Tiere tummeln sich oben in den Baumwipfeln, ernähren sich vom Laubwerk und sammeln das Allerwertvollste ein, ein Element, das in einem so dichten Wald gefährlich selten ist, ohne das das Leben aber nicht weitergehen kann – das Sonnenlicht.

Überall im Dschungel kämpfen Pflanzen und Tiere verzweifelt um einen Platz in der Sonne, um etwas Licht: Licht, die goldene Regierung unseres Planeten; Licht erweckt das kleinste Blatt zu einem schraubenförmigen Tanz; Licht tarnt eine dunkle Höhle, eine schattige Bucht als moosgrüne Feier. Licht ist die Verführerin des Waldes, und deshalb findet man auf seinen tieferen Ebenen kaum prächtige Blumen oder viele Tiere. Statt dessen birgt der gewaltige, dichte Baldachin droben die reichste Ansammlung pflanzlichen und tierischen Lebens. Hoch oben ist der Regenwald ein saftiges, grünes Konzert aus Flirten und Paaren, Duellieren und Tanzen, eine Versammlung von Hochstaplern und Goldgräbern, Vamps und Dandys. In diesem dampfenden tropischen Baldachin tropft Nektar aus geöffneten Blüten, und Fledermäuse mit Epauletten blasen Büschel aus weißem Fell auf ihren Schultern auf, als ob sie sich mit militärischen Insignien brüsten wollten, um die Weibchen zu überzeugen, daß sie mehr zu geben hätten und besser ausgestattet seien als die anderen Fledermäuse, daß sie größer als das Leben seien. Vögel vollführen Kriegstänze und machen Striptease. Das Delirium des Dschungels, trunken von Sonnenlicht und Sex, ist ein fortwährendes Durcheinander aus Werbung, Paarung, Duell,

Geburt und abermals Paarung. Oft tritt der Tod ein, aber seine Opfer verschwinden schnell im Regen oder unter hungrigen Zähnen, wohingegen das Bluffen und sich Spreizen, das Ducken und Kauern, das Tänzeln und Werben, das Ernten und Bauen, das Stöhnen und Ausposaunen Tag und Nacht weitergehen. Über uns ist ein Pandämonium in vollem Gange. Und dann verblüfft uns ein Ton, der hier unbestreitbar völlig fehl am Platze ist – das entfernte Muhen einer Kuh.

»Das nennt sich Erhaltung der wirklichen Welt«, sagt Ben lachend, »neben einer Schnellstraße, auf einem Hügel hinter irgend jemandes Viehweide. Es gibt bei den Menschen eine romantische Vorstellung davon, wie es ist, in ursprünglichen Umgebungen zu arbeiten. Wenn die Affen in einer ursprünglichen Umgebung lebten, dann wären sie jetzt nicht in dieser Klemme.«

Er und Nelson richten einige Fallen für die Affen her und versehen sie mit Bananen als Köder. Obwohl wir uns im Laubwerk verstecken, dürften uns die Affen in dem Moment bemerkt haben, als wir den Wald betreten haben. Die mit Flechten überzogenen Bäume sind grün, braun und schwarz gepunktet – genau wie wir. Unsere Tarnanzüge verschmelzen mit dem Grün und dem getüpfelten Licht. Wir haben sie angezogen, um wie die Bäume auszusehen, und es funktioniert. Kleine Schmetterlinge huschen zwischen den Farnen umher, und dann segelt ein riesiger blauer Schmetterling – mit Flügeln so groß wie zwei Spielkarten – auf Augenhöhe vorbei, entlockt jedem von uns einen Laut der Bewunderung und verschwindet. In den Wäldern der gemäßigten Zonen haben die Bäume Blätter in verschiedenen Formen, aber die Blätter des Regenwaldes sehen alle ziemlich gleich aus. Sie sind glatt und haben Spitzen, von denen das Wasser heruntertropfen kann. Regentropfen fallen mit einem vollen, widerhallenden Plopp auf die breiten Blätter, und die Luft fühlt sich schwer und feucht an, wie gewichtslose, nasse Tücher.

»Seattle Six ist die Nummer 1«, weist uns Ben an und reicht einen Leitfaden mit den Schwanzmarkierungen der gesamten Familie herum.

Plötzlich tauchen über uns goldene Affen auf, geben glucksende Geräusche von sich und springen von Ast zu Ast. Wie spannend es ist, ihnen dort oben in der Wildnis zuzuschauen, wo sie hingehören, zu sehen, wie sie sich vor dem Hintergrund der Farne durch die Sonnenstrahlen schwingen. Instinktiv schlinge ich meinen Arm um einen schlanken Baumstamm und stelle mir vor, wie es sein mag, mit solcher Grazie, solcher Leichtigkeit durch die Baumwipfel zu gleiten. Schließlich sehen wir Seattle Six, den wir inzwischen »Bräutigam« nennen; sein dickes, flauschiges Fell hat ein dunkles Kastaniengold, nicht das blasse Blond der Zoo-Löwenäffchen. Die Löwenäffchen inspizieren nacheinander die Käfige und werden gefangen – alle außer dem Bräutigam, der sorgfältig über den Stolperdraht hinweglangt und sich eine Banane schnappt.

»Er ist ein schlauer kleiner Scheißkerl«, sagt Ben. »Aber wir werden ihn schon kriegen.« Stunden später, nachdem wir die Fallen erneut mit Ködern versehen, die Stolperdrähte neu gerichtet und eine Spur mit Bananenbröseln gelegt haben, beginnen wir zu verzweifeln. Wir lassen Nelson in der Lichtung zurück; Ben, Alfie, Joleen und ich kehren auf die Weide zurück.

»Also Grillenjagd!« sagt Ben. Es ist eine verzweifelte Maßnahme, aber langsam gehen uns die Ideen aus. Und so kriechen wir vier auf der Suche nach Grillen durch das hohe Gras. Während unserer Jagd beobachten wir einen Cowboy, der hoch zu Roß drei Kühe verfolgt, die in den Wald geraten sind. Ben rennt hin und vertreibt das Vieh aus dem Wald. Der Cowboy dankt ihm und trabt mit den Kühen den Hügel hinab. Die meisten Brasilianer stellen sich den Dschungel als primitives, irrationales Königreich voller Gespenster und

Kobolde vor. Er ist das Es-Zentrum ihres Landes. Zivilisation und Fortschritt haben ihren Platz im Chrom-Mekka der Städte, im gepflügten Land und in der Zukunft, aber nicht in der heidnischen und unerklärlichen Vergangenheit. Sie respektieren diejenigen, die im Wald arbeiten, aber sie denken, es sei *maluca* (verrückt), in ihm zu schlafen.

»Ich hab’ eine!« schreit Joleen und hält eine fette Grille hoch. Ben nimmt ein Stück Draht aus seiner Tasche und macht eine Schlinge um den Körper des Insekts. Alfie und ich fangen noch mehr Grillen, und bald verfügt Ben über eine ganze Reihe um sich tretender Grillen, die er zur Lichtung zurückträgt. Löwenäffchen können einer saftigen, zappelnden Grille nicht widerstehen. Schließlich wagt sich auch der Bräutigam in die Falle und ist gefangen. Wir tragen ihn aus dem Wald heraus, marschieren den Hügel hinunter und machen uns auf den Rückweg zum Lager.

Vor dem Abendessen behandeln wir den Bräutigam. In der Wildnis entwickelt das Fell der Löwenäffchen einen leuchtenden Glanz. Der Bräutigam hat Beine in der Farbe von Süßkartoffeln, auf der Stirn trägt er ein helles Gelb, Bart und Arme sind rötlich, und Brust und Bauch weisen das lohfarbene Gold eines herbstlichen Kornfelds auf. Die dichte Mähne, die sein Gesicht umrahmt, läßt ihn wie einen aztekischen Sonnengott aussehen. Während ich ihn in meinen Händen halte, fühle ich sein fremdartiges Fell – weich, aber auch straff wie Glaswolle. Manchmal öffnen sich seine Augen; sie sind dunkle Dublonen. Wer könnte sich ein Geschöpf ausdenken, das so aufregend ist wie dieses? Ob er wohl träumt? Ob Bilder durch seinen Geist ziehen wie Schatten durch die Bäume? Als er aufwacht, schüttelt er seinen Kopf und taumelt einen Moment lang wie beschwipst. Wir tragen ihn hinunter zum Käfig der Brookfield-Familie und öffnen die Tür, die mit drei kurzen Stücken Draht verschlossen ist.

Drahtstücke sind die eigentliche Währung im Lager, und viele tragen sie in der Hosentasche oder im Hosenbund mit sich. Draht sichert die *comidoros*, die Wasserschüsseln und die Bananen, die in den Käfigen hängen; er ist sehr wichtig für den Bau der *comidoros*; er verschließt die Türen an den Käfigen; er hält ein Gitter über dem Eingang zum Nestkäfig, den man damit für den Transport der Affen verriegeln kann; er fesselt frisch gefangene Grillen; er befestigt nahezu alles an irgend etwas anderem.

»Ich dachte, es wäre das Klebeband, ohne das Männer nicht leben können«, sage ich, als Ben ein weiteres Stück Draht in seine Hosentasche steckt. Plötzlich nimmt sein Gesicht ein urmenschliches Feuer an, und er gibt einen Schrei im Stile unserer Urahnen von sich.

»*Klebeband*«, röhrt er.

Beate und ich müssen lachen, auch weil wir beide von diesen Plastikbeuteln mit Druckverschluß besessen sind und Dutzende von ihnen mitgebracht haben (sie sind in einer mit Insekten gesättigten Umgebung tatsächlich wertvoll). Menschen hängen von bestimmten Dingen ab und klammern sich an sie; es ist wichtig für uns, diese Dinge zu beschützen und intakt zu halten.

»Es ist wirklich ärgerlich, wenn Unterschiede zwischen den Geschlechtern so klar zu Tage treten, nicht wahr?« sagt Beate und fährt sich durch ihr kurzes blondes Haar.

Als der Bräutigam den Käfig betritt und sich auf einem Zweig niederläßt, spähen die Brookfield-Affen einer nach dem anderen aus ihrem Nestkasten heraus und beginnen zu schnattern; dann trottet das Weibchen zu ihm hinüber und setzt sich in seine Nähe. Sie füttern sich gegenseitig mit Apfel- und Bananenstückchen. So weit, so gut. Wenn sie heute nacht beide im Nestkasten schlafen, dann ist es ein Erfolg.

Als wir zurück im Haus sind, veranstalten wir zwei Stunden heftigen Cocktail-Trinkens, wobei heimische Mischungen bevorzugt werden. Dann folgt das Abendessen am langen Tisch, an dem alle teilnehmen. Wir hauen rein: Es gibt schwarze Bohnen und Reis, gebratenen Kürbis, frische Baguettes, gegrillte Würstchen, Hühner- und Rindfleisch. Als das Gespräch auf das Grillen im Freien und Barbecues kommt, legt Ben seine Gabel beiseite und spricht andächtig von seiner tiefen Wertschätzung des Holzes.

»Im Kamin meines Hauses in Maryland verbrenne ich Roteiche, gelegentlich auch Weißeiche oder Birke wegen des Geruchs oder schwarze Robinie, wenn ich sie kriegen kann. Das ist erstklassiges Feuerholz – es heizt und verbreitet eine gute Atmosphäre. Ich koche dort nicht. Für den Barbecue-Grill verwende ich Eiche oder Buche; das hängt vom Fleisch ab und davon, ob ich den rauchigen Geschmack von etwas langsam Gekochten möchte oder den von etwas schnell und scharf Angebratenem. Im Außenkamin an der hinteren Veranda halte ich manchmal einen großen Topf am Kochen und bereite Bohnen oder Chili über dem offenen Feuer zu; für diesen Zweck verwende ich ausschließlich Roteiche.«

»Was findest du an Holz so aufregend?« frage ich.

»Es ist irgend etwas tief in mir, in meiner Seele, irgend etwas Urzeitliches. Ich liebe es, exakt das richtige Holz in exakt der richtigen Länge und Stärke und mit der richtigen Trockenheit für jede Aufgabe parat zu haben. Und ich liebe es, Holz zu hacken. Die schönste Art des Holzhackens ist die an einem kalten Wintermorgen, wenn das Wasser im Holz gefroren ist und sich ausgedehnt hat. Wenn ich dann das Holz mit einer Axt oder einem Schlegel treffe, dann spaltet es sich sauberer, und in der Luft ertönt das Krachen des Holzes, und ich gerate schnell ins Schwitzen. Ich kann das Hemd ausziehen, und mein Körper fängt schnell an zu dampfen. Es ist sechs Uhr morgens, und es dämmert gerade. Die Leute sind stocksauer auf mich, weil ich alle aufwecke. Aber es ist himmlisch. Es ist eine Wonne.« Lächelnd und in Gedanken an diesen Frieden beschmiert er sich ein dickes Stück Baguette mit Butter.

Bald darauf gibt es Nachtisch und Kaffee, und alle entspannen sich in Sesseln oder schlendern auf die Veranda hinaus. Joleen hat ein portugiesisch-englisches Wörterbuch dabei; sie nimmt sich einen der schönen jungen Brasilianer beiseite und erfreut ihn mit schlüpfrigen Redewendungen und Obszönitäten. »Sperma«, sagt sie auf portugiesisch zu ihm, und dann »Vergrößerter Hodensack!« und »Ich bin sexuell erregt.«

»Da stehen uns offensichtlich ein paar interessante Wochen bevor«, sagt Ben.

Als die Dunkelheit hereinbricht, quellen aus den Dachgesimsen der Veranda Fledermäuse wie Rauch hervor. Eine blühende Kolonie lebt im Hohlraum unter dem Dach; ihr Kot hat ein Meer von Mehlwürmern angelockt, die Fernando ab und an zum Füttern derjenigen Affen verwendet, die krank aussehen oder eine Extraration Protein benötigen. Die Fledermäuse und die Mehlwürmer sind uns willkommen. Mit den Küchenabfällen füttern wir die Hühner, deren Eier wir essen. Die meisten Dinge im Lager werden wiederverwertet. Vorüberhuschende Autoscheinwerfer kündigen den VW-Bus von Roberta an, die am Ende des Abendessens zu uns stößt. Das ist, was sie betrifft, früh. Normalerweise kommt sie erst spät in der Nacht, trinkt ein Bier, unterhält sich mit uns und kriecht dann voll bekleidet in ihr Etagenbett. In der Morgendämmerung bricht sie wieder zu ihrer täglichen Arbeit auf und nimmt die Überreste des Abendessens mit, die sie im Laufe des Tages ißt. Sie verbringt ihren Tag allein in einer aufgegebenen Bahnstation, die sie in ein Labor verwandelt hat. Sie wirkt irgendwie wie nicht ganz von dieser Welt. Nach zwei Jahren in Brasilien, die sie fast vollständig in der Wildnis verbracht hat, redet und gestikuliert sie wie eine Brasilianerin, unterstreicht ihre muntere Konversation mit dem typischen brasilianischen Fingerschnipsen – fünf oder sechs Schnipser in kurzer Folge. Manchmal beginnt sie einen Satz recht normal, gleitet aber an seinem Ende ziemlich ab.

»Ich bin wirklich gern hier«, sagt sie und nimmt einen kräftigen Schluck Bier, »aber was mir langsam auf die Nerven geht, sind die Gläser.« Wir betrachten die kleinen Becher. »Das sind Marmeladengläser, wißt ihr, war Marmelade drin. Ich find's eklig, aus Marmeladengläsern zu trinken, wißt ihr, wo Marmelade drin war, Marmeladengläser.« Howie, Alfie und ich sehen uns an. »Und natürlich die Moskitos«, fährt sie fort. »Du gehst ins Bett, und da sind sie, sie folgen dir, sie warten, sie sind riesig und blutrünstig, und es gibt überhaupt keinen Weg, sich vor ihnen zu schützen, wenn sie entschieden haben, dir zu folgen.« Allerdings habe ich festgestellt, daß sie nachts die Schlafzimmertür offen und das Deckenlicht brennen läßt, und das ist natürlich eine Einladung für Moskitos.

Sie ist, was ihre Rückkehr angeht, zwiegespalten. Ihr Leben, ihre Familie, ihre Arbeit, ihre Kultur – alles ist jetzt brasilianisch. Aber sie muß an ihre amerikanische Universität zurückkehren, um ihre Promotion zu beenden. Die Leute im Camp mögen sie und ärgern sich nicht besonders, wenn sie zu spät kommt oder eine Mahlzeit verpaßt, denn ihre Unberechenbarkeit ist berechenbar. Und sie ist zu einem Waldmenschen geworden. Als sie ankam, war sie weich und voller Rundungen, aber jetzt sieht sie muskulös, geschmeidig und baumartig aus. Ihre langen Haare fallen glatt herab, und ihr Pony ist im indianischen Stil kurz geschnitten. Ihre Haut ist nicht mehr braun, sondern bereits mahagonifarben.

Bei dieser Art Job muß man immer etwas zurücklassen, manchmal das Heimatland oder die Familie. Nach einem tiefen Eintauchen in die fremde Kultur überschreiten manche Menschen eine Grenze und gewöhnen sich so sehr daran, unabhängig zu sein und in der Wildnis zu leben, daß sie tatsächlich nie zurückkehren, sondern umherwandern, in verschiedenen Projekten schlecht bezahlte Jobs annehmen und vielleicht einen Einheimischen heiraten. Roberta ist genau an diesem Punkt. Geschlagene zwei Jahre hat sie Daten über die Vegetation in diesem Wald gesammelt, ungeheure Mengen an Daten. Und jetzt müßte sie in die USA zurückkehren und sie alle auswerten, zusammenfassen, eine Dissertation schreiben, sich um eine Anstellung bewerben, in eine fremde und formelle Welt zurückkehren. In den siebziger Jahren gab es eine kurze Zeit, in der Menschen mit Erfahrungen in der Feldforschung Jobs in der Umweltschutzbewegung bekommen konnten. Heutzutage aber kann es geschehen, daß diejenigen, die nicht ins akademische Leben zurückkehren, sich plötzlich als über Vierzigjährige wiederfinden, ohne Job an einer Universität oder in einem staatlichen Unternehmen, mit einem Leben voller Erfahrungen, aber ohne Sicherheit. Wenn sie es plötzlich leid sind, weiterhin Lebenserfahrungen zu sammeln, gibt es oft keinen Weg, wieder in die normale Gesellschaft zurückzukehren. Roberta ist eine Ökologin, die zwar unschätzbar wertvolle Zeit im Feld verbracht hat, aber sie muß einen Universitätsabschluß machen und einen Beruf finden, solange sie es noch kann. Eines Tages wird sie dann vielleicht eigene Hochschulabsolventen nach Brasilien schicken.

»Wie war Weihnachten?« frage ich.

»O, ich hab' diese große Krippe gemacht – ganz aus Käfern, weißt du, diesen wunderschönen grünen und blauen und schwarzen Käfern, alle in verschiedenen Farben und Größen. Wann immer ich während des Jahres einen gefunden habe, habe ich ihn für die Krippe aufgehoben – den Marienkäfer, den Josefskäfer, die Heiligen-Drei-Könige-Käfer, die Schafskäfer. Ben hat den Baby-Jesus-Käfer für mich gefunden – ein kleiner, wirklich sensationeller Käfer. Natürlich müssen sie tot sein. Ich hab' schon überlegt, daß eine Krippe aus Fliegen auch klasse wäre. Aber die Käfer, Mann, aus denen hab' ich eine richtig tolle Krippe gemacht.«

»Roberta muß nach Hause«, sagt Fernando grinsend.

Sonntag morgen. Der Regen fällt heftig und laut auf die Blätter der Bananenpalme und bildet eine dünne, graue Wand. Die beschlagenen Fensterscheiben erschaffen ihren eigenen Nebel, so daß wir, wenn wir hinausschauen, zwei Regenfälle sehen, beide ununterbrochen, aber einer lautlos. Am Arbeitstisch auf der Veranda zerhacken wir Bananen, Äpfel, Ananas, Pfirsiche und Affendiät; dann bringen wir die Nahrung zu den Affenkäfigen. Wegen des Regens essen die Affen langsam, und wir warten darauf, daß sie fertig werden. Heute ist der Tag ihrer Freilassung. Im Haus sind die anderen bereits auf den Beinen; sie frühstücken und machen Lunchpakete. Da wir etliche Stunden unterwegs sein könnten, trinken wir alle zuviel Kaffee und essen zuviele gebratene und gezuckerte Bananen. Trotz des Regens ist die Luft vor Begeisterung wie elektrisch geladen. Wir schließen die Affen in ihre Nestkästen ein und tragen sie zu den Lastwagen.

Ein halbe Stunde später verlassen wir die Hauptstraße und fahren in die Fazenda »Dos Coqueiros« (Zwei Palmen) mit ihren beiden malerischen Häusern vor dem Hintergrund weiter Äcker und bewaldeter Hügel. Wir folgen einem Feldweg, bis er endet, dann klettern wir zu Fuß durch einen hohen Wald, an einem Dschungelwasserfall vorüber bis zu einem Feigenbaum, der ein gelbes Band um seinen Stamm trägt. Von dort aus steigen wir einen noch steileren Hügel hinauf bis zu einem Baum mit einem roten Band. Luis hat diesen prächtigen Platz bereits als Zuhause für die Affen ausgewählt. Überall stehen Obstbäume, und es gibt eine Menge Äste und Lianen. Als Ben den blauweißen Nestkasten am Fuß des Baumes absetzt, sehe ich ein kleines goldenes Gesicht, das hinter der abgeschirmten Tür herauslugt. Ich glaube, daß es Jenny, die Mutter, ist, die so begierig auf die Freiheit ist; aber ich kann nicht sicher sein, ohne die Schwanzmarkierungen zu sehen. Ich wünschte, es gäbe einen Weg, Jenny zu beruhigen. Sie weiß nicht, daß wir hier sind, um ihr zu helfen, und daß der Aufruhr und die Verwirrung der letzten Tage bald vorüber sein werden.

Luis legt seinen Regenmantel ab und klettert den Baum sechs Meter hinauf bis zu der Stelle, an der sich der dicke Stamm gabelt. Mit seiner Machete haut er einen Platz für den Nestkasten frei. Andrea wirft ihm eine Zange und eine Drahtrolle zu; Ben schleudert einen frisch geschlagenen Ast hinauf, der als Querbalken dienen soll. Dann schickt er den Nestkasten mittels eines Seilzuges hinauf, und Luis verdrahtet ihn am richtigen Platz, wobei er einen Ast nahe der Türöffnung befestigt, so daß die Affen nicht zu weit springen müssen.

»Affenkindergarten«, sagt Ben. »Wir versuchen es ihnen so leicht wie möglich zu machen.«

In dem Moment, in dem Luis die Tür des Nestkastens öffnet, flitzt Jenny heraus, gefolgt von ihrer Tochter Maria und dem Männchen Melvin, das wir als Partner für Jenny gefangen hatten, zuletzt kommen die Kinder. Diese letzten vier fangen plötzlich an, ihre Mutter rauh und rhythmisch anzuschnattern. Es stellt sich gar nicht die Frage, wozu das dienen soll, denn laut und unangenehm, wie es ist, hat es eine unmittelbare Wirkung – Jenny stürmt noch höher in den Baum hinauf und sieht sehr verunsichert aus. Das Schnattern wird noch lauter und durchdringender. Die Mutter stürzt sechs Meter tief auf den Boden.

»O nein«, sage ich und schlage eine Hand vors Gesicht,

wie Menschen es oft tun, wenn sie erschüttert sind. Instinktiv will ich ihr helfen, aber ich rühre mich nicht vom Fleck.

»Sollte ihr nicht jemand folgen?« fragt Beate besorgt.

»Sie hat ein Halsband«, sagt Ben. »Seht, sie ist schon wieder oben.«

Jenny klettert einen anderen Baum hinauf und eilt von Ast zu Ast, bis sie fast zur Hälfte den Hügel hinunter ist. Ihre Familie steinigt sie weiterhin mit ihren scharfen Stimmen. Wenn sie in diesem Tempo weiterrennt, werden wir ihr trotz Schlamm und Regen folgen müssen, um ein Auge auf sie zu haben. Jenny ist in ihren mittleren Jahren und immer noch kraftvoll, aktiv und fruchtbar. Sie hat kleine Kinder, die sie aufziehen muß. Aber sie ist ein wenig zu alt, um anderswo eine Familie zu finden. Was soll aus ihr werden? Es ist herzzerreißend, zusehen zu müssen, wie sie von ihrer Familie ins Exil getrieben wird, ausrangiert, in das Gefängnis eines fernen Baumes verbannt.

Maria sitzt auf einem Ast nahe dem Nestkasten und schickt Alarmrufe hinter Jenny her. Vorübergehend hat sie das neue Männchen erobert, das ihr mit gewölbtem Rücken folgt, um seine Vorherrschaft geltend zu machen, und dann einen Ast mit Duftmarken versieht. Die Kinder beruhigen sich und fangen an, auf dem Baum herumzuhüpfen; dabei fressen sie aus dem *comidoro*. Jenny – noch nicht ganz außer Sichtweite – beginnt langsam ihren Rückweg zur Familie. Als Maria und Melvin sie bemerken, springen sie gemeinsam auf einen Ast und schreien ihr die Affenversion von »Draußenbleiben, die Dame!« zu. Jenny zieht sich zurück. Maria und Melvin kehren auf das Dach des Nestkastens zurück. Eines der Kinder gibt ein heiseres, ohrenzerreißendes Raspeln von sich – den typischen »Kinderruf«, der nach Futter schreit. Manchmal gibt sogar ein ausgewachsener Affe in Streßmomenten dieses kindliche Raspeln von sich, um eine gespannte Situation zu entschärfen; damit sagt er im Kern:

»Tu mir nicht weh. Ich bin wirklich noch ein Kind.« Das Kind aber tut etwas Überraschendes, es geht zu seinem Stiefvater, sieht ihm mitten ins Gesicht und wiederholt seinen kindlichen Ruf. Der Vater hat keine Nahrung und frißt auch nichts. »Füttere mich«, bittet das Kleine erneut, »füttere mich, füttere mich.« In diesem seltsamen neuen Land, in dem der natürliche Vater fehlt und die Mutter verjagt wurde, muß sich das Kind bei seinem Stiefvater einschmeicheln. Das andere Kleine hüpft herbei, legt sich auf den Rücken und bittet den Stiefvater, es zu pflegen. Langsam beginnt er, mit beiden zu spielen. Als die Familie schließlich ruhig frißt, schleicht die Mutter ein wenig näher heran. Maria bemerkt sie, springt auf das Dach des Nestkastens, womit sie über ihrem Männchen steht, schreitet mit gewölbtem Rücken vor und zurück und schnattert aggressiv. Ihre Körpersprache sagt: *Das ist **mein** Mann!*

Die Mutter tritt den Rückzug an. Die Kinder, der Stiefvater und die Tochter beginnen mit der Erforschung ihrer neuen Welt, mutig und ohne Zögern. Einer kratzt im Hundestil mit dem Hinterbein, ein anderer wickelt seinen gesamten Körper um einen Ast. Manchmal macht einer einen Spagat zwischen den Ästen oder sitzt auf seinen Keulen wie ein Känguruh. Sie überbieten sich dabei, Zweige mit den Füßen zu erwischen und wie auf einer Leiter auf ihnen hinaufzusteigen oder eine Liane Hand über Hand zu erklettern. Zwar sind wir alle verstört wegen Jenny, aber andererseits freuen wir uns, wie gut sich der Rest der Gruppe offenbar anpaßt.

»Diese Gruppe wurde im Zoo an Orientierungsexperimente gewöhnt«, erklärt Ben. »Ein Student desorientierte sie absichtlich – er verlegte ihren Nestkasten, während sie schliefen, so daß sie an einem unvertrauten Ort erwachten –, und es scheint wirklich geholfen zu haben. Wie schön!«

Für Löwenäffchen ist es schwierig, mit Neuem oder zufälligen Veränderungen umzugehen. Dem Unbekannten ge-

genüberzutreten, kann sie überwältigen. Aber wenn der Wechsel erst einmal zur Gewohnheit wird, dann wird das Neue selbst vertraut. Das Leben ist dann immer noch schwierig und fordernd, aber nicht mehr lähmend; sie lernen, die Dinge auszutüfteln.

Eines der Kinder versucht, auf einem dünnen Palmenblatt zu laufen und fällt auf einen Ast hinab. Ben diktiert Andrea einen laufenden Kommentar zu allen Bewegungen der Affen, den sie in einem Notizbuch festhält. Die Mutter hält immer noch Abstand und bewegt sich langsam zwischen den Ästen eines nahegelegenen Baumes hin und her. Daß sie sich überhaupt bewegt, ist ein gutes Zeichen. Wir haben Angst, sie könnte jeden Moment innehalten, den Kampf aufgeben, hilflos oder verzweifelt werden, die Nahrung verweigern oder einem Raubtier zum Opfer fallen.

Wir Menschen sitzen auf dem Waldboden, reden miteinander und schlagen nach den Moskitos. Die Affen ignorieren uns – wir sind ein Teil des Laubabfalls, wir sind Hintergrund. Manchmal starren sie zu uns herüber und halten für einen kleinen Moment unserem Blick stand, aber dieser Augenblick geht schnell vorüber. Sie suchen unsere Gesichter nicht nach vertrauten Zügen ab. Sie haben es nicht nötig, den Abstand zu überbrücken.

Ben spricht drei Sprachen: Portugiesisch, Englisch und die Sprache der Wissenschaft. In einem Augenblick sagt er: »Sie jagt das Flittchen weg.« Im nächsten Moment heißt es: »CB-Drei pflegt werbend LA-Fünf.«

Die Tochter ist ganz Einschüchterung, die Mutter besteht nur aus List und Diplomatie. Die Tochter steht nahe beim Männchen, nimmt der Mutter gegenüber eine aggressive Haltung ein und kreischt. Die Mutter wartet, bis das Männchen allein ist, nähert sich ihm dann verführerisch und bittet darum, gepflegt zu werden.

»Gute Masche«, sage ich.

Ben warnt mich davor, die Affen mit Intuition auszustatten. »Sie sind wie Schweizer Uhren«, sagt er. »Sie reagieren ganz einfach. Ihre Hormone sagen ihnen, was sie tun müssen. Sie denken nicht darüber nach.«

Er mag es nicht, wenn man den Affen Intelligenz oder Gefühle zuschreibt, wenn man sie beim Namen ruft oder unter ästhetischen Gesichtspunkten betrachtet. Er zuckt zusammen, wenn ich sage, daß die sich duckende Mutter vom Schauspiel der Tochter »eingeschüchtert« sei, oder wenn ich eines der Kinder als »süß« bezeichne.

»Betrachte es doch mal so«, biete ich ihm schließlich gutmütig an. »Als Weibchen einer höheren Primatenart bin ich darauf geeicht, auf die Jungen aller Säugetierarten, speziell der niedrigeren, mit ›süß‹ zu reagieren. Sieh es einfach als Teil meines evolutionären Programms an.«

Ben lächelt, fährt sich mit der hohlen Hand über den Bart und nickt. »Na schön«, brummt er.

Stundenlang beobachten wir die Familie beim Fressen und Spielen, während Andrea selbst ihre kleinsten Handlungen notiert. Die Beobachter erlernen eine komplexe Kurzschrift, in der sie viele Daten über viele Individuen zugleich notieren müssen. Manchmal wählen sie auch ein Tier nach dem Zufallsprinzip aus und verfolgen ganz einfach dessen Handlungen für genau zehn Minuten. Der beste Beobachter ›scannt‹ seine Umgebung: Er macht eine Art geistigen Schnappschuß davon, wo sich jeder Affe in Raum und Zeit befindet. Kühle, klare Beobachtung ist für das Projekt entscheidend, das zahllose Daten über das Verhalten der Löwenäffchen, ihr Familienleben und ihre Ernährung sammelt. Aber auch Arbeiterinnen wie Andrea sind weit davon entfernt, unbeteiligt zu sein.

Das Goldgelbe-Löwenäffchen-Projekt ist ein Unternehmen zum Anfassen. Jahrhundertelang haben die Menschen seltene oder exotische Tiere aus der Wildnis geholt und in

Zoos gehalten. Heute schicken die Zoos einige Tiere zurück in die Wildnis. Die meisten Forscher und Naturwissenschaftler handeln nach der obersten Maxime, die Tiere lediglich zu beobachten und niemals in die natürlichen Abläufe einzugreifen, selbst wenn das bedeutet, untätig dabei zuzuschauen, wie ein Lieblingstier an einer Krankheit stirbt oder einem Raubtier zum Opfer fällt. Abstinenz ist ein zentrales ethisches Gebot unter Wissenschaftlern. »Beobachte, aber greife nicht ein« herrscht als strikter Befehl. Die Pfleger im Zoo sind jedoch daran gewöhnt, Tiere anzufassen, sie zu verarzten, den Nachwuchs auszubrüten und zu schützen und die Tiere zu verlegen; sie haben einen anderen Code.

»Als ich 1970 mit diesem Geschäft begann«, erzählt Ben, im Schutz eines Palmenblattes sitzend, »fingen die Zoos gerade an, sich zu verändern. Bis zu diesem Zeitpunkt waren die Zoos weitgehend Verbraucher – sie fingen Tiere aus der Wildnis, um ihre Sammlungen aufzustocken. Aber die meisten aufgeklärten Zoodirektoren begriffen, daß es unverantwortlich war, in die Wildnis zu gehen und einfach nur Tiere einzusammeln. Sie begannen, Tierpopulationen zu erzeugen, die sich selbst erhalten konnten. Das war nicht nur eine Frage des Eigeninteresses. Die Tierkollektionen der Zoos dienten als außerordentliche wissenschaftliche Quelle für die Verhaltensforschung. Außerdem trugen die Zoos die Verantwortung, den Schutz der Wildnis zu fördern, indem sie entweder Reservate aufkauften und schützten oder Experten ins Feld schickten, um die Forscher und Verwalter der Reservate zu unterstützen. Und sie wurden sich ihrer ungeheuren Verpflichtung bewußt, die Öffentlichkeit zu erziehen. Wenn die Bewahrung der Welt erfolgreich sein soll, dann wird es notwendig sein, Ressourcen aus den reichen, entwickelten Staaten – hauptsächlich Nordamerika, Europa und Japan – in den tropischen Süden zu verlegen, in dem sich die Staaten noch entwickeln. Die Zoologischen Gärten haben die Verantwortung, die Menschen über Biologie, Ökologie, Umweltschutz und Weltwirtschaft aufzuklären.«

»Ist es denn das beste für die Tiere, in einem künstlichen Garten Eden zu leben?« frage ich.

»Die Zoos müssen ihre Philosophie überdenken«, sagt Ben. »Im Moment besteht sie darin, jedes einzelne Tier zu schützen und ihm Streß, Hunger und klimatische Extreme zu ersparen. Wir tragen die Vorstellung mit uns herum, die Wildnis sei irgendwie ein romantisches Paradies. Aber sieh dich doch mal um: Die wilden Löwenäffchen sind halb verhungert und werden von Parasiten geplagt. Es gibt keine tierärztliche Fürsorge für sie, keine verläßlichen Nahrungsquellen; sie sind Kälte und Nässe ausgesetzt und werden in jeder Minute von Raubtieren verfolgt. Das ist kein Paradies. Und Tiere, die im Zoo aufgewachsen sind, sind zu schlecht ausgerüstet, um mit diesen Herausforderungen fertigzuwerden. Wenn wir den Zootieren Erfahrungen liefern wollen, die ihre Anpassungsfähigkeit erhöhen, dann müssen wir sie zum Wohle ihrer Gattung vorsätzlich einigen Belastungen aussetzen. Das ist das eigentliche Problem, denn die Zoos sind daran gewöhnt, nur an den Schutz des einzelnen Tieres zu denken. Und die Zoobesucher lernen, einzelne Tiere zu mögen. Aber Bewahrung hat nichts mit Bambi zu tun. Wir versuchen, eine ganze Gattung zu retten, das ganze Ökosystem, in dem sie lebt.«

Im Wipfel der Palme sucht das junge Männchen mit einem Gesicht wie Don Ameche nach Insekten. Plötzlich stürzt er mit gespreizten Beinen wie eine Katze ab, prallt neun Meter tiefer auf dem Boden auf, schnieft, greift unsicher nach einem niedrighängenden Ast und steigt wieder hinauf. Obwohl er ein wenig wacklig aussieht, schont er doch keines seiner Gliedmaßen. Dies war das erste Mal, daß er sich mehr als zwei bis drei Meter über dem Erdboden bewegte, und der lange Sturz muß ein ziemlicher Schock gewesen sein. Das Männchen läuft auf einem Ast vor und zurück, dann springt er auf einen anderen in unserer Nähe, setzt sich hin und verschafft sich einen Überblick. Es scheint, daß er weiß, wohin er gehen möchte, aber er zögert angesichts der dünnen, zerbrechlichen Zweige. Der Stiefvater springt schnell hinüber zu dem gestrandeten Kind und zeigt ihm einen sicheren Weg zurück zum Nestkasten. Das Kind folgt ihm.

»Hervorragend, hervorragend«, strahlt Ben. »Lektion 1 im Wald: Finde deinen Heimweg. Wir hatten schon Tiere, die saßen den ganzen Tag herum und waren nicht in der Lage, diese Aufgabe zu lösen.«

Als er zurück am Nestkasten ist, greift der Kleine in den *comidoro* und stopft sich einen Haufen Bananenstücke in den Mund, bis sich seine Backen blähen wie bei einem Trompeter. Eine Minute später hält er ein Stück Apfel in seinen Fingern und nagt zierlich an ihm herum.

»In einem gewissen Sinn ist auch dieses biologische Reservat ein Zoo«, sagt Ben. »Es ist nur ungefähr fünfzig Quadratkilometer groß, hat verschlossene Tore und Feuergräben; ein Großteil davon besteht nicht aus Wald, sondern aus Überbleibseln ehemaliger Farmen; es gibt einige kultivierte Obstbäume; es gibt Straßen, Flugzeuge fliegen darüber hinweg, und Züge fahren hindurch; an einem seiner Ränder gibt es einen Staudamm. Wir haben Affen, die Sender mit sich herumtragen; wir haben Leute draußen, die nachts kleine Säugetierpopulationen studieren. Das ist alles nicht sehr viel anders als in einem Zoo, nicht wahr? Wenn man sich die Nationalparks und Schutzgebiete rund um die Welt anschaut, dann sieht man, daß sie intensiv verwaltet werden müssen, um zu überleben. Wir können bestenfalls darauf hoffen, 10 oder 15 Prozent eines Ökosystems für die Nachwelt zu retten.

All das mündete in der amüsantesten Ironie meines Berufslebens. Als ich 1970 im Zoogeschäft begann, herrschte unter den Leuten, die Tiere in der Wildnis studierten, eine gewisse Arroganz. Sie sahen mit Geringschätzung auf Leute herab, die in Zoos mit Tieren arbeiteten. Das war weniger real, weniger normal und weniger natürlich. Und es ist ja auch weniger natürlich. Aber heute – nach 20 Jahren – werden die Nationalparks und Reservate zu ganz entscheidenden Zufluchtsstätten für wilde Populationen, und die Manager der Reservate sehen sich Problemen gegenüber, die von den Zoos bereits gelöst wurden. Wenn man zum Beispiel ein männliches Rhinozeros zu Fortpflanzungszwecken von einem Reservat in ein anderes verlegen muß, weil es selbst nicht mehr normal wandern kann, dann geht man zu einem Zoo und sagt: ›Ich habe noch nie ein Rhinozeros transportiert. Wie macht Ihr das? Wie kriegt Ihr das Tier in eine Lattenkiste? Welche Art Kiste verwendet Ihr?‹ Natürlich kapiert mit der Zeit jeder, daß es gar nicht notwendig ist, ein ganzes Rhinozeros zu transportieren – sein Samen reicht aus. Aber in der Zwischenzeit beherrschen die Zoos viele Techniken, um wilde Tiere zu züchten und zu behandeln.«

Wenn eine Eule über den Affen vorbeifliegt, drücken sich diese automatisch flach gegen einen Baum. Bei Landraubtieren verhalten sie sich anders. Schlangen, Ozelots, Bambusratten oder wilde Hunde werden von ihnen angepöbelt. Die Zahl bietet Sicherheit, wie Fischschwärme und kriegführende Menschen wissen; Kinder, die noch ein wenig zurückgeblieben sind, lernen so, gefährliche Tiere zu erkennen.

»Wie siehst du die Chancen für diese Löwenäffchen-Familie?« frage ich.

»In den letzten Jahren haben wir 90 Goldgelbe Löwenäffchen ausgewildert. Von ihnen leben 35 noch immer in der Wildnis. Einige müssen jeden Tag gefüttert werden. Andere sind völlige Selbstversorger. Diese ausgewilderten Affen haben 45 lebende Nachkommen hervorgebracht, von denen heute noch 33 leben. Und einige der Nachkommen haben sich ebenfalls reproduziert, so daß wir also Geburten in der zweiten Generation haben. Das ist für ein Auswilderungsprogramm ungefähr Durchschnitt. Die Erfolgszahlen bei der arabischen Oryx-Antilope in Oman, beim Rotwolf im Südosten der USA, beim Adler oder beim Falken sind fast die gleichen. Aber Erfolg beim Artenschutz ist ein posthumer Wunsch, denn uns kümmern nicht nur die Errungenschaften dieses Jahrzehnts oder dieses Jahrhunderts. Artenschutz ist eine wirklich zeitlose Konzeption. Man bewahrt für immer. Man bewahrt, so daß die Evolution auf natürliche Weise fortschreiten kann. Ich selbst werde niemals erfahren, ob das Projekt zur Auswildererung der Goldgelben Löwenäffchen erfolgreich war. Ich kann nur auf kurzfristige Ziele schauen. Eines davon ist, daß die ausgewilderten Löwenäffchen völlige Selbstversorger werden. Wir haben jetzt mehrere solcher Gruppen, und von ihnen würde ich sagen, daß sie tatsächlich wild sind. Aber vor allem bin ich glücklich darüber, daß das Goldgelbe Löwenäffchen in Brasilien zu einem machtvollen Symbol geworden ist, und zwar nicht nur für die Bewahrung des Regenwaldes an der Atlantikküste, sondern für die Wildnis dieses Landes im allgemeinen.«

Bei Einbruch der Nacht kehrt die Mutter zur Familie zurück und beginnt mit ihr gemeinsam zu fressen, und das, obwohl sie besiegt worden ist. Erleichtert fahren wir ins Camp zurück. Auf unserem Weg aus der Fazenda hinaus halten wir an, um dem Verwalter ›Hallo‹ zu sagen. Er überrascht uns mit der Erklärung, er habe seine Meinung über den Standort für die Löwenäffchen geändert. Er zieht für den Nestkasten jetzt einen Hügel auf der anderen Seite des Besitzes vor. Tiefbetrübt versuchen Ben, Beate und Andrea, ihn zu überreden, den Nestkasten da zu lassen, wo er ist, aber der Verwalter ist unnachgiebig, und es gibt wenig, was man gegen ihn unternehmen könnte. Es gibt nichts Schriftliches. Das Projekt basiert ausschließlich auf dem guten Willen der Landbesitzer. Aber das bedeutet, daß die Familie noch einmal umziehen muß, und da Mutter und Tochter streiten, ist eine weitere neue Nachbarschaft das letzte, was wir wollen. Außerdem gibt es das Problem der afrikanischen Mörderbienen, die bereits in einen der Nestkästen auf dem gegenüberliegenden Hügel eingedrungen sind. Im letzten Jahr haben Andrea und die anderen beobachtet, wie Bienen eine Mutter und ihre Babies zu Tode gestochen haben. Als das Männchen mit 23 Bienenstichen zu Boden fiel, packte Andrea ihn sich, rannte mit ihm zurück zum Lager und verabreichte ihm Steroide. Das rettete ihm das Leben.

»Sehen wir mal, wie es ihnen morgen geht«, sagt Ben. Wir holpern über den Feldweg, fahren ein paar Kilometer auf der Schnellstraße und schlängeln uns dann zurück zum Haupthaus, wo wir die anderen bei der Hausarbeit vorfinden.

Man gewöhnt sich schnell an die Routine des Lagerlebens. Da die Handtücher nie trocken werden, habe ich mir angewöhnt, sie auf meinem Haar trocknen zu lassen, nachdem ich mir die Hände gewaschen habe. Kleidung trocknet nur, wenn man sie im Generatorhaus aufhängt, aber dann riecht sie streng nach Diesel und außerdem manchmal nach dem Kadaver eines Opossums, den jemand dort aufgehängt hat. Toilettenpapier wird niemals weggespült, sondern in einem Korb neben der Toilettenschüssel gesammelt. Die beste Methode, sich auf Patrouillen vor den Moskitos zu schützen, besteht darin, auf jedem Quadratzentimeter Haut Kleidung zu tragen. Wenn man im Wald ›Pipi macht‹, ist es ratsam, mit beiden Händen in der Nähe des Hinterns herumzuwedeln, um die Moskitos fernzuhalten. An regnerischen Tagen wird der Schlamm auf den Wegen so schlüpfrig wie Seife, und man muß immer damit rechnen, Autos aus dem Straßengraben holen zu müssen. Man schwitzt gewaltig, wenn man im Wald herumklettert, und man kann leicht austrocknen; daher halten wir immer an, wenn wir an einem wilden Obstbaum vorbeikommen, und pflücken Papayas, Jambos (eine rote, birnenartige Frucht), Passionsfrüchte oder Kokosnüsse.

Als ich mich eines Morgens auf der Veranda anziehe, entdecke ich kleine UFOs, die an meinen Stiefeln hängen. Mir wird klar, daß ich unabsichtlich zum Verteiler für die Samen des Regenwaldes geworden bin. Einige Männer und Frauen des Teams kehren mit einem dreizehigen Faultier zurück, das sie gefunden haben, andere mit kleinen Opossums. Kaum sind sie wieder weg, da prescht ein großes Frettchen mit einer weißen Zickzacklinie auf seiner Stirn bei der Verfolgung eines Nagetiers quer über den Hof und schikaniert die Hühner.

»Schnapp' dir den Hahn!« spornt Joleen das Frettchen an, und alle lachen, denn der Hahn hat wie ein Preßlufthammer den Schlaf von uns allen ruiniert.

Schließlich brechen wir auf; zunächst zu einem Hügel, auf dem eine Löwenäffchen-Familie aus Omaha lebt. Sie sind nicht bei ihrem Nestkasten, an dem wir Bananen, Äpfel und frisches Wasser deponieren. Wir setzen Kopfhörer auf und halten eine große Antenne hoch. Schließlich lokalisieren wir sie im Süden und brechen auf. Zuerst folgen wir ihnen über einen Fluß in ein Sumpfgebiet, das dicht mit Bambus, weißem Ingwer und Dornenbüschen bestanden ist. Der große Lockenkopf P. C. bahnt uns mit seiner Machete einen Weg durch das Unterholz; dann schlagen die Affen eine andere Richtung ein und flüchten den Hügel hinauf bis zum Gipfel. Für uns ist der Anstieg steil und schlammig, wir kämpfen mit Ranken, die an uns hängenbleiben, dornigen Bäumen, großen Spinnen und stechenden Insekten. Wir müssen uns schnell orientieren, während wir von Ast zu Ast hetzen, und Vermutungen anstellen, welcher unser Gewicht tragen und welcher uns in die Dornen stürzen lassen wird. Irgendwie ist es wundervoll, mit Brachialgewalt durch die Bäume zu brechen, es ist aufregend, am Boden auf die gleiche Weise zu klettern und zu springen wie die Affen in den Baumwipfeln. Auch für uns besteht das Risiko, während eines so steilen Anstiegs zu stürzen, und mit jedem Haltegriff können wir in Feuerameisen, giftige Spinnen oder einen Dornengürtel fassen. Das Vorwärtskommen im dreidimensionalen Raum ist nicht einfach, und schließlich schliddern und rutschen wir alle, wir machen Fehltritte und müssen uns einen neuen Weg bahnen, wir holen uns Zerrungen, kleine Kratzer und Beulen. Nach zwei Stunden sehen wir endlich die Affen; in einem niedrigen Baum essen sie ruhig Bananen. Wir machen uns einige Notizen und kehren erschöpft zur Hauptstraße zurück. Dort machen wir eine Pause und essen die Sandwiches, Bananen und Kuchen, die wir als Mittagessen eingepackt haben, und ich nutze die Gelegenheit, die Insektenparade des Regenwalds zu studieren (einer der Gründe, warum der Erdboden für die Löwenäffchen kein sicherer Ort ist).

Adrian Forsyth und Ken Miyata schlagen in ihrem Klassiker *Tropical Nature* vor, man solle »keinen hastigen, verschämten Rückzug antreten«, wenn die Natur gerufen hat, »sondern ruhig in der Nähe sitzenbleiben« und beobachten, was mit dem eigenen Kot geschieht, denn das lehre einen eine Menge darüber, wie der Regenwald funktioniert. Zuerst kommen die Mistkäfer, dann fressende und kämpfende Fliegen. Es können bis zu fünfzig verschiedene Mistkäfergattungen beteiligt sein, bevor die Show vorüber ist. Zum Teil liegt das daran, daß unser Kot proteinreich ist, wogegen der normale Raubtierkot, den die Insekten vorfinden, »zu großen Teilen aus Knochen, Federn und Haaren besteht und den emsigen Insekten nur wenig Belohnung bietet. Vogelkot mit seiner hohen Konzentration an Harnsäure wird nur von wenigen Ameisen- und Schmetterlingssorten genossen.« Natürlich ist bei diesem Experiment faulendes Obst ebenso geeignet.

Nach unserer Rast fahren wir zu einer anderen Fazenda, um Marty und die Familie aus Los Angeles zu besuchen. Wieder steigen wir durch dichtes Gehölz bergan und entdecken schließlich Marty über uns, der mit zwei gelbbraunen Babies spielt. Die Kleinen klettern überall auf ihm herum, hängen sich an seinen Rücken und plappern; sie sehen aus, als hätten sie viel Spaß, und Marty scheint seine neue Rolle als pater familiae zu genießen. Ein älteres Weibchen sitzt auf einem Ast in der Nähe und untersucht jede Krümmung eines Palmenblattes. Sie hüpft zu einem zerbrochenen Baum und untersucht seine Spalten. Eines der Kinder folgt ihr. Das Weibchen versenkt einen Arm bis zur Schulter in einem Astloch, greift irgend etwas Lebendiges und zieht es bis zur Öffnung heraus. Das Kleine hastet herbei, und sofort lockert das Weibchen seinen Griff. Nun steckt das Kind beide Hände in das Loch, und mit großer Anstrengung zieht es eine Grille heraus, die fast so groß ist wie es selbst. Das Weibchen muß hungrig sein, aber sie sitzt ruhig da, wie die Verkörperung des Altruismus, während ihr kleiner Bruder die ganze Grille verschlingt und sich dabei laut knirschend durch deren Schale frißt. Dann hüpft das Weibchen auf einen anderen Ast, der kleine Bruder folgt ihr und klettert auf ihren Rücken. Das Weibchen schließt sich Marty und den Zwillingen an, vergräbt ihren Kopf an Martys Brust und bittet so um Pflege, die ihr Marty auch zukommen läßt. Sie riecht an seinem Gesicht, reibt sich gegen seinen Körper und gibt weiche, fröhliche Triller von sich. Zufrieden sitzen wir eine Stunde lang da und beobachten ein Tableau nach dem anderen, mit denen die Affen uns unbewußt sämtliche Szenen eines glücklichen Familienlebens präsentieren: Spiel, Fütterung und gemeinsames Erforschen der Welt. Schließlich packen wir zusammen und verlassen den Wald.

Am Lastwagen erwarten uns Andrea und zwei Männer des Auswilderungsteams mit schlechten Nachrichten. Bei der Columbia-Familie ist die Hölle los: Jenny hat Maria bösartig in den Nacken gebissen und aus dem Nestkasten geworfen, womit sie ihre Autorität wiederherstellen und das Männchen für sich reklamieren wollte. Maria rannte zur Spitze des Hügels; die Familie stieß sie nicht nur aus, sondern brach sogar ohne sie auf. Also fing das Team die Tochter ein und brachte sie mit.

Was sollen wir jetzt tun? Ben schlägt sich hart vor die Stirn, als könne er damit auslöschen, was er gerade gehört hat. Wir hatten alle gehofft, daß die Columbia-Weibchen mit ihrer Kabbelei aufhören, Frieden schließen und mit der Familienplanung vorankommen würden.

»Also«, sagt Ben, »es war den Versuch wert. Aber was sollen wir jetzt mit der Tochter machen?«

Wir laden Maria auf unseren Lastwagen und fahren ins Lager zurück. Sie sieht sehr ängstlich aus, wie sie da in einer Ecke ihres Käfigs sitzt und ab und an einen langen Ruf ausstößt, auf den kein anderer Affe antwortet. Es war eine verwirrende Woche mit vielen Reisen für sie, und wir sind überhaupt nicht sicher, wie ihre Zukunft aussehen könnte. Im Augenblick gibt es keine Familien, die eine neue Mutter bräuchten. Sollen wir sie in den Zoo von Rio schicken? Oder sollen wir sie als Einzeltier für den Fall im Lager behalten, daß eine Stelle in einer Familie frei wird? Beides scheint keine gute Lösung zu sein.

Im Camp säubern wir den alten Käfig des Brookfield-Zoos und stecken Maria alleine hinein. Wir sind ein trauriger Verein, der im Nieselregen herumsteht und sich fragt, was man für sie tun könnte. Nacheinander ziehen wir uns zum Haupthaus zurück, um uns zu waschen und für das Abendessen fertig zu machen.

Eine Stunde später kommt ein Beauftragter einer brasilianischen Naturschutzorganisation bei uns an; er hat ein Löwenäffchen aus einer nahegelegenen Stadt dabei. Das Tier wurde gestohlen, als es zwei Monate alt war, und zwei Jahre lang in einem kleinen Käfig in einem Haus gehalten. Der Beauftragte erhielt einen heißen Tip und konfiszierte umgehend den Affen.

Ben reckt seine Hände gen Himmel und dankt Gott auf portugiesisch. Ziggy ist ein Männchen im zeugungsfähigen Alter – perfekt für Maria. Unsere Gebete wurden erhört. Wir untersuchen Ziggy auf der Stelle. Er ist fett, weil er so lange als Haustier gehalten wurde, und seine Rufe sind die eines Babies. Unglücklicherweise gab es keine Erwachsenen, denen er hätte nacheifern können. Aber er sieht recht gesund aus. Dank Ziggy hellt sich die Stimmung im Lager auf, als die Cocktailstunde beginnt. Beate schneidet draußen auf der Veranda zwei Brasilianern die Haare. Fernando sortiert Dias von seinen Reisen zu mehreren brasilianischen Nationalparks. Joleen flirtet heftig mit Luis, Zique und P. C. In einem großen Spülstein schrubbt Howie mit einer steifen Bürste und einem Stück Seife den Dreck aus seinen Kleidern. Alfie überquert die Veranda und schnippt dabei schnell mit den Fingern. Ben reibt wie ein Lastgaul seinen Rücken an einer Hausecke, um sich zu kratzen; ein zufriedenes Lächeln liegt auf seinem Gesicht.

Am Morgen kräht der Hahn 34mal hintereinander, legt ein Päuschen ein, gibt ein schleimiges Räuspern von sich und fährt mit dem Krähen fort. Ich schwinge in tiefer Dunkelheit ein Bein über die Bettkante, lasse mich langsam herab und bin erleichtert, als ich einen Stuhl unter meinem Fuß spüre. Blind wie ein Maulwurf taste ich mich zur Küche vor, wo eine Kerze schon Schatten zwischen die Töpfe und Pfannen an der Wand wirft. Alfie, der Meister des *cafèzinho*, hat Wasser aufgesetzt, Ben holt Kanister mit Trockenmilch und Schokolade hervor. »Bom dia«, wünschen wir einander einigermaßen erschlagen. Als die Gittertür sich quietschend öffnet, sehen wir Fernando in der Türöffnung stehen. Er betritt den Raum nicht, und er sieht erschüttert aus.

»Dein Land ist im Krieg«, sagt er besorgt.

Nach dieser Nachricht überstürzen sich die Ereignisse des Morgens: den anderen Bescheid sagen, ein Kurzwellenradio ausleihen, sich darum versammeln und Voice of America hören. Es scheint unglaublich, daß wir am Ende der Welt sind und doch Kriegsnachrichten empfangen, die nur 30 Minuten alt sind. Wir sind alle wie gelähmt vor Schock, fühlen uns hilflos und sorgen uns um unsere Familien. Unser Adrenalinspiegel steigt, aber wir wissen nicht, worauf wir ihn richten sollen. Die Brasilianer sind mitfühlend; sie machen sich sowohl um den Golfkrieg Sorgen als auch um ihre eigene Wirtschaft, die erschreckend instabil ist. Und was geschieht jetzt mit den letzten Löwenäffchen-Familien? Wenn es eine Empfindung gibt, die wir alle teilen, dann ist es diejenige, der Zique Ausdruck verleiht: »Die ganze Welt ist *maluca*.«

Die Arbeit im Lager muß getan werden. Es ist Zeit, Ziggy mit Maria zusammenzubringen, also tragen wir ihn hinunter zu ihrem Käfig. Obwohl Ziggy zwei Jahre alt ist und daher sexuell reif sein sollte, hat er noch nie andere Löwenäffchen gesehen. Er rennt auf dem Boden des Käfigs umher, klettert das Gitter empor und quiekt wie ein Baby. Maria steckt ihren Kopf aus dem Nestkasten und betrachtet den neuen Teenager, scheint aber nicht interessiert. Ziggy fuhrwerkt mit seinem Funkhalsband herum und zerbricht schließlich die Antenne. Er plappert wie ein Kleinkind, trippelt auf den Ästen und kriecht auf dem Boden. Maria studiert ihn noch einmal, diesmal intensiver, und dann ignoriert sie ihn. Er klingt nicht wie ein erwachsenes Männchen, er bewegt sich auch nicht so, und er ist fett. Irgendwie gibt er ihr nur falsche Signale, und wahrscheinlich hält sie ihn für die äffische Ausgabe eines Schwachkopfs.

»Junge, Junge«, seufzt Beate. Entweder geht das eine schief oder das andere. »Wir haben uns zu früh gefreut.«

»Also, noch ist es nicht vorbei«, sagt Ben. »Vielleicht beobachtet er sie ein wenig, vielleicht beobachtet sie ihn ein wenig ... vielleicht ... vielleicht ...« Seine Stimme verliert sich.

Einige Männer ziehen zu ihren Morgenrunden los, während wir Amerikaner uns um das Kurzwellenradio auf der Veranda scharen. Howie geht während der Kriegsnachrichten auf und ab, und Ben fegt wie besessen die Veranda. Wir alle tragen Kriegskleidung – Tarnhosen, Wüstenstiefel, Khakihemden –, und sie fühlt sich gar zu angemessen an. In einem Satz beklagen wir Ziggys Verhalten, im nächsten das von Saddam Hussein. Alles ist mühelos ineinander verwoben. Das Leben ist Kampf. Das Leben beinhaltet alles – den Schutz von niedrigeren Primaten, die sich nicht selbst helfen können, und die monströsen Taten höherer Primaten, die alle, wenn auch unterschiedlich, die Kontrolle verloren haben. Die Welt ist *maluca*.

Der Regen beginnt in dicken, linsenartigen Tropfen zu fallen, die in Zeitlupe erzittern und mit einem schwachen Trommeln auftreffen. In einem Sturm wie diesem ist man nach wenigen Metern bis auf die Haut durchnäßt. Wir fragen uns, wie es Ziggy und Maria ergehen mag. Löwenäffchen leben zwar im Regenwald, aber heftiger Regen verstört sie. Wir ziehen unsere Ponchos an und gehen zu ihrem Käfig.

Im ersten Moment scheint es, als ob ein Affe fehle. Ist Ziggy etwas zugestoßen? Oder spielt Maria im Nestkasten die empörte Jungfrau? Dann beginnt Ben zu grinsen. Im Baum sitzt nicht ein Affe, sondern zwei. Ziggy und Maria hocken zusammengekuschelt auf einem Ast und haben die Arme fest umeinander geschlungen. Die Angst vor dem Unwetter oder die Kälte haben sie einander in die Arme getrieben. Bei Einbruch der Nacht sehen wir noch einmal nach. Sie sind beide im Nestkasten verschwunden.

»Noch eine Erfolgsgeschichte«, sagt Ben, als wäre es der einfachste, sorgenfreiste Prozeß auf Erden gewesen.

Alfie, Howie, Ben, Beate und ich werden morgen abreisen, aber Joleen hat sich entschlossen, noch eine Woche im Camp zu bleiben; sie hat sich einen der »Zahnseide«-Bikinis gekauft, die in Rio zur Zeit so populär sind, und die brasilianischen Männern haben versprochen, ihr den Lambada beizubringen. Für Andrea, Fernando, Luis und die anderen im Auswilderungsteam wird die Arbeit mit den üblichen Aufregungen weitergehen – Fazenda-Eigentümer, Angriffe der Mörderbienen, Wilddiebe, soap-opera-reifen Familiendramen aus Streitereien, Waffenstillständen und Not – und das trotz der Weltereignisse. Was wird aus der Columbia-Familie werden, frage ich mich. Aus Ziggy und Maria? Aus Marty und den Kindern? Wird es genug Nahrung und Wasser für sie geben? Werden sie lernen, sich in diesem seltsamen neuen Land voller bösartiger Tiere und sie ernährender Bäume zu entwickeln? Es ist schon so, wie Charles Darwin einst über diese Landschaft sagte: »Das Land ist ein einziges großartiges, wildes Treibhaus, das die Natur für sich selbst gemacht hat.« Der Dschungel ist zeitlos, und die Notlage der Goldgelben Löwenäffchen wird immer dringlicher. Dicke Balken aus Wasser umarmen die Hügel. Trotz des Sturms wirkt der Wald nahezu lautlos. Alle Affen werden in ihren Nestern sein, friedlich aneinandergekuschelt. Nichts ist zu hören, kein Vogel, kein Säugetier, kein Donner – nur das gelegentliche Knistern der Blätter. Wenn der Regen fällt in der Mata Atlântica, breitet er einen Mantel des Schweigens über allem aus.

Der Winterpalast
der Monarchen

Als ich noch klein war und in einer Kleinstadt im Herzen des Landes aufwuchs, verfolgte ich die Monarchfalter über Höfe und Gärten. Wie die meisten Kinder fand ich sie magisch und überirdisch, wie ein Stück Sonne, das über das Gras taumelt. Ich kannte Flugzeuge und Vögel – sie machten Krach und hauten über den Himmel ab. Und in meiner Dummheit dachte ich, fliegende Insekten seien eine einzige Bedrohung. Aber da war irgend etwas Besonderes an den Schmetterlingen: Sie waren so ungefährlich, sauber und farbig wie Weihnachtsgeschenkpapier. Sie waren zart und ruhig und sogar ein wenig akrobatisch, wenn sie von den Blumen naschten. Sie flatterten wie verrückt umher, bewegten sich dabei aber langsam von Blüte zu Blüte und sahen so aus, wie sich mein Herz manchmal anfühlte. Der Monarchfalter war der erste Schmetterling, den ich mit Namen kannte. Als ich älter wurde, entdeckte ich, daß es den meisten anderen Kindern genau so ging. Wenn auch der Monarchfalter kein nationales Symbol wie der nackte Adler ist, so ist er nichtsdestotrotz ein machtvolles Sinnbild. Er verkörpert das Gutartigste an der Natur und erinnert uns an den Prunk und die Unschuld der Kindheit.

Viele Jahre später erfuhr ich von den außerordentlichen Wanderungen der Monarchen und davon, daß die Plätze, an denen sie ihre Winter zubrachten, unter Geschäften, Autobahnen und Siedlungen verschwanden. Ohne Schmetterlinge wäre die Welt ein armseligerer Ort. Also schloß ich mich Chris Nagano vom Los Angeles Museum's Monarch Project an, um den Staat Kalifornien zu überzeugen, ein Gesetz zum Schutz der Monarchfalter zu erlassen. Und das gelang schließlich im Jahr 1987. Es gibt viele andere Geschichten über erfolgreiche Erhaltung – größere Probleme, die zu lösen, größere Tiere, die zu schützen, kompliziertere Hindernisse als Ignoranz und Gier, die zu überwinden waren. Aber es beruhigt mich, daß ein kleines Tier, dessen »Nutzen« nicht bewiesen ist, durch die entschiedene Anstrengung weniger Menschen gerettet werden kann.

Weihnachten in Südkalifornien. In einem Eukalyptushain nahe Santa Barbara haben die bläulichen Blätter einen talkweißen Glanz, der kein Schnee ist, und durch die hoch aufragenden Bäume ziehen sich bunte Lichter. Lange, dicke, orangefarbige und gelbe Girlanden schwingen zwischen den Ästen. Ein warmer Küstenwind bläst schwer; plötzlich zerstäuben die Lichter und explodieren in der Luft wie herunterfallende glühende Kohle. Feuer aus den Bäumen? Als die Lichter wieder aufsteigen, steht mein Mund vor Überraschung offen. Schmetterlinge! Tausende und Abertausende Schmetterlinge!

Einige der Monarchfalter ballen sich wieder in den Bäumen zusammen – ihr gelobtes Land, ihr Kanaan, das zu finden sie atemberaubende Entfernungen zurückgelegt haben. Andere flattern ins offene Feld in der Nähe des Meeres und schlürfen mit ihren hohlen Rüsseln, die sich aus ihren Mündern wie Luftschlangen entfalten, Tau aus dem Gras, oder sie trinken Nektar aus den aufgeputzten gelben Eukalyptusblüten. Das ganze Feld ist orange verwischt, und als wir hindurchlaufen, fliegen überall um uns herum Falter auf wie eine Wolke glänzender Münzen. Nur Bambi fehlt noch in dieser Phantasie aus raunenden Flügeln und unirdischer Ruhe. Die Bäume, das Feld, der Himmel – alles ist gesättigt mit Schmetterlingen. Wie kamen sie nur hierher?

Hundert Millionen Monarchfalter wandern jedes Jahr. Sie fliegen – gleitend, flatternd und als Anhalter auf den Thermalwinden wie jeder Falke oder Adler – bis zu 6 500 Kilometer weit und bis zu 700 Meter hoch. Damit stehen sie in Konkurrenz zu den großen Tierwanderungen in Afrika und den Vogelzügen quer durch Nordamerika. Gelegentlich wird ein Falter vom Jetstream ausgetrickst und bleibt in Mauritius oder England hängen. Zum Überleben benötigen die Falter nur Wasser und Nektar, aber sie vertragen keine Kälte und müssen den Winter irgendwo in der Wärme verbringen oder sterben. Also fliegen im Herbst diejenigen, die sich westlich der Rocky Mountains befinden, an die kalifornische Küste, um sich in ausgewählten Eukalyptus- und Pinienwäldern zu sammeln, während die Monarchfalter im Osten nach Mexiko wandern. Die Routen sind nicht erlernt – sie sind in den Genen verankert: Die Schmetterlinge, die den Hain in diesem Frühjahr verlassen werden, sind vier oder fünf Generationen von denen entfernt, die letztes Jahr hier waren. Die Falter neigen dazu, immer die gleichen Plätze zu wählen, auch wenn diese weit davon entfernt sind, ideal zu sein; doch viele dieser Plätze verschwinden. Das ist der Grund, weshalb die International Union for the Conservation of Nature die Wanderungen der Monarchfalter als einziges »gefährdetes Phänomen« der Welt aufführt.

Jeder Platz in Kalifornien ist anders, aber gemeinsam bilden sie einen einzigen Archipel von Schlafplätzen, eine einzige Winteradresse. Ein Platz ist der aufwendig verzierte Garten eines verlassenen, 3,5 Millionen Dollar teuren Strandhauses in Santa Barbara, an dem regelmäßig Züge vorbeidonnern. Ein anderer ist ein Zeltplatz in Big Sur, bestaunt von wilden Ebern, Kojoten, rotschwänzigen Falken, Walen und großäugigen Schulkindern. Ein dritter liegt hinter einem Motel in Pacific Grove, in dem jede Tür mit einem großen hölzernen Schmetterling verziert ist. Wieder ein anderer liegt direkt an der Autobahn in Pismo Beach, komplett ausgestattet mit einem Förster, der Vorträge über Schmetterlinge hält, und einem Kiosk mit Informationen und Broschüren über Schmetterlinge. Ein weiterer ist der Vorgarten eines weißen Stuckhauses im Hazienda-Stil in Hope Ranch, dessen Eigentümer die Monarchfalter liebt und bei ihrer Ankunft strahlt, als ob er von orangefarbenen Engeln besucht würde. Ein Platz ist ein wilder, winddurchpflügter Acker in Morro Bay, auf dem kein Schmetterling mit etwas Selbstachtung in der Lage sein sollte zu überleben. Ein anderer liegt versteckt hinter einer Zen-inspirierten Brücke nahe einem kleinen Wasserfall auf dem manikürten Anwesen des Esalen-Instituts, zu dem die Menschen kommen, um inneren Frieden, Selbsterkenntnis und Erfahrungen zu suchen, aber auf keinen Fall die Kommunikation mit Schmetterlingen. Ein weiterer Platz ist nur wenige Meilen von Hearst Castle entfernt, er liegt ganz nahe am ältesten Geschäft der Central Coast. Der Verkehr zischt vorbei, während hoch oben in den Eukalyptusbäumen – glücklich über ihr Winterversteck – die Schmetterlinge zusammenhocken. Als John Steinbeck in *Die Straße der Ölsardinen* über die Wolken von Schmetterlingen schrieb, die sich an den Eukalyptusblüten betranken, dachte er an die Schlafplätze entlang der Monterey-Halbinsel. Die meisten von diesen Plätzen gibt es noch. Im Natural-Bridges-Park in Santa Cruz haben die Förster eine Redwood-Plattform gebaut, von der aus man die Schmetterlinge beobachten kann; jeden Oktober findet dort ein Festival statt, bei dem es eine Luftballon-und-Kuchen-Party gibt und ein Konzert der »5 M Band« (Mostly Mediocre Musical Monarch Mariposas). Am »Monarchentag« heißt der Bürgermeister die Schmetterlinge offiziell in Santa Cruz willkommen, Dichter aus dem Ort lesen aus ihren Werken, und eine Figur namens »Monarchmann« fliegt – orange und schwarz gekleidet und mit herunterbaumelnden Fühlern ausgestattet – an einem Drahtseil von einem Baum herab in die wartende Menge. Er durchbricht dabei einen Papierreifen und verteilt orange-schwarze Toffeestückchen. Wenn die Monarchfalter ankommen, hissen die Förster eine Monarchenflagge auf dem Monarchenmast, die sechs Monate lang weht, bis die letzten Monarchen weggeflogen sind. Es ist ein Jubelfest ähnlich denen, die unsere Vorfahren feierten, um den Frühling willkommen zu heißen oder die Rückkehr der Antilope. In einem durchschnittlichen Jahr kommen 60 000 Besucher in den Natural-Bridges-Park. An einem Tag im Dezember hingen einmal ungefähr 40 000 Schmetterlinge in Ballen von den Bäumen, obwohl es stark regnete, und der Strom der Besucher, die sich dieses erstaunliche Phänomen anschauen wollten, riß nicht ab.

Pacific Grove rühmt sich zweier Plätze und geht sogar so weit, sich selbst als Butterfly Town, U.S.A., zu bezeichnen. Viele seiner Geschäfte tragen das Wort »monarch« in ihrem Namen, und jedes Jahr gibt es eine Parade mit Schulkindern, die in Schmetterlingskostümen stecken. Die Stadt meint es ernst mit ihren geflügelten Besuchern, denn sie bringen viele mit Ferngläsern bewaffnete Touristen in den Ort. Einen »Schmetterling in irgendeiner Weise zu belästigen« kostet 500 Dollar Strafe. Im Butterfly Grove Motel, hinter dem einer der bedeutendsten Plätze liegt, droht ein Schild Störenfrieden sogar eine Strafe von 1500 Dollar an. Das ist nicht ganz ernst zu nehmen, denn in Kalifornien setzt eine 1500-Dollar-Strafe eine Straftat voraus, und ins Gefängnis zu müssen, weil man einen Schmetterling belästigt hat, dürfte nur selten vorkommen, denke ich mir – aber die 500-Dollar-Strafe ist echt. Es gibt auch Schilder, die dazu auffordern, in der Nähe der Schmetterlinge zu flüstern, sie nicht zu erschrecken oder ihnen etwas zuzurufen. Schmetterlinge hören Klänge nicht in der Weise wie Wirbeltiere, aber sie fühlen die

Vibration. Dennoch gibt es florierende Schlafplätze in der Anflugschneise des Flughafens von Santa Barbara, neben einer tosenden Autobahn, nahe einer Eisenbahnlinie und im markerschütternden Lärm der Brandung von Big Sur. Aber in Pacific Grove heißt es in der Nähe der Monarchfalter: »Mund halten!«

Viele Plätze sind verschwunden – unter Wohn- und Geschäftsvierteln, Avocadopflanzungen, Pferdefarmen, Golfplätzen, Campingplätzen und anderen Zeichen des Fortschritts und Wohlstands. In den letzten Jahren wurden sieben Plätze abgeholzt, vier davon rund um Santa Barbara. Die Butterfly Lane in Santa Barbara, nahe dem Butterfly Beach, dem Schmetterlingsstrand, wurde einst als der berühmteste Schlafplatz in Amerika gerühmt; jetzt stehen dort teure Häuser, und »Flügel« bedeutet lediglich eine weitere Zimmerflucht.

Zur Verteidigung der Schmetterlinge tritt das privat finanzierte Monarch Project an. Mehrere Dutzend Freiwillige verbringen den Winter damit, die Schlafplätze zu besuchen. Sie markieren Tausende von Schmetterlingen, um aufzeichnen zu können, wie schnell und wie weit sie fliegen (manche fliegen bis zu hundertdreißig Kilometer am Tag), wo sie sich sonst noch versammeln, um zu schlafen, und in welcher Weise sich ihre Population verändert. Im November 1986 erzielte das Projekt einen Weltrekord: 5874 Schmetterlinge wurden an *einem* Tag markiert. Wenn 10 Prozent zurückkehren, ist das gut; das Projekt verläßt sich auf Menschen, die Monarchen in ihren Gärten und auf ihren Feldern finden und sie ins Natural History Museum nach Los Angeles bringen, wie es auf den winzigen weißen Marken erbeten wird, die die Schmetterlinge wie Rangabzeichen auf ihren Flügeln tragen.

Ich habe die ganze Woche über Chris Nagano auf seiner Winterrunde begleitet. Chris ist Chefentomologe beim

Monarch Project; er ist ein schlanker, junger Wissenschaftler mit einem Schnauzbart, und er hat eine lebendige Empfindung für das Wunderbare. Er nimmt mich mit zum Ellwood-Platz in Santa Barbara, auf dem man die Monarchen seit 30 Jahren überwacht. Eine Wolke aus Schmetterlingen treibt in geringer Höhe durch das Tal und über eine Anhöhe, die mit der leprösen Rinde des Eukalyptus übersät ist, die von den Bäumen abschuppt und auf dem Boden herumliegt wie Endlos-Papyrusrollen. Nur wenige Insekten kriechen umher; das Eukalyptusöl vertreibt sie. Ein Pazifik-Baumfrosch beginnt ein langandauerndes Krächzen, das klingt, als ob jemand das Kombinationsschloß an einem Safe dreht. Da ist eine Artillerie aus herunterfallenden Eukalyptussamen, deren harte, scharfe Raketenspitzen mit einem unerbittlichen *Plopp* auf den weichen Boden schlagen. Knarrendes Holz vermittelt den Eindruck, als ob jemand andauernd eine Tür öffnet und schließt. Der stechende Geruch des Eukalyptus erfüllt mich mit Erinnerungen an Menthol-Einreibungen und kindliche Erkältungen.

Wir müssen mindestens 200 Schmetterlinge an jedem Schlafplatz markieren, damit die Daten statistisch verwertbar sind. Also nimmt Chris einen speziell entwickelten Pfahl mit einem langen Netz an einem Ende und fährt ihn hoch in den Baum hinauf aus. Ungefähr 75 Schmetterlinge schaufelt er in den wie ein Füllhorn geformten Rachen des Netzes. Wie verrückt flattern die Schmetterlinge im Netz umher; ihre Flügel klingen wie Nieselregen, der auf trockene Blätter fällt. Chris legt seine grüne Armeejacke sanft über sie, »damit sie sich nicht aufregen«; wir setzen uns im Wald, der auch in Indonesien liegen könnte, in die Sonne und nehmen einen Schmetterling nach dem anderen aus dem Netz.

Es ist eine Kunst, Schmetterlinge zu markieren. Erst nimmt man den weichen, zitternden Körper sicher in die linke Hand, wobei man ihn sanft beben fühlen kann. Mit der rechten

Hand teilt man die vorderen und hinteren Flügel, als ob man eine Spielkarte hinter einer anderen herausgleiten ließe. Dann reibt man mit Daumen und Zeigefinger ein kleines Oval aus farbigen Schuppen ab, bis das klare Zellophan des Flügels erscheint. Kindern erzählt man oft das Ammenmärchen, daß man den »Flugstaub« abreibt, wenn man den Flügel eines Schmetterlings berührt, so daß er für immer am Boden bleiben muß. Aber diese mikroskopisch kleinen Schuppen sind tot – wie Fingernägel oder Haare. Das Markieren verletzt die Schmetterlinge nicht, genau so wenig wie der vorsichtige Umgang mit ihnen. Auf das klare Fenster auf dem Flügel drückt man dann eine Hälfte der klebrigen, briefmarkenähnlichen Marke, danach faltet man die andere Hälfte über die Spitze des Flügels und drückt sie fest an. Als nächstes öffnet man mit beiden Händen die Flügel des Schmetterlings, um zu überprüfen, ob es ein Männchen oder ein Weibchen ist. Männchen haben zwei schwarze Punkte unten auf ihren Flügeln und Geruchsbeutel (der Geruch ist wahrscheinlich eher dazu da, andere Männchen abzuschrecken, als Weibchen anzulocken). Den Weibchen fehlen diese schwarzen Geruchsbeutel, aber sie besitzen dickere schwarze Venen, um dem Körper Wärme zuführen zu können. Auf einem vornumerierten Blatt vermerkt man, ob es sich um Weibchen oder Männchen handelt, und gibt den Zustand an: Eine 1 bedeutet »perfekt«, eine 3 »ramponiert und ermattet«. Ein makelloses Exemplar hat einen strahlend blauen Glanz und pulsierende, samtige Flügel in einem tiefen, glänzenden Orange mit grellen Farbinseln, einige fließend, einige scharfkantig, einen aufgeputzten, weiß gepunkteten Saum rund um das Ende jedes Flügels und einen Körper, der mit einem dicken, nerzfarbigen Pelz bedeckt ist.

Wenn es ein Weibchen ist, überprüft man, ob es schwanger ist, indem man den weichen Unterleib anhebt und ihn zwischen Daumen und Zeigefinger befühlt. Das Sperma, das ein Männchen im Weibchen ablegt, ist dick von Proteinen und Vitaminen, und es fühlt sich hart wie ein Ball an. Ich notiere »F2V«. Das bedeutet: Ich habe gerade ein jungfräuliches Weibchen in durchschnittlicher Verfassung markiert; andere Zahlen geben den Platz an, auf dem das Tier gefangen wurde. In Südkalifornien ist es im Winter kühl, und die Monarchen können nicht richtig fliegen, wenn es kälter als 13 Grad Celsius ist. Lieber hocken sie zusammen, um warm zu bleiben, als zu frösteln. Ein Falter steht zitternd auf einem Holzblock. Chris nimmt ihn hoch, plaziert ihn wie ein flatterndes, goldenes Plätzchen vor seinem offenen Mund und atmet warme Luft über seine Muskeln. Seine vier winzigen Beine beugen sich, und als Chris ihn in die Luft wirft, fliegt er begierig zurück zu seinem Haufen oben im Baum. Als er sich nähert, schlagen die anderen Schmetterlinge mit ihren Flügeln, um ihn zu warnen, er möge sie nicht zudecken. Sie brauchen die Sonne. Der Schmetterling schwebt auf der Stelle, dann findet er einen freien Platz weiter unten und hängt sich mit seinen klebrigen Füßen fest, die zwei Krallen aufweisen. Alle vier Füße sind gezinkt wie der Enterhaken eines Hafenarbeiters. Wenn man einen Fuß anhebt, bleiben die anderen drei festgehakt.

Über den Hügel kommt eine Schulklasse mit Teenagern aus Bishop, das sechs Stunden Fahrt ins Landesinnere entfernt liegt. Sie sind auf einer biologischen Studienreise, um die Lebewesen zu untersuchen, die durch die Gezeiten angeschwemmt werden, aber auch um die Monarchfalter zu sehen. Chris improvisiert eine Vorlesung über den Lebenszyklus des Insekts und erzählt, daß die schwarz-weiß gestreifte Raupe, aus der sich der erwachsene Schmetterling entwickelt, sich ausschließlich von Wolfsmilch ernährt; diese Pflanze enthält ein Herzgift, das gerne von Mördern im antiken Rom eingesetzt wurde. Daher enthält der Körper eines Schmetterlings genügend Gift, um einen hungrigen

Vogel krank zu machen. Er zeigt den Kindern einen Schmetterling, bei dem ein Stück Flügel in der Form eines Schnabels fehlt; der Schmetterling kann noch fliegen, und der Vogel hat sicher gelernt, keine anderen Wesen von dieser Farbe und mit diesem Muster anzugreifen. Der Viceroy-Schmetterling *(limenitis archippus)* ist zwar für Vögel überhaupt nicht giftig, aber er ahmt die Farben des Monarchfalters nach und verteidigt sich mit diesem Taschenspielertrick.

Zwei Jungs kicken einen Fußball hin und her, aber die meisten Schüler sind begeistert. Chris fordert sie auf, das Markieren selbst einmal zu versuchen.

»O, er ist so weich!« quietscht ein Mädchen, als sie einen Schmetterling hochhebt. Statt mit ihren Fingern zu reiben, zieht sie ihre langen roten Fingernägel über die Schuppen, was die Aufgabe natürlich nicht leichter macht. Als der Schmetterling mit seinen fadengleichen Beinen um sich tritt, quietscht sie wieder, läßt ihn aber nicht los. »Beißen sie?«

Chris erklärt, daß sie das nicht tun, es auch nicht können, daß sie völlig harmlos sind, niemanden verletzen, aber dennoch »ziemlich robuste Käfer« sind.

Das Mädchen reibt ein perfektes Fenster in den Flügel, steckt die eine Hälfte der Marke auf und faltet dann die andere Hälfte um den Flügel herum. »Sein Fühler ist unter der Marke eingeklemmt!« Chris befreit ihn und überprüft das Geschlecht. Weiblich.

»Nummer 478 ist ein Weibchen.« Er notiert das in seinem Notizbuch.

Das Mädchen wirft den Schmetterling grinsend hoch in die Luft, als ob ein Kampfpilot aus seinem Schleudersitz geschossen würde.

Es scheint, daß Schulkinder sich von Chris angezogen fühlen, wenn er Schmetterlinge markiert. Es dauert eine ganze Weile, bis man einer ganzen Klasse gezeigt hat, wie man mit Schmetterlingen umgeht, aber eines Tages, wenn ein

Umweltproblem auf der Tagesordnung steht, werden sie sich vielleicht daran erinnern. Es ist schwer, etwas über Tiere zu lernen, wenn man sie immer nur tot auf dem Seziertisch sieht.

In Pismo Beach – ein Stück die Küste hinauf – kommt ein Förster mit einer Vorschulklasse auf einer Schmetterlingstour vorbei. Es ist ein blendend sonniger Tag, und die Schmetterlinge sind eifrig dabei, ihre Besorgungen zu machen. Einige wölben ihre Flügel wie Sonnenkollektoren und sitzen direkt in der Sonne. Einige ballen sich droben in den Bäumen. Einige schlürfen Tau im Gras (obwohl sie sich vor den Füchsen hüten müssen, die unter den Bäumen patrouillieren und nach verletzten Monarchen Ausschau halten, die sie töten und fressen). Einige sammeln zwischen den Wildblumen Nektar. Einige paaren sich. Monarchen machen sich nicht viel aus Partnerwerbung. Das Männchen holt das Weibchen einfach aus der Luft, schleudert sie auf den Boden und setzt sich auf sie. Dann fliegt er – immer noch mit ihr verbunden – davon, während sie, die Flügel geschlossen, herunterbaumelt, als wäre sie eine Handtasche, die er trägt, oder als brächte er ein fallengelassenes Taschentuch zurück.

Wir setzen uns auf den duftenden Boden des Eukalyptushains, auf dem es nur wenige Insekten gibt und der mit der saftigen Südafrikanischen Eispflanze bedeckt ist (eine der wenigen Pflanzen, die das schwere Eukalyptusöl ertragen können), und beginnen mit dem Markieren. Ich gebe jedem Schmetterling den Kuß des Lebens, um ihn anzuwärmen, bevor ich ihn in den Himmel zurückwerfe wie stabiles Konfetti. Manchmal sind ihre Gesichter mit gelben Samenkörnern verschmiert. Alle unterscheiden sich in Form, Färbung und Persönlichkeit. Viele Schmetterlinge leben nur einen Tag lang, die überwinternden Monarchen dagegen sechs bis neun Monate. Nachdem ich die ersten hundert markiert habe, sind meine Fingerspitzen von den Schuppen gelb beschichtet.

In meiner letzten Nacht in Kalifornien – eine Woche lang habe ich Tausende von Monarchen markiert – halte ich beim Zähneputzen inne, als ich ein Geräusch in meinem Motelzimmer höre. In meinem Zimmer im Butterfly Grove Inn gibt es einen Kamin, und ein eigensinniger Monarch ist offensichtlich den Rauchabzug herabgeflogen. Panisch kreist er jetzt an der Decke umher. Ich öffne die Tür zur Veranda. Schließlich läßt sich der Monarch auf dem warmen Lampenschirm nieder; ich greife ihn bei den Flügeln und trage ihn nach draußen. Ich hoffe, er findet im Dunkeln den Weg nach Hause. Am nächsten Morgen wache ich von einem derartigen Kreischen und Krächzen auf, daß ich aus dem Bett springe und auf die Veranda laufe. Ein Blauhäher trippelt ärgerlich auf dem Geländer hin und her und kreischt, während er seinen Kopf schief gegen den Boden richtet. Dort steht ein Monarch, zitternd und benommen; ein schnabelförmiges Stück ist aus einem Flügel herausgebissen. Weil ich noch nicht wach genug bin, um es besser zu wissen, balle ich meine Faust und mache einen Sprung auf den Blauhäher zu, um ihn auf den Brustkorb zu boxen. Aber noch bevor meine Hand seine Federn berühren kann, verschwindet er steil nach oben. Sanft hebe ich den Monarchen hoch und untersuche seinen Flügel. Es ist keine schlimme Verletzung; er könnte sicher fliegen. Ich öffne seine Flügel, um ihn besser sehen zu können. Ein Weibchen. Nicht schwanger. Ich habe keine Marken bei mir, sonst würde ich sie markieren. Stattdessen gehe ich mit dem Schmetterling über den Hof, dorthin, wo Tausende oben in den Bäumen zusammengeballt sind. Ich blase warme Luft über seine Muskeln und werfe ihn in die Luft. Nach einem Augenblick des freien Falls entdeckt er, daß er flugtauglich ist, und fliegt hinauf zu seinem Clan, von dem einige Exemplare über den Himmel segeln.

Es ist leicht, sich vom Anblick der Monarchen, die in der Luft umhergleiten, hypnotisieren zu lassen. Wenn die Sonne durch ihre Flügel scheint, sehen sie aus wie kleine Räume, in denen man das Licht angeschaltet hat. Ein Büschel Schmetterlinge zittert auf einem Zweig; dann explodieren sie in einer lautlosen Explosion in die Luft und fliegen hinunter zu einer Weihnachtspinie, die nahe der Straße im unmittelbaren Sonnenlicht steht. Sie setzen sich auf die Spitzen der Zweige und öffnen ihre Flügel weit; so sehen sie aus wie orangefarbene und goldene Verzierungen. Sie sind ruhig, schön und zerbrechlich; sie sind harmlos und sauber; sie sind entschlossen; sie sind anmutig; sie belästigen niemanden; sie sind geniale Chemiker; sie sind das Symbol der Unschuld; sie sind die ersten Schmetterlinge, die wir bei ihrem Namen kennen. Wie unsere Phantasie schießen sie von einem Sonnenfleck zum nächsten. Für die Mexikaner, die sie *las palomas* nennen, sind sie die Seelen der Kinder, die im Jahr zuvor starben, und die jetzt in den Himmel flattern.

Insektenliebe

Yet let me flap this bug with gilded wings
This painted child of dirt, that stinks and stings;
Whose buzz the witty and the fair annoys,
Yet wit ne'er tastes, and beauty ne'er enjoys.

Alexander Pope

In Ithaca gibt es nur zwei Jahreszeiten, und beide sind naß – heißnaß und kaltnaß. Im August, einem Teil der heißnassen Jahreszeit, saugen die Raupen den Blättern das Leben aus, den Ameisen wachsen kurz vor der Hochzeit Flügel, und sie fliegen davon. Heerscharen panzerartiger Asseln ergießen sich über die Veranda, hypodermale Sphinxfalter schlürfen den Nektar des Phlox, Monarchfalter, die sich in der Luft paaren, wirken dabei wie der Kartentrick eines unsichtbaren Zauberers, und zahllose andere Insekten wimmeln im Gras, auf den Grasspitzen, im Boden und zwischen den Halmen umher, besetzen die Hausbalken und patrouillieren in der Luft.

An einem dieser heißen, dunstigen Abende entschließe ich mich, meinen Freund, den Entomologen Thomas Eisner, in seinem Labor an der Cornell-Universität zu besuchen. Manche Menschen reisen bis ans Ende der Welt, um das Exotische zu entdecken, jenes immer weiter zurückweichende Land, das so viel zur Kartographie des Lebens beiträgt. An Tom mochte ich aber schon immer, daß er das Exotische in sein eigenes Leben einläßt. Er kann es auf einer Türschwelle finden, auf einem Golfplatz, einem aufgegebenen Bauplatz, unter einem herrenlosen Gebäude, in einer klimatisierten Halle. Er ist mit einer geradezu elastischen Neugierde gesegnet, die sich ausdehnt, ihre Gestalt verändert und dann wieder zurückschnappt wie ein dickes Gummiseil – er ist im besten Sinne des Wortes ablenkbar. Es ist durchaus nicht ungewöhnlich zu hören, er sei in irgendeinem trostlosen Gelände unterwegs, weil ein faszinierendes Tier seine Aufmerksamkeit erregt hat.

Mitunter kann Tom offen über seine Gabe, »Dinge zu entdecken«, sprechen (in den letzten Jahren war seine Arbeit häufiger Anlaß zu einer Titelgeschichte von *Science* als die von irgend jemandem sonst), aber er kann auch fast masochistisch bescheiden sein und sich selbst als Nebenrolle im großen Drama des Lebens darstellen. Und doch ist er nach Auffassung aller Welt der »Vater der chemischen Ökologie«, eines Wissenschaftszweigs, der sich der Erforschung der chemischen Beziehungen zwischen den Lebewesen verschrieben hat. Tom sieht nicht nur den Wald vor lauter Bäumen, er weiß auch, wie Insekten diesen Wald sehen und wie die Bäume zurückschauen, wie sie mit den Insekten flirten und sie zu raffinierten Liaisons verführen. Er weiß, wie Insekten untereinander mit Hilfe der chemischen Visitenkarten kommunizieren, die wir Pheromone nennen. Wir verdanken Tom vieles von unserem Wissen über die Verteidigungsmethoden und das Werben bei Insekten. Tom und sein Forschungspartner, der Chemiker Jerold Meinwald, haben außerdem sehr viele praktische Endeckungen gemacht; dazu zählen Nervengifte bei Tausendfüßlern, eine Schaben abweisende Substanz in einer gefährdeten Minzepflanze, ein Herzmittel bei Glühwürmchen und die Wirkungsweise des gefährlichen Aphrodisiakums »Spanische Fliege«.

Tom Eisners Labor befindet sich im 4. Stock von Mudd Hall, einem großen Backsteingebäude mitten auf dem Campus. Ich betrete das Büro seiner Sekretärin, über dessen Tür ein gläsernes Geschäftsschild hängt: CORNELL BEAUTY SHOP. Es ist so installiert, daß ein anerkennender Pfiff es anschaltet. Dann gehe ich nach links durch eine Tür in Toms

Büro. Über der Tür verkündet ein Schild: KOMMEN SIE RUHIG HEREIN, WIR HABEN GESCHLOSSEN. Auf Toms Schreibtisch stehen zahlreiche gerahmte Fotografien seiner Frau Maria, mit der er seit über vierzig Jahren verheiratet ist, ihrer drei Töchter und der sechs Enkel. An einer Wand befindet sich auf Augenhöhe eine Tafel, die von einer seiner Töchter angefertigt wurde und Tom als »bioastrologischen Schicksalsreformspezialisten« bezeichnet, was nach Ansicht der Tochter eher nach ihrem Vater klingt als »Entomologe«. Die Wände sind mit einem Mosaik aus betörenden 50 x 50 Zentimeter großen Fotografien bedeckt, die Tom mit dem Mikroskop aufgenommen hat. Auf den ersten Blick wirken sie wie komplexe, farbenfrohe abstrakte Entwürfe, aber jede von ihnen zeigt ein Insekt – aufgenommen in einem Moment außergewöhnlichen Verhaltens. Da ist zum Beispiel eine Bolaspinne, die am Ende ihres Spinnenfadens etwas hält, das aussieht wie ein Jojo. Die Spinne wirbelt die Bola wie ein Lasso herum und schleudert sie dann, um ihre Opfer zu fangen. Ganz am Ende der Galerie hängt eine preisgekrönte Fotografie – eine vergrößerte Aufnahme eines Bombardierkäfers, der gerade einen Gegner abknallt. An der Spitze seines Unterleibs verschießt ein Geschützturm einen Strahl extrem scharfer Chemikalien. Die Wirkstoffe sind harmlos, solange sie getrennt aufbewahrt werden; sobald sie aber in einer speziellen Drüse vermischt werden, werden sie so tückisch wie ein Nervengas. Der Bombardierkäfer ist ein Meister der Verteidigung und der Waffenkunst: Er kann seinen Geschützturm schwenken, direkt auf einen Angreifer zielen und eine circa 40 Stundenkilometer schnelle Druckwelle aus versengenden Reizstoffen abfeuern – und zwar nicht als zusammenhängenden Strahl, sondern als Salve winziger Entladungen. Dieser »Impulsstrahl« ähnelt in sonderbarer Weise dem Antriebssystem, das im Zweiten Weltkrieg bei den deutschen V-1-Raketen Anwendung fand.

Durch die nächste Türöffnung sehe ich Tom, der nachdenklich an einem Labortisch steht und zwei flache Plastikbehälter von der Art fixiert, wie wir sie oft in unseren Speisekammern verwenden. Er ist groß und drahtig und hat ein Gesicht voller Furchen und Winkel. Man könnte sich vorstellen, daß eine Fliege sich von seinen Wangenknochen abseilt. Tom hat blaue Augen und trägt eine Brille. Sein dunkles Haar ist glatt zurückgekämmt und läßt ihn ein wenig wie einen Latino wirken. In seinen Zwanzigern trug er tatsächlich Bart und Schnauzer in der Manier von El Greco, aber jetzt gibt es nur noch wenige Spuren seiner Jugend, die er in Uruquay verbrachte. Ich kenne keinen anderen Wissenschaftler, der einen Steinway-Flügel in seinem Labor stehen hat und an dessen Wand ein Poster von Marilyn Monroe in schwarzen Fischnetzstrümpfen und einem Lustige-Witwe-Bustier hängt, aus dem ihr üppiger Busen herauszufallen droht.

»Komm nur herein!« ruft Tom, als er mich sieht. Er schüttelt mir kräftig die Hand, dann legt er seine andere große Hand obenauf und drückt fest zu. »Ich habe gerade mit einem meiner Lieblingskäfer gearbeitet – dem Bombardierkäfer.« Er führt mich zu den beiden Plastikbehältern, die er gerade beobachtet hat. Sie sind mit feuchtem Sand gefüllt, auf dem kleine Zelte aus Aluminiumfolie stehen, die mit Käferkot bespritzt sind. Das kleine Feldlager sieht verlassen aus. Als ich mich vorbeuge, um besser sehen zu können, beißt mich ein Geruch in der Nase, der an halb verfaulte Duck-Sauce erinnert.

»Wo sind sie?« frage ich.

Tom lächelt und hebt die silbernen Zelte hoch. Dutzende Käfer wimmeln durcheinander und jagen in die Ecken. Sie haben einen blauen Rücken, einen gelbbraunen dicken Bauch, einen winzigen Kopf und einen Brustkorb im Braun einer Stradivari, zwei lange Fühler und sechs vielgelenkige schwarze Beine.

»Willst du hören, wie sie schießen?« fragt Tom vergnügt. Ich nicke. »Okay, fasse einfach in einen Haufen hinein und drücke auf einen Käfer.«

»In Ordnung«, sage ich langsam und beuge mich über einen der Behälter. Eine Minute oder zwei stehe ich da wie angewachsen und kann den Blick nicht von den Käfern wenden. Als ich Luft hole, merke ich, daß ich den Saum meines schwarzen Sommerkleides zu einem großen Knoten verdreht habe, als ob ich es auswringen wollte. Beruhigend berührt Tom meinen Arm.

»Laß dir Zeit«, sagt er sanft.

Ich erhebe meinen Zeigefinger, dirigiere ihn per Willenskraft horizontal genau über den Behälter und dann senkrecht einen unsichtbaren Fahrstuhlschacht hinab Richtung Sand. Minuten vergehen. Dann gleitet mein Finger zu einer Gruppe von Käfern; ich fühle ihre Beine und Fühler, die leicht über meine Haut fahren. Mein rechtes Auge beginnt ganz von selbst zu schielen. Noch eine Minute verstreicht. Schließlich hebe ich meinen Finger hoch und drücke ihn in die Käfertraube. *Plopp!* – einer feuert einen Schuß ab. Überrascht springe ich zurück, lache, fasse nervös noch einmal hinein und drücke einen anderen knopfförmigen Rücken, höre einen weiteren Käfer schießen und fasse noch einmal begierig hinein. Ich habe die Artillerie ausgelöst, und jetzt hat mein Zeigefinger drei braune Flecken – die Stigmata der Berührung –, die wie zwei kleine Augen und ein Mund angeordnet sind. Ich lächle die improvisierte Puppe an und erinnere mich an die Zeit, als ich elf Jahre alt war, hingerissen »Mr. Wizard« im Fernsehen sah und mich danach sehnte, sein Labor zu besuchen. Mein Zeigefinger hat sich bräunlich verfärbt wie das freigelegte Fruchtfleisch eines Apfels, den man gerade angebissen hat. Bombardierkäfer führen in ihren Satteltaschen Chinon mit sich – eine aromatische Verbindung, die man in Antibiotika und in einigen Pflanzen wie zum Beispiel Stinkkohl findet; wir Menschen verwenden Chinon, um Farbstoffe herzustellen, Leder zu gerben und Filme zu entwickeln. Eigentlich ist der Bombardier ein Diaboliker des Lichts. Er ist ein Wüstenbewohner mit dunklem Körper und lebt auf lichtgefärbtem Sand; wenn er bedroht wird, bespritzt er den Eindringling mit einer chemischen Keule.

Insektenliebhaber sind besonders von der Technik des Bombardiers fasziniert, da er das einzige Düsentriebwerk in der Tierwelt besitzt. Die Düse pulsiert beim Spritzen 500 bis 1000 Mal pro Sekunde. Kein Muskel könnte sich dermaßen schnell bewegen. Ein passiver Oszillator leitet statt dessen die notwendigen Chemikalien in eine Reaktionskammer, in der sie sich vermischen und eine kleine Explosion verursachen, die die Flüssigkeit geysirartig durch eine Düse hinauspreßt. Gleichzeitig schließt sich das Ventil, das die Flüssigkeit in die Kammer leitete. Nach dem Feuern sinkt der Druck, das Ventil öffnet sich und erneut tritt Flüssigkeit in die Kammer ein. Auf diese Weise kann sich der Käfer wiederbewaffnen.

Bombardierkäfer haben einen sehr hohen Verteidigungshaushalt. Sie brauchen sehr viel Nahrung, um ihr Waffenarsenal mit Treibstoff zu versorgen. Der Käfer muß daher sehr effektiv Nahrung hamstern, und das bedeutet, daß er ein äußerst anstrengendes Leben führt: Er muß permanent jagen und kann sich dabei kaum um seine Sicherheit kümmern. Hier haben wir also den klassischen Teufelskreis des Waffenträgers: fieberhaftes Jagen nach Nahrung, damit die Abwehrkräfte stark genug sind, um fieberhaftes Jagen zu ermöglichen.

»Laß uns mal sehen, wie sie schießen«, bitte ich.

»Großartig!« antwortet Tom in einem Tonfall, der gewöhnlich mit einem fröhlichen Händereiben einhergeht.

Wir nehmen eine Pfanne aus dem Ausguß, befeuchten sie

mit Jod, Stärke und ein wenig Salzsäure und plazieren ein Stück Filterpapier auf ihrer Oberseite. Tom trägt die Pfanne zum Labortisch, setzt sie in der Nähe eines Alkoholbrenners ab und befestigt einen kleinen Metallträger knapp über dem Papier. Er bittet mich, einen »wohltemperierten« Käfer aus der Sandgrube auszuwählen (damit meint er einen, der angenehm fügsam, aber nicht krank ist), also unternehme ich einige halbherzige Vorstöße. Schließlich schnappe ich mir einen Käfer und hebe ihn – eingezwängt zwischen Daumen und Zeigefinger – hoch. Aber Schießen und Ausweichen sind seine Stärke; er windet sich frei, rennt meinen Arm hinauf, wirbelt nach innen in meine Armbeuge und hetzt zurück Richtung Handgelenk. Ich fange ihn mit meiner freien Hand ein und halte ihn sanft an seinen Rändern, als wäre er ein Edelstein, den ich in seine Fassung einsetzen wollte. Wieder muß ich die Augen zusammenkneifen, als der Käfer mich mit seinen Beinen kitzelt. Ich muß mich nicht jucken; es ist nur so, daß er die empfindlichen Nervenenden in meinen Fingern tanzen läßt. Ich kann seine Kiefer fühlen, die an mir herumnagen, aber sie sind viel zu winzig, um die Haut verletzen zu können. Diese neuen Empfindungen sind zarter als alles andere, was ich bei Tieren kennengelernt habe, und ich brauche einige Minuten, um zu ahnen, mit welchem kaum feststellbaren Druck ich den Käfer sicher halten kann, ohne ihn zu zerquetschen. Auf dieser Ebene der neuen Empfindungen ist es das beste, wenn meine Sinne mich führen. Bald habe ich herausgefunden, wie ich mit dem Schnellen, Verletzbaren und Kleinen umgehen muß, und ich drehe den Käfer herum und entblöße dabei sein Hinterteil. Dann schmelze ich ein wenig Wachs über der Flamme, tröpfele ein warmes Wachskügelchen auf die Außenhaut des Käfers und befestige es am Aluminiumträger. Anschließend lasse ich den Käfer langsam herunter, bis seine Füße das Papier berühren und gönne ihm einen Moment Ruhe. Schließlich nehme ich eine

Uhrmacherzange, ergreife sein linkes Hinterbein und drücke leicht auf den Schenkel. *Plopp!* Aus einer winzigen Rauchwolke schießt ein Spritzer Chemikalien heraus. Als nächstes drücke ich den Schenkel seines rechten Vorderbeins und *Plopp!* schießt der Käfer schnell in die entgegengesetzte Richtung und hinterläßt wiederum eine verräterische Spur. Seine Genauigkeit ist erstaunlich, genau wie seine Fähigkeit, in Sekundenbruchteilen neu zu laden und zu feuern. Der Schuß klingt nicht ganz so wie ein Flaschenkorken beim Herausziehen, sondern feuchter und niedriger; Tom sagt, »wie ein Gewehrschuß hinter einer Wand«, und ich vertraue dieser Beschreibung, denn Toms Jugendjahre waren erfüllt vom unvergeßlichen Klang von Gewehrschüssen.

»Berlin in den dreißiger Jahren muß beängstigend gewesen sein«, sage ich, während ich nach einem weiteren Bein greife. »Dein Vater war Jude?«

»Ja. Er war Chemiker. Meine Mutter war Malerin. In den zwanziger Jahren empfanden sie das Berlin von Kandinsky, Klee und Reinhardt als aufregenden Ort. Es gab vier Opernhäuser. Meine Mutter war eine außerordentlich schöne Frau, und sie war sehr kreativ. Wenn sie sich nicht künstlerisch betätigte, sammelte sie Steine oder Schalen und stellte irgend etwas aus ihnen her. Sie fand immer einen Weg, um Gegenstände in etwas Künstlerisches zu verwandeln. Mein Vater war Chemiker, na gut, aber sein Hobby war die Herstellung von Parfüm. Ich erinnere mich daran, daß er ein sehr gutes Imitat von 4711 Kölnisch Wasser produzierte und ein violettes Parfüm für meine Mutter. Aber er stellte auch Mundwasser her, Zahnpuder, eine Erste-Hilfe-Salbe und alle Arten von Düften und Cremes. Als Chemiker war er vor allem Theoretiker. Seine Doktorarbeit beschäftigte sich mit der Frage: ›Wie gewinnt man Gold aus Meerwasser?‹ Kannst du dir das vorstellen? Ich meine, Deutschland bemühte sich, die Schulden aus dem Versailler Vertrag zu bezahlen, also war dies ein besonderes Projekt. Wie dem auch sei: Seine Aufgabe bestand darin zu überprüfen, ob es möglich wäre, Gold aus Meerwasser herzustellen. Die Antwort lautete natürlich Nein, aber er reiste durch die ganze Welt, sammelte Meerwasserproben und stellte Extrakte her. Und dann wurde er von der Pharmaindustrie abgeworben, um Stärkungsmittel herzustellen, Bräunungsmittel, Heilsalben für Schnitte und Wunden, Kauvitamine für Kinder. Viel später, als er mit uns in die Vereinigten Staaten zog, meldete er ein Patent für Vitaminkaugummis an.«

Jetzt ist das Indikatorpapier mit einem Muster bedeckt, das aussieht wie eine Kompaßrose mit dem fixierten Käfer im Zentrum. Noch einmal berühre ich ein Bein, und winzige Spraytröpfchen sprühen einen Bogen über das Papier. Dieses Mal höre ich ein *klick-klack* (statt des üblichen Entkorkens) beim wiederholten schnellen Feuern des Insekts.

Sanft lösen wir den Käfer ab und setzten ihn zurück in seinen Behälter. Tom ist in seinen Erinnerungen verloren. »In was für einer aufregenden Zeit meine Eltern gelebt haben. Die Gesellschaft war eine gesetzlose Zone. Berlin erholte sich von der Revolution und erfreute sich an der Art von Chaos, die das Originäre in den Menschen zum Vorschein bringt, denn alles, was organisiert ist, ist unsympathisch. Es gab Hunderte politischer Organisationen, die alle um ihre Identität kämpften, und es war wie ein Fieber, individuell und ungewöhnlich zu sein.«

»Es muß schwer für sie gewesen sein, Berlin zu verlassen.«

»Hitler kam Ende Januar an die Macht, und wir reisten Ende April aus. Ich war noch keine drei, meine Schwester sechs. Wir gingen mit nichts als ein paar Koffern nach Spanien. Mein Vater zog auf der Suche nach Arbeit von einer Pharmafirma zur nächsten. Schließlich fand er einen Job, und wir mieteten ein Haus in Barcelona. Ich kann mich

immer noch an Julia erinnern, unser wundervolles Dienst-
mädchen. Sie hatte einen großen Busen, auf dem ich immer
meinen Kopf zur Ruhe bettete. Ich liebte das und wußte
nicht, daß es der Beginn meiner Entdeckung der Sexualität
war. Sie muß Ende zwanzig gewesen sein. Es war ein gewaltiger Flirt. Auch die Polizisten mit ihren verzierten Helmen
blieben bei ihren Rundgängen immer draußen stehen, und
sie flirtete mit ihnen durch das Eisengitter im Fenster. Sie
roch nach Lavendel und stibitzte immer meine Schokolade
und meine anderen Schätze.

Dann begann der Spanische Bürgerkrieg. Das sind wirklich traumatische Erinnerungen. Eines Tages – ich war sieben – saß ich im Sandkasten und hörte einen unbeschreib-
lichen Lärm – eine Folge von Explosionen. Sie nahmen
Straßenbahnwagen, füllten sie mit Dynamit und ließen sie
die Hügel hinabrollen. Wohnhäuser und Kirchen brannten.
Ich floh aus dem Sandkasten und rannte vor dem Lärm davon. Plötzlich flog ganz Spanien in die Luft. Die Spanier, die
die Fähigkeit zum großartigsten Ausdruck menschlicher
Wärme besitzen, können einander auch die schrecklichsten
Qualen zufügen. Es gab zu dieser Zeit so viele politische
Splittergruppen, daß es gefährlich war, das Haus zu verlassen. Wenn man dem falschen Lastwagen oder dem falschen
Boot den falschen Gruß entrichtete, war man in Schwierigkeiten. Man mußte den kommunistischen Gruß kennen, den
anarchistischen und so weiter. Ich war damals schon zu alt,
um irgend etwas Romantisches in diesem Aufruhr zu entdecken; ich war einfach nur erschrocken. Wir flohen aus
Spanien auf einem Frachter voller Vieh, das mit der Schlaf-
krankheit infiziert war. Vergewaltigte Nonnen waren auch
an Bord. Das Schiff war mit Menschen vollgestopft, und
meine Schwester und ich schliefen im Innern der aufge-
wickelten Ankerkette, zugedeckt mit einem halben Dutzend
Foxterrier. Wir waren nur einen Tag unterwegs, aber das ist

für Kinder eine lange Zeit. Wir dachten, alles wäre ein großes Abenteuer. Dann landeten wir in Marseille, wo wir bei
Freunden blieben. Dort unternahmen wir einige verrückte
Sachen, zum Beispiel andere Kinder ins Land zu schmug-
geln. Die Welt war in solch einem Durcheinander. Alles war
total verwirrend. Schließlich kamen wir nach Paris und fanden eine Wohnung. Mein Vater mietete ein Klavier – eine
bedeutende Quelle der Stärke für ihn.«

»War er ein guter Pianist?«

»Na ja, er war ein *begeisterter* Pianist. Ich fing mit Kla-
vierstunden an, und ich liebte sie. Aber wir blieben nicht
lange in Paris, nur ungefähr ein halbes Jahr. Ich erinnere
mich daran, daß mich die anderen Kinder in der Schule
einen schmutzigen Nazi nannten, obwohl ich ein Flüchtling
aus Deutschland war. Wir konnten den Zweiten Weltkrieg
regelrecht riechen. Also beschlossen wir, nach Südamerika
zu gehen, wo mein Vater noch einmal ganz von vorne anfangen wollte. Aber es war nicht leicht, ein Visum zu bekommen; mein Vater und ich gingen jeden Tag zum brasilianischen Konsulat und stellten uns mit Hunderten von
Menschen an. Eines Tages schlug ein Blitz ins Nachbarhaus
ein. Es gab einen fürchterlichen Krach, und ich begann zu
kreischen, so laut ich konnte. Ich war das einzige Kind in der
Menge. Eine Tür öffnete sich – eine jener Türen, von denen
jedermann inständig hoffte, sie würde sich für ihn öffnen –,
und ein Mann kam heraus und fragte, warum ich weinte.
Mein Vater erzählte ihm von dem Blitz. Der Mann nahm
mich auf seine Knie, tätschelte mich und sagte, ich solle
nicht mehr weinen. Mein Vater erklärte, daß wir verzweifelt versuchten, nach Südamerika zu kommen, und der
Mann fand uns sympathisch und gab uns ein Visum. Das
Leben war damals wie eine Lotterie. Also gelangten wir
nach Brasilien und – nach weiteren Komplikationen – nach
Uruquay.«

Tom blieb bis zu seinem siebzehnten Lebensjahr in Uruquay – zehn entscheidende Jahre, in denen er die Armut und Brahms kennenlernte. Dann zog die Familie schon wieder um, diesmal in die Vereinigten Staaten. Vielleicht liegt ein Schlüssel zu seinem Naturell in der Tatsache begründet, daß er ein Einwanderer ist, getrieben von der Notwendigkeit, einen Platz für sich selbst und ein Gefühl für seinen neuen Wohnsitz zu finden. Immigranten führen in ihrer Suche nach Identität oft ein gespaltenes Leben: Sie versuchen in einer Umwelt Erfolg zu haben, die ihnen mehr vorenthält als den Einheimischen; gleichzeitig stützen sie sich auf eine Kindheit in der Fremde, deren Erfahrungen sie geformt haben. Camus sagte einmal, daß der gesamte künstlerische Ausdruck einer Person den Versuch darstelle, in der Gegenwart durch die Kunst jene zwei oder drei Bilder wieder einzufangen, durch die sich in der Vergangenheit die Seele dieses Menschen zum ersten Mal öffnete.

Als Tom den Käfer wieder entfernt, berührt dieser das Papier und hinterläßt dabei ein Zeichen, das dem chinesischen Symbol für »Abend« ähnelt. Wenn Bombardierkäfer schießen, dann zielen sie auf denjenigen Körperteil, der angegriffen wird, und dabei baden sie unweigerlich selbst in ihrem Gift. Wieso schadet ihnen das nicht? Die Wissenschaftler wissen es nicht. Ein anderer Bombardierkäfer, der versehentlich getroffen wird, rennt weg, aber er ist nicht verletzt.

»Wie oft kann er schießen?« frage ich.

»Oh, 20- oder 30-mal. Dann braucht er ein paar Tage, bis er auch nur ein Fünftel der verschossenen Menge neu geladen hat.«

»Und was geschieht in der Zwischenzeit?« Ich stelle mir einen umzingelten Käfer vor, der plötzlich merkt, daß sein Revolver leergeschossen ist.

»Da hat er Schwierigkeiten. Aber das Tolle an den Bombardierkäfern ist, daß sie nur selten Dauerfeuer schießen müssen. Bereits die erste Entladung überzieht sie mit Chemikalien, und das wirkt abweisend. Ich habe zum Beispiel Experimente durchgeführt, bei denen ich Bombardierkäfer in ihren eigenen Verteidigungssekreten baden ließ und sie dann in einem Ameisenschwarm aussetzte. Die Ameisen bewegten sich um die Käfer herum, vermieden es aber, sie zu berühren.«

Vielleicht ist es seltsam, vom Geruch als einer Art Waffe zu sprechen, aber er spielt eine entscheidende Rolle im Leben eines Insekts. Er ähnelt einer Telefonleitung, über die verschiedene Arten von Botschaften fließen können: Drohungen, Einladungen, Werbung, Informationen über den Verbleib von Nahrung, ein Ruf zu den Waffen, ein Paßwort, Totengeläut, die Beschreibung des Heimwegs.

»Warum haben die Käfer so lange Hälse?«

»Das ist kein Hals«, sagt Tom. »Es ist vielmehr ein Teil des Brustkorbs. Alle Insekten haben eine einfache Körperstruktur, und dieser Käfer bildet keine Ausnahme. Ich gebe dir jetzt mal eine Kurzeinführung in Sachen Insekten. Zuerst einmal sind Insekten zweiseitig symmetrisch – das heißt: Sie haben auf jeder Seite dieselbe Anzahl Beine, Augen und so weiter. Was sagt uns das? Daß sie sich in *eine* Richtung bewegen. Wenn du ein solches Tier entwerfen solltest, wo würdest du dann die Wahrnehmungsrezeptoren anbringen? Ganz klar an dem Körperteil, der als erster auf die neuen Bedingungen trifft. Daher sind Augen, Mund und Fühler alle am Kopf. Dann folgt der Brustkorb, der nicht viel mehr ist als ein Kasten voller Muskeln, nichts als ein Motor für die Anhängsel. Der Darm verläuft durch den Brustkorb, er schlängelt sich durch die Muskeln hindurch. Die Flügel sitzen ebenfalls auf dem Brustkorb – diese Käfer sind übrigens gute Flieger. Der Unterleib ist dieses große Gebiet hier«, sagt Tom und fährt mit der Fingerspitze über den breitesten Teil des Käfers. »Der Unterleib beim Käfer – und bei uns Menschen – ist der Teil des Körpers, der nicht von Gliedmaßen belastet ist und sich daher in einem gewissen Maß ausdehnen kann. In ihm müssen die Keimdrüsen untergebracht werden, die befruchteten Eier, die Hoden, die Samengehäuse; außerdem wird die Nahrung dort hineingestopft. Das also ist das Design eines Insekts. Sehr erfolgreich. Was erhält man mit dieser Kombination aus Gehirn, Darm und Keimdrüsen?« Er macht eine dramatische Pause. »Entweder ein Insekt oder einen durchschnittlichen Mann.«

Das Theater des Lebens reizt Tom, und er hat das seltene Talent, eine Geschichte zu finden *und* sie zu erzählen. Widmet man sich der menschlichen Physiologie, dann gibt es viele Forschungsgebiete: So viele Drüsen, so viele Nervenzentren, so viele Dinge, die falsch laufen können. Aber wenn man einer der wenigen Forscher ist, die durch die beinahe grenzenlose Wildnis der Insektenvielfalt reisen – zehn Millionen Spezies, von denen die große Mehrheit noch nicht einmal einen wissenschaftlichen Namen besitzt –, dann neigt man automatisch dazu, von einem Bestimmungspuzzle zum nächsten zu wandern.

E. O. Wilson, Toms bester Freund, sagte eines Tages, als wir in seinem Büro in Harvard saßen und Kräcker aus dem brasilianischen Regenwald knabberten: »Die Art und Weise, wie Tom arbeitet, sieht so aus: Er geht ins Feld, sieht ein interessantes unbekanntes Insekt oder ein vertrautes Insekt, das etwas Ungewöhnliches macht, untersucht es mit Hilfe eines breiten Spektrums an Utensilien – Kameras, vorläufigen chemischen Tests, Beobachtungskammern – und findet heraus, was es tut, warum das ungewöhnlich ist oder wo es sich einfügt. Er entwickelt das Ganze zu einer Geschichte und nimmt sie mit zurück ins Labor.« Wilson weiß als renommierter Spezialist für Ameisen und Vater der Soziobiologie – einem Wissenschaftsgebiet, das die biologischen Grundlagen von sozialen Bräuchen, Sitten und Verhaltensformen erforscht – sehr genau, wessen es bedarf, um im Wissenschaftsbetrieb Erfolg zu haben. »Dann verwandelt er sich in einen Chemiker, der die Naturstoff-Chemie dieser Spezies herausarbeiten kann – Tom hat schon vor Jahren verstanden, daß das meiste von dem, was Insekten tun, chemischer Natur ist. Sie kommunizieren chemisch, sie verteidigen sich chemisch – sie sind bewundernswerte chemische Fabriken. Auf diese Weise behandelt Tom seine Gegenstände nicht nur als sichtbare Objekte mit faszinierenden Verhaltensmerkmalen, sondern auch als chemische Wunderwerke.«

Wenn ein Insekt sein Geheimnis preisgegeben hat, geht Tom in der Regel zum nächsten Rätsel über. Das ist wahrscheinlich eine gute Strategie, denn es gibt nur eine Handvoll Ermittler mit seinem Schwung und seinen Fähigkeiten, die die Massen der existierenden Insektengattungen erforschen. Es liegt nahe zu glauben, daß dies immer so weiter gehen wird, daß Tom sich wie Borges durch eine unendlich große Bücherei voller Geschichten bewegt und am Ende doch nur dieselbe kleine Lampe in den Händen hält, mit der er begann. Aber was Tom im Laufe der Jahre gelernt hat, begann Muster zu bilden, und so hat er angefangen, die Geschichten miteinander zu verknüpfen und auf diese Weise einige der ersten Prinzipien der chemischen Ökologie zu entwickeln.

»Das Ergebnis von all dem ist: Tom ist ein Pointillist. Er ist ein Mensch, der Lichtpunkte auf einer großen Leinwand verschmiert. Zuerst sieht das wie ein zufälliges Verspritzen heller Pigmente aus, aber im Laufe der Zeit, wenn immer mehr Teilchen dazukommen, erweist es sich als extrem interessante Darstellung eines kaum bekannten Teils der lebendigen Welt.«

Es ist fast 22 Uhr, als Tom und ich endlich mit den Bombardierkäfern fertig sind, sie zurück unter ihre Silberzelte stecken und das Labor für diese Nacht abschließen. Als wir in die dunkle Nacht hinaustreten, drehen wir uns instinktiv um und sehen zurück zum Gebäude. Ruhig liegt es da und wirkt wie aus einer anderen Welt in seinem Panzer aus Licht.

Während ich für eine Reise in das einzigartige und gefährdete Buschland Floridas, die Scrublands, packe, in dem seltene Insekten leben, beschäftigen sich meine Gedanken mit der »biologischen Vielfalt«, einem Begriff, der Eisners Leben und Karriere beherrscht. Wie viele Umweltschützer – und zu ihnen gehört auch sein Freund Wilson – hat Tom Eisner eine kühne Erkenntnis bezüglich der biologischen Zukunft unseres Planeten gewonnen. Sie läuft auf ein lebendiges Kaleidoskop hinaus, dessen Teile sich verändern und auf vielfältige Weise miteinander verknüpfen können. Warum hat biologische Vielfalt so viel mit Insekten zu tun? Die meisten Menschen kümmern sich nicht sonderlich um Ameisen und Fliegen, vielleicht denken sie sogar, die Welt wäre besser dran, wenn möglichst viele Insekten ausgelöscht würden. Aber Insekten durchlüften den Boden, beseitigen Verfaultes, helfen bei der Bestäubung, produzieren Nahrung für uns (zum Beispiel Honig) und lehren uns vieles über Genetik und Chemie. Es ist furchtbar, Gene zu vergeuden. Eine Wiederherstellung ist unmöglich. Also benötigen wir den Malariamoskito, die unersättliche Sandfliege, die Borreliose-Zecke und all ihre Verwandten.

Für Tom ist es schwer, Menschen das Konzept der biologischen Vielfalt zu erklären, ganz zu schweigen von der wichtigen Rolle der Insekten. Eine ganz gut funktionierende Strategie besteht darin, an die einfache, altmodische menschliche Gier zu appellieren. Pharmafirmen unterstützen den Schutz der Regenwälder, weil dort etliche medizinische Heilpflanzen wachsen; Tom aber hat den Nachweis angetreten, daß es auch medizinisch wichtige Insekten gibt. Insekten sind besessen von Sex, Gift und Tod; sie leben wie Liliput-Ausgaben von Lucrezia Borgia und Machiavelli, verwenden ausgeklügelte Waffen, erfinden tödliche Gifte und raffinierte Aphrodisiaka. Ihre Plagen und Waffen wirken auf uns manchmal wie Stärkungsmittel. Die Firma Merck hat – ein direktes Ergebnis von Toms Arbeiten – zugestimmt, den reich-haltigen Regenwald Costa Ricas zum Zwecke »chemischer Erkundung« zu schützen – ein Coup in Sachen Naturschutz. Natürlich muß Tom erst einmal beweisen, daß es einen gan-zen Orient an Schätzen unter den Insekten zu entdecken gibt.

Viele von Toms Reisen ins Land des Kleinen finden in der Archbold Biological Station nahe des Lake Placid im süd-lichen Zentralflorida statt. Ich habe beschlossen, ihn auf sei-ner jährlichen Pilgerreise zu begleiten, und fliege an einem klaren, kalten Tag im Februar hinunter nach Fort Myers.

Zwei Stunden lang fahre ich nach Nordwesten durch Städte mit eingeschossigen Häusern und romantischen Na-men wie Venus, La Belle und Arcadia. Am ›Archbold Sta-tion‹-Schild biege ich ab und fahre eine von Bäumen ge-säumte Straße entlang bis zu einer Lichtung. Dort steht das Hauptgebäude, in dem ein Speisesaal, zwei Schlafsäle, eine Reihe von Aufenthaltsräumen, Büros und vier Forschungs-labors untergebracht sind. Die Abbildung eines riesigen Schößlings bedeckt die Wände und rahmt Türen und Fenster ein. Die Steine und das Glas sind nur vorübergehend hier, deutet das Bild an; bald wird alles wieder zu Natur werden. Das Hauptgebäude – flankiert von zwei Grastennisplätzen und einer Garage voller Landrover – liegt vor einem Halb-kreis aus zwischen den Bäumen versteckten Häuschen. Im Büro erklärt mir eine Sekretärin den Weg zu Eisners Haus – Nummer 2, gleich neben dem Wasserturm. Es ist umgeben von rosa Azaleenbüschen. Zwei Fahrräder (ein Herren- und ein Damenfahrrad) stehen unter einer grau-weißen, von Wespen umschwirrten Markise. Orgelmusik ergießt sich über die abgeschirmte Veranda. Tom sitzt an einem elektronischen Keyboard und spielt Bachs Toccata und Fuge in f-Moll. Maria sitzt neben ihm und blättert die Seiten um. Sie ist eine schlanke Frau mit kurzem Haar, großen blauen Augen und zarter Haut; sie trägt ein rosa kariertes Hemd und Khakihosen. Als sie mich an der Tür erblickt, berührt sie Tom leicht an der Schulter, doch das genügt bereits, um ihn aus seiner Träumerei aufzuschrecken. Seine Hände schweben noch einen Moment über den Tasten, während er aus einer anderen Welt zurückkehrt. Dann begrüßen wir uns und tauschen Neuigkeiten über gemeinsame Freunde aus. Tom und Maria zeigen mir die neuesten Schnappschüsse ihrer Kinder und Enkel und machen einen flüchtigen Rundgang mit mir durch ihr Häuschen, dessen gesamte rückseitige Hälfte ein Labor ist – beherrscht von Hochleistungsmikroskopen, einem Haufen Phiolen und Insekten- und Pflanzenproben. Gewöhnlich macht Tom einen Abendspaziergang, da viele Insekten nachtaktiv sind, und ich schließe mich ihm heute an. Eine an einem Stirnband befestigte Taschenlampe macht die Hände für die Arbeit frei; wir sehen wie Bergleute oder Höhlenforscher aus, als wir losziehen, um durch die Höhlen des Zwielichts zu bummeln.

Der Abend ist voller zirpender Grillen; gelegentlich ertönt die Saxophonmelodie eines Vogels. Menschen sind armselige Kenner von Insektenliedern, denn sie sind oft zu hoch, zu schnell und zu perkussiv, als daß wir sie hören könnten. Es hilft ein wenig, wenn man sich ausmalt, wie eine Grille »singt«: Sie bewegt eine Feile auf einem Flügel über einen geriffelten Schaber auf dem anderen. Das funktioniert so ähnlich wie beim Guiro, dem gezackten Kürbis, der mit einem Stock geschabt wird. In Mariachi-Bands findet man dieses Instrument. »Die Poesie der Erde ist niemals tot«, beginnt John Keats eines seiner lieblichsten Sonnette und verweist auf die Klänge der Grillen und Grashüpfer. Grillen verfügen über ganz unterschiedliche Lieder, aber die lautesten und längsten werden von geilen Männchen komponiert, die auf eine Paarung hoffen. Umgeben von den sexuellen Sehnsüchten zahlloser Grillen schlendern wir eine sandige Straße entlang. Über uns steht ein perlmuttfarbener Vollmond. Bei Dunkelheit wirkt der Wald dichter, und da alle beruhigenden Hinweise fehlen, stattet der Geist die Schatten mit Bedrohlichem aus – mit Klapperschlangen, Skorpionen, Wildschweinen. Ein schnelles *wusch-plop-wusch-plop* irgendwo links von uns stammt wahrscheinlich von einem weißschwänzigen Reh. Der Strahl meiner Taschenlampe erfaßt tiefe Fährten von Paarhufern im Sand, und wir folgen ihnen ein kurzes Stück, bis sie im Gebüsch verschwinden. Das Wandern durch die nächtliche Welt ist ein wenig wie eine Operation – man stellt Vermutungen an, was wo sein müßte, und verwendet Instrumente, die einem helfen, den Weg zu erfühlen. Ein grüner Stern blinkt in einem Baum.

»Dort ist ein Glühwürmchen!« ruft Tom und pirscht sich langsam heran. Im letzten Moment stürzt er sich auf das Insekt und fängt es zwischen seinen Händen wie in einem Käfig.

»Sieh es dir mal an«, sagt er und gibt mir das Insekt.

Ich halte es zwischen Daumen und Zeigefinger und inspiziere die kleine Laterne seines Körpers, die ein kaltes grünes Licht aufblitzen läßt. Es sieht genau aus wie das Licht, nach dem sich Piloten spät in der Nacht sehnen: die grünen rotierenden Funkfeuer eines Flughafens. Ich lasse das Glühwürmchen in eine kleine Phiole mit weißem Deckel gleiten. Es hört auf zu blinken. Ich tippe die Phiole an. Da blinkt es wieder.

»Siehst du, dieses Blinken ist eine Verteidigungsmaßnahme«, erklärt Tom. »Es produziert eines der hellsten kalten Lichter, die je entwickelt wurden. In seinem Licht kann man lesen.«

Ein Lichtblitz trifft meine Augen, und als ich mich umdrehe, sehe ich in einem nahen Baum einen Lichterschwarm. Wenn wir jetzt mit einem Teleskop den Himmel betrachteten, dann könnte es leicht geschehen, daß wir den mit Glühwürmchen geschmückten Baum mit einem Blick auf den Beehive-Nebel verwechselten. Glühwürmchen zu beobachten, ist in Sommernächten ein besonderes Vergnügen. Sie erscheinen uns ziemlich hell, aber auf Fotografien sieht man kaum eine Spur von ihnen. Tom erzählt mir, daß er einmal, als er mit der BBC einen Film drehte, eine ganze Menge Glühwürmchen einsammelte und sie dann in ein riesiges Spinnennetz warf (nachdem er die Spinne herausgenommen hatte); der Kameramann filmte dann diese spektakuläre Glühwürmchenwolke. Kinder haben ein Gefühl für die Magie der Glühwürmchen. Im Juni habe ich eine Morgenröte aus Glühwürmchen auf dem Rasen vor meinem eigenen Haus gesehen. Amerikanische Frauen im 18. Jahrhundert banden sich Glühwürmchen als Schmuck in ihr Haar. Ich weiß allerdings nicht, was sie als Leine benutzten. Manchmal nennen wir sie auch Blitzkäfer. Glühwürmchen haben keine Flügel und bleiben am Boden. Aber sie alle, die Menschen in so vielen Ländern verzaubert haben, sind Käfer der Gattung Lampyridae. Sowohl die antiken Chinesen wie auch die Japaner hatten Glühwürmchen-Feiern; Aristoteles und Plinius beschrieben ihr Verhalten. Welche Lieder würde Salomon über seine Geliebte und ihre wie Glühwürmchen blitzenden Augen gesungen haben? Aber da Glühwürmchen weder im Koran noch in der Bibel noch im Talmud erwähnt werden, liegt man mit der Vermutung, daß sie im Nahen Osten nicht überleben können, wahrscheinlich richtig. Aber es geht die Sage, daß sie in Kuba einmal einen Krieg abwendeten: Als die britischen Generäle Sir Robert Dudley und Sir James Cavendish vor Kuba ankamen, sahen sie ein Lichtermeer, von dem sie dachten, es seien die Fackeln angriffslustiger Spanier an der Küste. Also segelten sie weiter nach Jamaica.

Glühwürmchen blitzen, indem sie zwei hypergole Chemikalien mischen. Beide Stoffe sind an sich nicht bemerkenswert, aber sie verbinden sich in einer poetischen Fanfare, um machtvolle, seltsame neue Substanzen zu bilden. Distickstoffoxyd und Glyzerin zum Beispiel werden zum hochexplosiven Nitroglyzerin. Bei den Glühwürmchen beinhaltet die Verbindung Luciferin und Luciferase, und wenn diese beiden sich im Lichtorgan am Unterleib des Glühwürmchens mischen, dann geben sie ein gelblich-grünes Licht ab. Gewöhnlich denken wir, die Quelle von Licht sei Strahlungshitze, aber bei diesem Licht stimmt das nicht. Was es tatsächlich verströmt, ist Sauerstoff – ein Stoff, der in zu geringer Dosierung für Lebewesen ebenso tödlich sein kann wie in zu hoher. Inzwischen gibt es Produzenten, die aus der Dynamik der Glühwürmchen Nutzen ziehen, indem sie Leuchtfeuer für Kinder auf ihren Halloween-Rundgängen oder in Not geratene Autofahrer herstellen, die zu glühen beginnen, wenn man die beiden Chemikalien vermischt.

»Wie schaffen sie es nur, diese kleinen Leuchtfeuer so schnell zusammenzumischen?« frage ich.

»Wie kann ein Herz plötzlich zu schlagen anfangen? Es ist erstaunlich, daß all das in sechs Tagen erschaffen wurde, nicht wahr?« erwidert Tom mit einer Spur Ironie.

»Alles, was Spaß macht, entstand am Nachmittag des dritten Tages«, antworte ich. »Vorher herrschten hauptsächlich Dunkelheit und Licht, hinterher Bürokratie.«

»Eine sehr gute wissenschaftliche Methode! Wenn man ein wichtiges Experiment macht, wartet man nicht bis zum letzten Tag, sonst vermasselt man noch die ganze Sache ... He, sieh dir mal diesen Blitz an! Ist er nicht wunderschön?«

Seit einiger Zeit schon hat Tom bei seiner Arbeit das »Femme-fatale-Glühwürmchen« studiert, das durch ihn und seinen Studenten James Lloyd berühmt wurde. Anscheinend blitzen Männchen und Weibchen, wenn sie hungrig sind oder wenn sie Sex wollen. Im Szenario »Blitz als Zeichen der Lust« wartet das Weibchen auf dem Boden oder in der Vegetation, während das Männchen eine Rede hält. Gewöhnlich schießt das Männchen herab und blitzt eine halbe Sekunde, während er wie ein Pinselstrich wieder aufsteigt und so ein J aus Licht erzeugt.

Wenn es das richtige Weibchen ist, antwortet sie mit einem Blitz, der ebenfalls eine halbe Sekunde dauert. Dann fliegt das Männchen wieder zu ihr, schießt hinab und steigt auf; sie antwortet erneut. Was diesen leuchtenden Tanz für das Pärchen unverwechselbar macht, ist die Pause zwischen den Blitzen. Es ist, als ob die Glühwürmchen die Pausen in einem visuellen Konzert läsen. Wenn sie sich beide dank dieses Morsecodes rückversichert haben, paaren sie sich. Aber einige Glühwürmchen sind Femmes fatales, die den Männchen anderer Weibchen auflauern, indem sie deren Blitzcode nachahmen. Wenn das Männchen in der Hoffnung, sich zu paaren, herabtaucht, frißt ihn die Femme fatale – nicht aus Hunger oder weil sie einen Hang zum Teuflischen hätte, sondern weil bestimmte Männchen Verteidigungschemikalien in ihren Körpern haben. Indem sie solche Männchen frißt, legt sich das Weibchen eine chemische Rüstung zu, die sie für Spinnen, Vögel und andere Verfolger ungenießbar macht. In zehn Glühwürmchen sind genug Herzstimulantien enthalten, um einen Menschen zu töten. Also verlassen sich die bewaffneten und gefährlichen Partner während der Werbung auf visuelle Paßwörter. Es steht alles auf dem Spiel. Da viel Energie nötig ist, um zu blitzen, nutzen die Glühwürmchen klugerweise die *Pausen*. Die Nacht ist geschmückt mit ihrer Sehnsucht und ihrem Zögern – eine kleine Oper aus Licht.

Anderswo in der Welt – zum Beispiel in Borneo und Thailand – gibt es »Glühwürmchen-Bäume«, auf denen sich im

Gleichtakt blitzende Männchen drängeln, um Weibchen aus dem Wald anzulocken. Auf den Hauptstraßen kommen die Weibchen herbei, angelockt durch das Neon der Begierde, um in diesem Grünlichtdistrikt nach Partnern Ausschau zu halten.

»Hast du die Glühwürmchen-Bäume schon einmal gesehen?« frage ich.

»Nein, aber man hat mir erzählt, sie seien zauberhaft«, sagt Tom. »Ist es nicht interessant, wie die Glühwürmchen ihre Werbungstechniken variieren? Verschiedene menschliche Kulturen entwickeln unterschiedliche Traditionen. Dasselbe gilt auch für Glühwürmchen.«

»Man sollte meinen, daß das Blinken der Sterne sie verwirrt.«

»Ihre Sehkraft ist dafür nicht gut genug. Aber menschliche Siedlungen belästigen sie – die Luft ist anders, der Geräuschpegel, die Beleuchtung. Es gibt wirklich sehr wenige menschliche Aktivitäten, die mit dem Rest der Welt kompatibel sind«, sagt Tom mit einem Seufzer.

Ich bin froh, daß die Abenddämmerung mein zögerndes Lächeln verbirgt. Schließlich haben Tom und Maria drei Kinder aufgezogen und sehr wohl in der Zivilisation gelebt. Genau wie ich. Die Ironie des Umweltschutzgedankens besteht darin, daß jemand nach Lösungen sucht, der weiß, daß er ein Teil des Problems ist.

Das Glühwürmchen in meiner Hand blitzt grün mit einem gelben Nachglühen.

»Ich erzähle dir jetzt etwas, das mir wirklich den Verstand raubt«, sagt Tom, »niemand kennt die Lebensdauer eines gewöhnlichen Glühwürmchens.«

»Warum nicht?«

»Weil niemand weiß, wo die Larven hängen. Kannst du dir das vorstellen? Eines der bekanntesten Insekte der Welt, und doch tappen wir noch immer im Dunkeln.«

Als wir zum Lager zurückschlendern, starren uns aus der Vegetation kleine Augen an. Einige Tiere haben eine spiegelähnliche Membran in ihren Augen, die Licht reflektiert. Wenn man mit einer Taschenlampe in die Bäume leuchtet, kann man damit ihre Augen zum »Leuchten« bringen. Das funktioniert bei Alligatoren ebenso wie bei Spinnen. Alligatoraugen leuchten rot wie zwei glühende Zigaretten; viele Spinnenaugen strahlen grün. Es gibt Ratgeber für Insektenfährten und sogar wasserfeste Reiseführer zu den Bewohnern des Riffs, die man beim Tauchen mitnehmen kann, aber ich habe noch nie von einem Nachtführer für Tieraugen gehört.

»Leuchtende Spinnen« sind ein beliebter Zeitvertreib von Naturwissenschaftlern, die nachts umherstreifen. In einem Kunstzentrum an der Ostküste Floridas entdeckte ich einst – angezogen vom Leuchten der Augen – ein zwei mal drei Meter großes Spinnennetz, das sich vom Dach meines Häuschens bis zu den Verandastufen erstreckte. Seine Herstellerin, eine beigefarbene Wolfsspinne, so groß wie meine Faust, nahm jeden Morgen das Netz ab und webte es abends neu. Sie ließ die Ankerdrähte immer an ihrem Platz und spann langsam Faden für Faden wie eine Hand, die sich über eine Harfe bewegt. Ich nannte sie Anna, die Aranha, und beobachtete sie oft beim Bauen dieses Altweibersommer-Strahlen-Netzes. Wenn es fertig war, wartete sie in einer der oberen Ecken, ihre grünen Augen leuchteten, und wenn irgend etwas das Netz zum Vibrieren brachte, wußte sie, wohin sie flitzen mußte. Nachts wanderte der Mond durch die Seide des Netzes, am Tag brachte der Wind sie zum Summen.

Tom und ich teilen die Zuneigung zu Spinnen. Ich mag die Art, wie sie weben und wie sie den Himmel zu ihrer Heimstatt machen. Tom mag ihre Klugheit bei der Ernährung, die sie so wichtig für seine Branche macht. Spinnen sind seine Geschmackstester. Er füttert sie mit allen Arten von Käfern, und wenn sie sich weigern, einen zu fressen, dann fragt er nach dem Warum. Dieses Warum wird groß geschrieben, es ist die Art Frage, deren Beantwortung zu anderen Fragen und anderen Antworten führt und die nützlich für chemische Einblicke ist. Für morgen planen wir, einige seiner königlichen Geschmackstester zu besuchen. Also sage ich Tom »Gute Nacht« und gehe in mein Schlafzimmer im Zweiten Stock des Hauptgebäudes; bevor ich schlafen gehe, lese ich noch ein wenig. Das Buch, das ich mir von einer Praktikantin ausgeliehen habe, ist *Leave Me Never* von Suzanne Carey, ein erotischer Reizwäschen-Reißer, der an der Archbold Station spielt. Über Sätze wie »Noch bevor sie aufschreien oder gar sprechen konnte, war sein anderer Arm vernichtend um sie geschlungen und zog sie hinauf zu seiner männlichen Länge« muß ich herzlich lachen; schließlich schlafe ich ein, während ich über die Codes des Balzverhaltens bei Menschen und Glühwürmchen sinniere.

Nach dem Frühstück am nächsten Morgen brechen Tom, Maria, Mark Deyrup (noch ein Entomologe) und ich nach Highland Hammock auf, einer Insel mit dichter Vegetation, die ungefähr eine Stunde entfernt im Norden liegt. Tom ist fasziniert von einem mit orangefarbigen und braunen Punkten verzierten Falter, der eventuell eine für Menschen nützliche Droge enthält. Daher wollen wir einige Experimente durchführen, die auch Spinnen einschließen. Unterwegs halten wir am Straßenrand und schlendern ins Gebüsch, weil wir hoffen, einen der gefährdeten Tequesta-Buschgrashüpfer zu finden, die Mark erforscht. In diesem Jahr ist er bereits mehrere hundert Kilometer an Straßen wie dieser entlanggewandert und hat einige wenige kostbare Exemplare für sein Studium gefunden. Ein gestreifter Schwalbenschwanz flattert quer über unseren Weg wie ein Stück Zeitungspapier, offensichtlich unbeirrt vom Verkehrslärm nur ein paar Schritte weiter. Die vierspurige Schnellstraße erschafft ihre eigenen Luftströme, die sorglose Insekten bis sonstwohin transportieren können.

»Ich glaube, ich sehe einen«, ruft Maria. Schnell gehen wir mit sorgfältig gesetzten Schritten zu ihr hin. Ihre scharfen Augen haben sich auf ein kaum wahrnehmbares Zucken von schwarzen und weißen Punkten unter einem Grasdach konzentriert. Das Insekt, das wir suchen, besitzt keine Flügel, aber es kann dank seiner mächtigen Beinmuskulatur recht weit hüpfen. Marias Blick klebt auf dem kräftigen Grashüpfer, sie zeigt auf ihn, während er hüpft und hüpft, bis Mark ihn schließlich in seinen Händen fängt.

»Ein schöner großer Kerl«, sagt er und dreht ihn herum. »Eigentlich ist es ein Weibchen.«

Wir drängen uns um ihn, um das winzige schwarz-weiße Geschöpf, das gestreift und gleichzeitig gepunktet ist, besser sehen zu können. Im Profil sieht es aus wie ein Diagramm.

»Das Weibchen ist größer als das Männchen«, erkärt Mark, »und es läuft an einem Ende spitz zu. Sie legt ihre Eier unterirdisch ab, deshalb hat sie diese komplizierten kleinen Kellen am hinteren Ende.«

Ich beuge mich über das Tier, um es noch näher betrachten zu können, und wandere ihren goldenen Bauch bis zu einem winzigen Paar Schaufeln hinunter. Dann sehe ich mir ihre Facettenaugen an und bin überrascht, auch in ihnen schwarze und weiße Punkte zu entdecken. Jedes der gewölbten Augen besteht aus Hunderten klarer Facetten, in denen sich das Punktmuster aufzulösen scheint.

»Eine der besonderen Eigenschaften der Buschgrashüpfer besteht darin«, sagt Mark, »daß ihr Koitus viele Stunden dauert. Man kann sie dann aneinandergeheftet herumhüpfen sehen.«

»Äußerste Zweisamkeit«, sagt Tom. ›Sie sind *ein Begriff*.« Maria lacht; erst gestern haben Tom und Maria diesen Ausdruck über ein Pärchen gehört, und sie mögen ihn, weil er nach brandaktuellen Nachrichten klingt.

»Wie lange leben sie?« frage ich.

»Fast ein Jahr«, antwortet Mark, während wir wieder ins Auto steigen. Wir verstauen den Grashüpfer sicher und setzen unsere Fahrt fort. »Aber es ist schwer, ihre Beziehungen zu erforschen, denn die Buschwerkareale sind manchmal durch Autobahnen, Siedlungsgebiete oder Orangenplantagen voneinander isoliert. Aber Grashüpfer verändern ihre Geschlechtswerkzeuge sehr leicht, und das können wir nutzen, um festzustellen, welche von ihnen nahe beieinander gelebt haben und welche gewandert sind. Siehst du, bei Insekten gibt es etwas, das man Ausreißerevolution nennt. Die Geschlechtsteile verändern sich innerhalb einer Gruppe sehr schnell. Offensichtlich basiert alles auf der Bevorzugung durch die Weibchen. Eine bestimmte Gruppe entwickelt einige Extrazacken auf den männlichen Genitalien, obwohl sie die Anpassungsfähigkeit nicht besonders erhöhen.«

»Wenn sie nicht bei der Anpassung des Tieres an die Umwelt helfen, warum entwickeln sie sie dann?«

»Einfach weil die Weibchen sie mögen. Aus irgendeinem Grund entwickelt sich ein Zacken; die Weibchen bevorzugen ihn und paaren sich mit diesen Männchen; und die Nachkommen tragen die Gene für Zacken in sich. Weißt du, das ist vielleicht gar nicht so verschieden von der Art und Weise, wie der irische Elch ausstarb – die Weibchen sagten immerfort: ›Ich will dich nicht, solange du kein größeres Geweih hast.‹ Am Ende wurden die Geweihe zu groß, um sie noch tragen zu können.«

Man mag sich fragen, warum die weiblichen Grashüpfer die Zacken bevorzugen. Aber niemand weiß die Antwort. Eine Theorie lautet, daß es für die Weibchen sehr wichtig ist zu wissen, daß sie sich tatsächlich gepaart haben. Die Männchen müssen deutlich übermitteln, daß die Kopulation stattgefunden hat. Bei Insekten wird die Kopulation häufig durch Verfolger, das Wetter und andere Störfaktoren unterbrochen. Daher ist es wichtig, daß beide Partner feststellen, daß das Sperma weitergereicht wurde. Wenn ein Männchen ein Weibchen stimuliert, indem er ein großes Tamtam veranstaltet oder ein neuartiges Körperdesign vorweist, wird er bei der Zeugung erfolgreich sein, denn das Weibchen kann absolut sicher sein, daß die Kopulation stattgefunden hat; daher wird es andere Männchen zurückweisen. Es ist sinnlos, so viel Zeit bei der Paarung zuzubringen, wenn es nicht notwendig ist. Die genitalen Veränderungen sind außerordentlich raffiniert; dazu gehören Haarbüschel, kleine Haken, besondere reversible Beutel mit Haaren an ihrem Ende und ungewöhnliche Noppen, die in entgegengesetzte Richtungen weisen. All diese Veränderungen fördern die Anpassung nur in dem Sinne, daß sie dem Weibchen versichern, daß sie mit einem Männchen der richtigen Spezies kopuliert, aber sie haben überhaupt keinen externen Nutzen. Sie sind ganz einfach dekorativ. Also ist es höchst unwahrscheinlich, daß verschiedene Spezies exakt die gleichen Genitalien entwickeln. Allein diese Tatsache erlaubt es den Wissenschaftlern, die Verwandtschaft von Organismen und ihre Gewohnheiten aufzuspüren.

»Tom und ich sind sehr unterschiedliche Entomologen«, fährt Mark fort. »Vieles von seiner Arbeit basiert auf der altmodischen Naturgeschichte, aber er ist bei dem, was jetzt entdeckt wird, Avantgarde. Von dem, was ich tue, gibt es fast nichts, daß nicht auch vor hundert Jahren hätte getan werden können.«

»Wir wurden alle beide schreiend und um uns tretend ins 19. Jahrhundert zurückgezogen«, korrigiert ihn Tom.

»Nein, meine Arbeit besteht darin aufzuholen. Viele der naturgeschichtlichen Studien und Bestandsaufnahmen, die im Europa des 18. Jahrhunderts durchgeführt wurden, fanden in Florida niemals statt. Die Menschen waren mit anderen Dingen beschäftigt. Also habe ich viel Zeit damit zugebracht, Insekten aufzulisten und herauszufinden, wo und wie sie leben. Für so eine Arbeit kann man nicht bezahlt werden.«

Wenn wir über die Wissenschaft nachdenken, dann stellen wir uns oft ein geheimnisumwittertes Suchen nach Details vor oder die Anstrengung, grundlegende Prinzipien zu erklären. Aber es ist erstaunlich, daß wir in einer Zivilisation, die so komplex ist wie die unsrige, immer noch mit der Aufgabe von Adam beschäftigt sind – den Tieren Namen zu geben.

»Es gibt nur sehr wenige Orte, an denen man tatsächlich ein ganzes Ökosystem überschauen und bestimmen kann, wie viele Exemplare einer Art dort leben«, sagt Mark. »In unserer Station fangen wir gerade an, das zu bewerkstelligen. Gerade haben wir zum Beispiel eine neue Falter- und Schmetterlingsliste mit mehr als 1100 Spezies zusammengestellt. Und es gibt noch einmal ungefähr fünfhundert Gattungen, die erst identifiziert werden müssen – und das sind nur die Falter und Schmetterlinge! Wir haben circa 900 Käferarten aufgezeichnet, aber wir vermuten, daß es etwa 2000 gibt. Und die Ameisen, Bienen und Wespen bilden wahrscheinlich eine noch größere Gruppe. Wir haben eine Liste mit ungefähr 1000 Fliegenarten. Also beträgt die Gesamtzahl der Insektenarten im kleinen Lebensraum von Archbold etwa 10000. Und das ist noch gar nichts, verglichen mit dem, was du in einem Laubwald findest. Die ›Liste der Gefährdeten Tierarten‹ ist kaum ein Anfang, denn die meisten Insekten sind noch unbekannt. Wie also könnten wir sagen, welche von ihnen gefährdet sind?«

Schließlich kommen wir in Highland Hammock an, einem staatlichen Naturschutzgebiet. Während wir die sorgfältig angelegten Pfade entlanggehen, erfreuen wir uns an der urwüchsigen Atmosphäre des dichten Waldes, der eine Mischung aus nordischen und südlichen Bäumen ist: weite Waldungen aus Gummi- und Zürgelbäumen, rotem Ahorn, Hickory und gesunden Eichen und Pinien. Über drei Meter lange Ranken blühenden Giftefeus hängen von Ästen mit Spanischem Moos, Epiphyten und Orchideen herab. Ich entdecke vier verschiedene Arten von Faltern, die ein breites Palmenblatt aufbiegen, von dem ihre Raupen fressen. Wespen und Fliegenparasiten greifen die Raupen an. Es gibt verschiedene Spinnen, die hervorragend mit den Falterraupen koexistieren, Parasiten, die die Spinnen angreifen, kleine Tausendfüßler, gelbe Ameisen und Fluggrillen. Auf diesem einen Blatt – ein Meter über dem Erdboden – gedeiht ein komplexes Ökosystem. Diese Geschöpfe findet man nicht im normalen Laubabfall auf dem Waldboden; dort leben andere Spinnen, Ameisen und Tausendfüßler, und er ist ein gefährlicher Ort. Diese Insekten hier ziehen ihre Nachkommen auf einer Art Penthouse-Ebene im Wald auf. Es ist schon merkwürdig, daß es einen speziellen Lebensraum gibt, der nicht größer als ein Palmenblatt ist.

»Aha!« ruft Tom ausgelassen.

Wir finden ihn ein paar Meter die Straße hinauf; er inspiziert glücklich ein riesiges Spinnennetz, das sich auf Augenhöhe zwischen zwei Bäumen bauscht. Eine große pelzige Spinne mit einem verrückten achteckigen Körper und acht vielgelenkigen Beinen sitzt rechts oben im Netz. Tom nimmt eine Phiole aus seiner Tasche, holt einen Falter heraus und wirft ihn gegen das Netz. Blitzschnell seilt sich die Spinne an ihrem Faden ab und klemmt den Falter zwischen ihren Beinen ein.

»So viel zum Falter«, seufze ich.

»Warte.« Tom hebt warnend einen Finger, als die Spinne damit beginnt, den Falter vom Netz abzuschneiden; dabei benutzt sie scharfe Zähne auf jeder Seite ihres Mundes.

»Siehst du, sie hat sich entschieden, daß sie ihn nicht will. Sieh nur, wie sie sich wegbewegt. Jetzt ist die Frage, wie sie ihn behandeln wird. Sie schneidet – siehst du es? Sie hat zwei Taster, die wie zwei kurze Hände um den Mund herum angeordnet sind – wenn wir Taster hätten, könnten wir essen und gleichzeitig Musik machen –, und mit diesen beiden Tastern nimmt sie den Faden und steckt ihn in ihren Mund. Gleich ist der Falter losgeschnitten. Und jetzt fängt sie an, sich zurückzuziehen, damit der Falter nicht noch mehr Schaden im Netz anrichtet.«

Die Spinne schneidet mit ihren scharfen Zähnen ein perfektes Fenster ins Netz. Der Falter stellt sich tot, bis er schließlich aus dem Netz fällt und fortfliegt. Dann kehrt die Spinne zu ihrem Beobachtungspunkt oben im Netz zurück.

»Du liebe Güte, warum hat sie das gemacht? Ich dachte, Spinnen lieben Falter.«

»Aber nur die eßbaren«, sagt Tom.

»Trotzdem, warum hat sie ihn aus dem Netz geschnitten?«

»Weil die Spinne in einem großen Netz nicht überall auf einmal hinschauen kann. Also setzt sie sich weit oben hin und wartet. Wenn irgendwas im Netz vibriert, dann kann sie die Vibrationen so lesen, daß sie genau sagen kann, wo es ist. Aber wenn ihr Netz mit Schutt verstopft ist, bekommt sie ein Fehlsignal.«

Ich stelle mir die Piloten des Zweiten Weltkriegs vor, die gegnerisches Radar dadurch störten, daß sie Stanniolpapier abwarfen. »Warum hat der Falter nicht versucht zu entkommen?«

»Weil er sich verdammt noch mal überhaupt keine Sorgen machen mußte. Statt im Netz herumzuflattern, ließ er die Spinne die Arbeit machen.«

Die schimmernde Seide dieser Goldnetzspinne tritt im Sonnenlicht hell hervor. Tom berührt einen Faden mit seiner

Fingerspitze und dehnt ihn weiter und weiter, um zu zeigen, wie beanspruchbar er ist. Spinnen verweben verschiedene Seidenarten für verschiedene Bereiche des Netzes; dehnbare Fäden enthalten mehr Wasser. Die Seide im Zentrum des Netzes ist so elastisch, daß ein Insekt, das hineinfällt und auf die Fäden einschlägt, tatsächlich gegen Gummibänder tritt. Ein kämpfendes Insekt bringt niemals wirkliche Spannung in das Netz; es wickelt sich selbst nur noch fester ein. »Die Elastizität dieser Fäden ist unglaublich geheimnisvoll«, sagt Tom bewundernd. »Es gibt kein einziges von Menschen entwickeltes synthetisches Material, das diese Art Elastizität besitzt. Es ist besser als Gummi, und seine Robustheit ist unerreicht.« Er zupft an der Seide.

»Warum rennt die Spinne nicht dorthin, wo du zugreifst?«

»Bei einer so heftigen Bewegung wie dieser? Sie weiß genau, welchen Kampf sie aufnehmen kann. Und sie verfügt über viele Strategien. Wenn ich das Netz zu hart berühre, hat sie viele Fluchtrouten und weiß genau, wo sie hin muß. Aber ich will nicht, daß sie ausflippt. Sie ist eine nette kleine Göre.«

In der Nähe hängt eine kleine weiße Orchidee von einem Zweig. Wo man auch hinschaut: Überall gibt es Merkwürdigkeiten, bei denen Insekten beteiligt sind. Manche Orchideenarten produzieren so gut wie nie Samen und verhalten sich sogar so, als ob sie gar nicht befruchtet werden wollten: Sie stellen keinen Nektar her, um Insekten anzulocken. Dennoch passiert es manchmal, daß ein unerfahrenes Insekt in so eine Pflanze hineinstolpert und überall Pollen verschmiert. Dann produziert die Orchidee Tausende von Samen, und mit dieser Auf-gut-Glück-Methode überlebt sie. Nektar ist für eine Blume billig herzustellen, und doch sind Hunderte von Orchideenarten unappetitlich trocken. Es ist ein Geheimnis, wie sie in einer Beziehung, die so sehr auf dem Zufallsprinzip beruht, überleben können. Aber irgendwie schaffen sie es – dank einiger stümperhafter Insekten.

Experimente müssen wiederholbar sein und Kontrollgruppen aufweisen, also hat Tom zwei Geschmacksrichtungen von Faltern mitgebracht – eine auf natürliche Weise giftige (sie sind giftig, weil ihre Raupen von der tödlichen Variante einer Erbsenpflanze fressen) und eine harmlose, die mit giftfreier Nahrung aufgezogen wurde. Immer wieder verspeisen die Spinnen die »sicheren« Falter und lassen die giftigen frei. Nachdem wir mit der Beweislage zufrieden sind, fahren wir zurück zur Station, um eine zweite Meinung von ebenso wählerischen Essern einzuholen – den gefährdeten Florida-Buscheichelhähern.

Zurück im Lager justiert Tom die Scharfeinstellung eines großen grauen Wild-Mikroskops, das im Labor seines Häuschens aufgebaut ist. »Romantik«, sagt er. Obwohl es keinen gesprochenen Anfang dieses Satzes gab, schließt er ihn so ab, wie er sich in seinem Geist entfaltet: › … und Betrug.‹
Die Welt der Insekten steckt voller Geschichten von Verführung, Täuschung und Tod. Tom gibt mir einen der verzierten Falter. Ich lege ihn unter das Mikroskop und betrachte seine hübschen Muster. Plötzlich entfalten sich zwei rosa-gelbe Staubwedel an seinem Hinterteil.
»Erstaunlich! Was ist *das* denn?«
Tom sieht durch das Mikroskop. »Duftbürsten«, sagt er. »Die Männchen benutzen sie bei der Werbung. Tatsächlich sind es modifizierte Schuppen, und jede von ihnen ist hohl und perforiert.«
»Wie ein Strohhalm?«
»Ziemlich genau so. Dampf steigt in jedem Haar der Bürste auf. Ich habe eines Tages mal einen von diesen Jungs in ein Spinnennetz fliegen sehen. Ich wußte, daß Falter sich gewöhnlich selbst freiflattern, wobei sie einige ihrer Schup-

pen zurücklassen, aber dieser Falter faltete ganz einfach seine Flügel und stellte sich tot. Die Spinne kam, berührte ihn, schnitt ihn frei, und er fiel zu Boden. Ich habe mir nichts dabei gedacht. Dann sah ich ein Jahr später exakt das gleiche Phänomen, und ich nahm mir vor, doch mal einen Blick auf diesen Falter zu werfen. Ich fand heraus, daß er sich als Raupe von einer giftigen Erbsenpflanze ernährt. Also versuchte ich die Raupe mit einer synthetischen, giftfreien Nahrung großzuziehen, und es funktionierte. Wir wußten, daß die Erbsenpflanze ein bestimmtes Alkaloid in sich hat, das für Menschen sehr giftig ist. Es kommt immer wieder mal vor, daß Kühe von dieser Pflanze fressen und sterben. Es ist ein Lebergift, ein wirklich übles Zeug. Schwarzwurztee, der heutzutage wohl nicht mehr verwendet wird, enthielt dasselbe Gift. Aber dieses Alkaloid ist, so hat sich herausgestellt, für Spinnen ekelerregend. Jedes Tier, das sich straflos von dieser Pflanze ernähren kann, hat es also geschafft, denn es kann ein ganzes Lagerhaus voller Gift in seinem eigenen Körper einrichten und zur Verteidigung verwenden. Und das genau ist die Strategie dieser Falter.«

»Sie konsumieren also dieses Gift, und es durchtränkt ihren Körper. Wieso sterben sie nicht daran?«

»Großartige Frage«, sagt er entzückt; dabei macht seine Tonlage klar, daß in seinem persönlichen Vokabular »Frage« dasselbe bedeutet wie »Puzzle«. »Es hat sich gezeigt, daß diese Chemikalien nicht giftig sind, wenn man sie ißt – erst die Leber verwandelt sie in Gift. Und dazu bedarf es gewisser Enzyme. Ich denke, diese Falter haben das Enzymsystem abgeschottet, so daß sie die Chemikalien aufnehmen können, ohne sie umzuwandeln. Sie nutzen sie damit auf dieselbe Weise wie die Pflanze. Das ist wirklich sehr schlau.

Also produzierten wir Falter, die mit einer giftfreien Nahrung aufgewachsen waren. Wir brachten den ganzen verdammten Winter damit zu, diese Falter aufzuziehen. Wir wollten sehen, ob sie für Spinnen schmackhaft sein würden. Wir warfen sie in Spinnennetze, und einer nach dem anderen wurde von den Spinnen gefressen. Ich fühlte mich, als sei ich siebzehn und hätte gerade meinen ersten Kuß bekommen. Es war einfach irre.

Dann entschied ich mich, mir die Werbung bei den Faltern genauer anzuschauen. Wir wußten, daß die Männchen diese raffinierten Geruchsbürsten haben, die sie bei der Werbung ausfahren. Und wir wußten, daß die Weibchen die Männchen anlocken. Das Weibchen sitzt auf der Pflanze, und die Männchen schweben und fliegen sehr langsam in eine Richtung. Wenn man ihrer Fluglinie folgt, findet man das rufende Weibchen.«

»Wie ruft denn diese Verführerin? Mit Düften?«

»Sie stellt in einer speziellen Drüse ihres Unterleibs ein Aphrodisiakum her. Ich habe Jerry Meinwald Proben aus dieser Drüse gegeben, und nach einiger Zeit kamen er und seine Leute mit einer Formel rüber. Tatsächlich gibt es drei Verbindungen in diesem Stoff, alles einfache Kohlenwasserstoff-Moleküle mit geringer Bindung – alle sexuell anziehend. Manchmal tun wir diese Chemikalie in unsere Fallen, um Männchen zu fangen. Es ist kein weitreichendes Lockmittel, aber das muß es auch nicht sein. Nur ein oder zwei Meter sind notwendig, denn ein Falter kann sein ganzes Leben in oder in der Nähe einer einzigen Pflanze zubringen.

Wenn sich das Männchen in Reichweite des Weibchens befindet und um sie herumflattert, öffnen sich diese Bürsten im Bruchteil einer Sekunde – einmal, zweimal, dreimal, viermal, immer wieder, während er um sie herumfliegt«, sagt Tom. Dabei macht mit einer geschlossenen Hand langsam einen Kreis und öffnet die Hand in Zeitlupe, um die sich entfaltenden Bürsten nachzuahmen. »Aber eine Frage beschäftigte mich besonders: Ich wollte wissen, wer die Kontrolle bei dieser Werbung hatte. War es das Männchen? Falls ja, dann war dies ein Fall metabolischer Zweckdienlichkeit. Das Männchen hat eine nützliche Chemikalie, die es teilweise zur Verteidigung verbraucht. Den Rest verwandelt es in eine Chemikalie, die das Weibchen verführt. Klingt gut. Aber nehmen wir einmal, daß es in Wirklichkeit die Wahl des Weibchens war.«

»Du meinst, das Männchen wirbt damit, wie viele Chemikalien es zur Verteidigung besitzt?«

»Genau das kam schließlich dabei heraus. Und ich kann mich an den Augenblick erinnern, in dem mir dieser Gedanke kam. Ich fütterte gerade Ottern in Kalifornien. Eine Frage quälte mich: Gab es da irgendeine subtile Angelegenheit, die der Falter vollbringen konnte, indem er ein Derivat dieses Alkaloids verwendete? Und mir kam die Idee, daß es überhaupt nicht um die Verführung des Weibchens ging. Es sah nur wie Verführung aus. Tatsächlich war es aber so, daß das Männchen seinen Wert für das Weibchen in irgendeiner Weise beweisen mußte. Das Weibchen war es, das wählte.«

»Sie will also einen Krieger?«

»Sie will irgendeinen Beweis dafür, daß er einen Schuß Pulver wert ist – oder wie immer die Entsprechung bei Insekten heißt.«

»Aber er beweist, daß er genug Defensivchemikalien hat, um sich zu schützen.«

»Das habe ich auch zuerst gedacht. Das Männchen läßt seine Muskeln spielen und sagt: ›Wenn du mich zum Gemahl nimmst, dann werden deine Söhne und Töchter gut darin sein, eine Menge Alkaloide aus dieser Pflanze herauszuholen. Je mehr sie davon haben, um so besser werden sie geschützt sein. Und das wird sie besser in die Lage versetzen, mit anderen Larven auf der Nahrungspflanze um Samen zu konkurrieren. Und hättest du nicht gerne einen Freier, der beweisen kann, daß er genetisch fit ist?‹ Schön, wir publizierten also diese Interpretation und waren sehr stolz auf uns. Aber dann wurde die Geschichte noch besser. Wir fanden heraus, daß auch die Eier dieses Tieres Alkaloide enthielten. Also vermuteten wir, daß das Weibchen Eier mit Alkaloiden legt. Aber wie kommen die dort hinein? Das Männchen muß offensichtlich einiges von diesem Stoff mit seinem Sperma auf das Weibchen übertragen.«

Männliche Insekten ejakulieren mit ihrem Sperma oft Vitamingeschenke in das Weibchen und stellen so sicher, daß ihre Nachkommen Nährstoffe erhalten, die sie beim Wachstum unterstützen. Ich erinnere mich, daß ich diese ballähnlichen Päckchen in den weichen Bäuchen der Monarchfalter fühlen konnte, als ich sie in Kalifornien markierte. Insekten stellen in Relation zu ihrer Körpermasse die größten Spermienpakete der Welt her. Es gibt männliche Käfer, die 10 Prozent ihres Körpergewichts spenden.

Tom wendet sich vom Mikroskop ab und erwärmt sich offensichtlich beim Erzählen seiner Geschichte.»Also, wie es scheint, sagen die Weibchen: ›Hör zu, ich investiere all mein Eigelb in diese Eier. Und was machst du eigentlich für deine Nachkommen?‹ Und wir dachten, daß das Männchen zum Weibchen sagt: ›Ich entstamme nicht nur einem Geschlecht, das im Wettbewerb um die Samen der Nahrungspflanze sehr gut ist, sondern ich bin auch willens, dir eine direkte Zuwendung in Form eines Geschenks zu machen, mit der du deine eigene Verteidigung stärken kannst. Du kannst auch etwas davon in deine Eier tun, um sie zu schützen. Oder du machst beides.‹ Und das erwies sich als richtig. Die Menge der Alkaloide, die das Männchen an das Weibchen abtritt, ist proportional zur Menge der Alkaloide, die das Männchen besitzt, und die wiederum ist proportional zur Menge des Geruchs, den er auf seinen Duftbürsten herstellt. In anderen Worten: Er sagt dem Weibchen ganz genau, wieviel er auf seinem Bankkonto hat.«

»Du darfst mich eine Zynikerin nennen, aber wäre es nicht in seinem Interesse zu lügen?«

»Wem sagst du das! Natürlich können wir nicht kategorisch ausschließen, daß einige lügen. Wenn ein Männchen zum Beispiel sehr wenige Alkaloide hat, könnte er dann nicht alle in die Duftbotschaft auf den Bürsten umwandeln und das Weibchen anschmieren, so daß sie denkt, er hätte ein dickes Konto? In der Theorie wahrscheinlich schon. Aber es sieht nicht so aus, als ob sie lügen. Und der Grund könnte sein, daß es sich nicht auszahlt. Irgendwie müssen die Weibchen es wohl herausbekommen. Und die nächste Frage in diesem Werbungsdrama lautet: Wie finden sie es heraus? Könnte es sein, daß das Weibchen nach der Paarung in der Lage ist zu überprüfen, ob er ein Lügner ist, und das Sperma wieder abzusondern? Wir wissen es nicht.«

»Das klingt, als ob in diesem Drehbuch nur die Muskelmänner gewinnen.«

»Nicht immer. An einem bestimmten Punkt ließen wir einige Männchen – gerade solche wie die, die du heute bei der Spinne gesehen hast – frei. Einige hatten Alkaloide, andere nicht – oder anders gesagt: Einige hatten Geruch auf ihren Bürsten, andere nicht. Wir versahen ihre Flügel mit unterschiedlichen Kerben, so daß wir sie wiedererkennen konnten, und köderten sie mit sexy Weibchen, von denen wir wußten, daß sie zu einem bestimmten Zeitpunkt in der Nacht anfangen würden zu senden; wir überzeugten die Weibchen, sich auf einem Draht niederzulassen, den wir chemisch mit einem Extrakt aus der Erbsenpflanze behandelt hatten, um ihn für sie attraktiver zu machen; und dann warteten wir. Die Männchen kamen herbei und warben. Wir erkannten sie an der Kerbe im Flügel, wußten also, ob sie Alkaloide hatten oder nicht. Männchen mit Alkaloiden hatten eine um 30 Prozent höhere Chance, akzeptiert zu werden. Das ist ein bedeutender Vorteil, denn wenn man eine 30 Prozent höhere Chance hat, Vater zu werden, ist das schon ein ziemlicher Vorsprung. Aber es ist nicht so, daß diejenigen ohne Alkaloide weggejagt würden. Das Weibchen kann Sperma vom Männchen bekommen, aber sie muß auch ein gewagtes Spiel spielen und sich fragen: ›Ist dies womöglich das letzte Männchen, daß ich in den nächsten fünf Tagen anlocken kann? Was soll ich tun?‹ Zumindest kann sie die Nährstoffe aus dem Spermapäckchen erhalten. Also paart sie sich mit bis zu dreizehn verschiedenen Männchen, bekommt Nährstoffe von ihnen allen und versucht außerdem, sich mit so vielen wie möglich von denen zu paaren, die ihr die Alkaloid-Verteidigung geben können.«

Ich frage mich, wie sie all ihre Beute herumtragen kann.

»Wird sie nicht schrecklich schwer?«

»Ja. Aber sie legt ja auch Eier.«

»Also wird sie befruchtet, legt Eier, wird befruchtet, legt Eier?«

»Sie legt *einige* Eier. Wir wissen, daß sie, wenn sie von zwei Männchen befruchtet wird, nicht die Hälfte ihrer Eier vom ersten und die andere Hälfte vom zweiten Männchen legt. Nein, sie läßt ihre Eier nur von einem Männchen befruchten. Nach der Paarung testet sie die Männchen immer noch auf eine andere Art. Die Eier werden immer vom größten Hengst befruchtet. Aber wie erkennt sie den größten? Wahrscheinlich an der Größe des Spermapakets. Es ist toll. Und das Interessanteste ist: Die Größe eines Männchens ist proportional zur Menge der Alkaloide, die er mit sich trägt. Das nenne ich Redlichkeit in der Werbung. Bevor sie sich mit ihm paart, fragt sie ihn: ›He, wieviel Alkaloide hast du?‹ Und hinterher macht sie die Gegenprobe anhand seines Samenpäckchens.«

»Einmal das Blatt durchblättern, um zu schauen, ob alle Asse und Buben drin sind?«

»Genau.«

Vor über hundert Jahren spekulierte Darwin über Verwicklungen wie diese, über weibliche Wahl und sexuelle Selektion. Er fragte sich, warum eigentlich das Weibchen, wenn es doch so viel in die Nachkommen investiert, nicht dasjenige sein sollte, das wählt.

»Die männliche Strategie besteht fast immer darin, so viele Weibchen wie möglich zu befruchten, ohne daß ihnen dabei besondere Aufmerksamkeit zukäme. Aber es gibt einige Ausnahmen. Ich arbeitete zum Beispiel einmal mit einem Käfer, dessen Ejakulat ungefähr halb so viel Masse besaß wie die Eier, die das Weibchen später legte. Das ist wirklich eine Menge. Und ganz sicher hat das Weibchen eine Methode, das Männchen um etwas – ein Geschenk zum Beispiel – zu betrügen und sich dann doch nicht befruchten zu lassen. Dieses Weibchen kann sich nicht mehrmals pro Tag paaren, aber sie wird versuchen, den Männchen trotzdem Geschenke abzuluchsen. Ein Männchen wird sein Geschenk aber nicht geben wollen, wenn sie die Nachkommen eines anderen in sich trägt. Also bewegt er sich zu ihrem hinteren Ende, was sie zu verhindern versucht, und riecht an ihr, um zu überprüfen, ob sie Jungfrau ist – etwas, was ihm sehr viel wert ist.«

»Was für eine komplizierte Werbung!«

»Viele Menschen haben die Vorstellung, menschliche Kategorien seien zu kompliziert für Insekten. Unsinn! Es gibt jede Menge Biologie, die man in etwas von der Größe eines Insekts hineinpacken kann. Der einzige Grund, warum wir so wenig über sie wissen, ist, daß sie so klein sind.«

»Ich frage mich, wie Menschen auf Insekten reagieren würden, wenn sie größer wären – zum Beispiel die Größe von Hunden und Katzen hätten.«

»Es hängt alles davon ab, ob jemand mit negativen Vorstellungen über Insekten aufgewachsen ist. Wenn die Welt

voller riesiger Grashüpfer wäre, die mit der gleichen Geschwindigkeit und mit der gleichen Wucht wie jetzt herum-
hüpften, dann wären sie verdammt gefährlich. Ich sage dir,
dann wären Rüstungen noch immer in Mode. Die Mütter
würden sagen: ›Schatz, vergiß deine Rüstung nicht – die
Grashüpfer sind unterwegs.‹«

Die Geschichte mit den verzierten Faltern ist eine von
Toms Lieblingsstories. Er hat ihre Verhaltensweisen 20 Jahre lang studiert und entdeckt immer noch Neues. Obwohl er
gewöhnlich an einer Reihe von Geschichten über Insekten
gleichzeitig arbeitet, gilt doch sein größtes Interesse der
weiblichen Wahl.

»Ist es möglich, Insektengesellschaften zu erforschen und
nicht auf Menschen zu übertragen?« frage ich.

»Ich bin ein echter Soziobiologe«, sagt er lachend. »Mich
überrascht es nicht, daß vieles von dem, was das menschliche Tier macht, in tierischen Begriffen beschrieben werden
kann.«

»Zum Beispiel das Überreichen prächtiger Verlobungs-
ringe?«

»Klar. Die gesamte menschliche Werbungsgeschichte
kann man natürlich romantisch erzählen, indem man sie in
kulturelle Traditionen einkleidet, aber die grundlegende
Biologie bei der Werbung besteht darin, daß das Individuum versucht, seine Gene in der nächsten Generation fort-
bestehen zu lassen. Das Weibchen ist grundsätzlich die
Wählende, was verdammt sinnvoll ist, wenn sie neun Monate lang auf dem Ei sitzen muß. Und das Männchen
möchte seinen Samen nicht vergeuden, wie es in der Bibel
heißt.«

»Also überprüft sie ihn auf verschiedene Weise.«

»Absolut. Und das wird in die Kultur eingebaut – all die
Vorstellungen vom Athleten, vom Sieger, vom Wettkämpfer,
vom Krieger. Ich kann es nicht alles erklären, aber ich bin

davon überzeugt, daß biologisches Denken die Wurzel von allem bildet, was wir als Menschen tun.«
»Manchmal glauben Menschen, Insekten seien kaltblütige Automaten. Wenn man nun irgendeine menschliche Handlung mit ihren vergleicht, wirkt das doppelt erschreckend.«
»Der Begriff des freien Willens ist so grundlegend. Haben wir einen freien Willen oder nicht? Ich kümmere mich nicht sehr um diese Frage, denn ich bin so absolut fasziniert davon, die Welt einer anderen Spezies zu betreten und herauszubekommen, was sie tun. Ich bin nicht religiös, ich glaube nicht an den freien Willen im herkömmlichen Sinn, aber ich glaube an die Evolution und an unsere Teilhabe an einem evolutionären Prozeß, aber dennoch betrachte ich uns als einzigartig in dem Sinn, daß wir hier sitzen und reden können und daß wir Dinge verstehen. Aber wir sind eindeutig nicht einzigartig bei dem, was wir mit unseren Muskeln tun; wir sind nicht einzigartig in dem, was wir bei der Paarung mit unseren Keimzellen tun; wir sind nicht einzigartig, wenn wir Teil einer Werbestrategie sind, die weibliches Wählen beinhaltet. In diesen Beziehungen sind wir lediglich Tiere einer anderen Art, die vier Beine weniger als Insekten haben.«
Es klopft an der Tür, und eine große Frau mit kastanienbraunem Haar tritt ein. Sie trägt einen Pullover und lange Hosen; neben ihr steht ein Mann von ungefähr derselben Größe, dessen Haar in einem Pferdeschwanz zurückgebunden ist. Tom stellt uns vor, und ich freue mich, die Naturfotografen Susan Middleton und David Liittschwager kennenzulernen, die gerade damit beschäftigt sind, gefährdete Tiere und Pflanzen aufzustöbern und zu fotografieren. Auf einer dreijährigen Rundreise durch die Vereinigten Staaten katalogisieren sie visuell unsere verschwindenden Lebensformen. Tom freut sich darauf, den Grashüpfer, den wir

heute morgen gefunden haben, zu studieren, und er ist aufgeregt, weil Susan und David dies für die Nachwelt aufzeichnen werden. »Wir wollen einige Eichelhäher fotografieren«, erklärt Susan. »Gestern haben wir einen großartigen Platz gefunden. Wollt ihr mit uns fahren?«

»Unbedingt!« sagt Tom. »Ich nehme nur noch schnell ein paar Falter mit. Ach, übrigens«, fügt er aufgeregt hinzu, »wir haben den Grashüpfer für euch.«

Susan und David jubeln und fangen an, die Arbeit dieses Abends zu planen, während ich Tom helfe, lebende Falter aus dem Käfig zu nehmen und sie – ganz Seide und Flattern – in getrennten Phiolen zu verstauen. Dann klettern wir in den Landrover und verlassen die Station. David fährt mit einem leicht manischen Grinsen; als die Straße sich in einen Fluß aus tiefem, sumpfigem Sand verwandelt, schlittert und schaukelt der Wagen mit Vierradantrieb fünfzehn Minuten wie verrückt.

Schließlich halten wir in einem Labyrinth aus Zwergeichen und sauberem weißen Sand. Um uns herum präsentiert sich das Florida-Buschland in Perfektion, selbst sein Name legt nahe, daß es nutzloses, verfügbares Land ist. Der Busch ist ein Gebiet mit tiefem, sterilem Sand. Feuer und Boden verbindet eine elementare Beziehung, die seit Urzeiten Bestand hat. Eine der Attraktionen des Buschlandes ist, daß in einer so schlichten Landschaft wie dieser ihre Bewohner leicht zu beobachten sind. Obwohl der Sand das Herz des Buschlands ist, ähnelt es doch einfachen Lebensräumen anderswo. New York zum Beispiel weist viele wilde Pflanzen und Insekten auf, die zwischen zwei Mühlsteinen gefangen sind. Diese Insekten sind interessant, weil sie überwältigende Umweltfaktoren gemeistert haben. Das Leben im Busch ist ähnlich – gestraft von der fürchterlichen Sterilität des Sandes, vom Wassermangel im Winter und von den Feuern, die immer wieder, Jahrhundert um Jahrhundert, über das Land hinwegfegen. Viele der hier lebenden Insektenarten kamen am Ende des Pliozäns aus den Savannen rund um den Golf von Mexiko – zusammen mit allen möglichen Antilopenarten, riesigen Gopher- und anderen Schildkröten und auf dem Boden lebenden Faultieren. Viele dieser Tierarten sind anderswo ausgestorben, aber in den Hügeln des Buschlands, wo der Sand tief und steril ist und schnell austrocknet, haben diese Geschöpfe des Westens überlebt. So wurde der Busch eine Heimat für Organismen, die sehr alt und merkwürdig sind. Heute leben sie nur noch auf den Gipfeln weniger Hügel. Das Buschland selbst ist gefährdet. Übrig ist nur noch die Hügelkette an der atlantischen Küste, die sehr viel jünger ist als die Hügel im Inland, das Gebiet am Lake Wales, das Marian-Hochland, ein sehr dünnes Band Buschland im Panhandle und kleine Kuppen mit Buschland in West-Florida. Ein winziges Stück des Panhandle-Buschlands reicht bis nach Georgia und Alabama, aber ansonsten gehört das Buschland fast vollständig zu Florida. Und es gibt viele Lebewesen, die ausschließlich im Florida-Buschland vorkommen.

Einer ihrer gefährdeten Bewohner ist der Buscheichelhäher, der in Schwierigkeiten steckt, weil er große Landstriche benötigt, über denen er umherstreifen kann: Jede Eichelhäher-Familie braucht acht Hektar. Sie können sich nicht innerhalb der Familie paaren – wie das die Insekten können –, also müssen viele andere Familien in der Nähe sein. Obwohl Eichelhäher recht alt werden können und gut an das Buschland angepaßt sind, ist ihre Population sehr klein geworden. Tausende anderer Spezies segeln im medialen Kielwasser der Eichelhäher. Genau wie die Goldgelben Löwenäffchen, die süßen und knuddeligen Postertiere des Mata Atlântica-Regenwaldes in Brasilien sind, so symbolisieren die Eichelhäher die Notlage des Buschland-Lebensraumes. Die Menschen können sich mit ihnen leichter identifizieren als mit Insekten, Schlangen oder Bäumen. Die Haubenblauhäher des Nordens sind robuste, schlecht gelaunte Rowdys und Straßenecken-Maulhelden. Buscheichelhäher dagegen sind kleiner, freundlicher und ähneln eher dem Bluebird, dem Hüttensänger aus den Cartoons und Liedern. Ein Schwarm blauer Häher fliegt tief über das Labyrinth aus Zwergeichen, in dem wir stehen. Sie sehen aus wie herunterfallende Himmelsscherben. Die Forscher in Archbold haben diese Eichelhäher-Familien viele Jahre lang studiert, so daß die Vögel keine Angst vor uns haben. Der Buscheichelhäher trägt Bürgerkriegsfarben: Helm, Flügel und Schwanzfedern sind blau, aber seine Brust, die Kinnfedern und Augenbrauen sind grau. Eicheln und Insekten sind seine Lieblingsspeise. Tom zieht eine Phiole aus einer seiner vielen Taschen, nimmt einen Falter heraus und hält ihn in die Luft. Ein Eichelhäher gleitet herab und landet auf seinem erhobenen Arm, hüpft bis zum Handgelenk, verankert seine Enterhaken-Füße und wirft einen Blick auf den Falter. Vielleicht riecht er ihn. Dann fliegt er fort. Wir versuchen das Experiment noch einmal. Ich nehme vorsichtig einen Falter aus der Phiole und halte ihn empor. Drei Eichelhäher zanken sich, während sie sich nähern. Einer landet auf meinem Daumen und umschlingt ihn fest mit einer Kralle. Als er sich vornüberneigt, um den Falter zu inspizieren, reibt sein weicher Bauch über meine Haut. Die Federn sind so zart, daß sie die Nervenzellen nur an einer winzigen Hautstelle reizen, und doch antwortet mein ganzer Körper auf diese seltene Berührung. Auch der Körper des Vogels reagiert. Der Eichelhäher legt seinen Kopf schief und starrt mich mit einem Auge an. Dann beobachtet er den Falter ebenso aufmerksam wie ich ihn. Schließlich entscheidet er sich, daß der Falter ungenießbar ist, und fliegt davon. Tom lächelt. Ganz eindeutig steckt ein mächtiges Gift in diesem

Falter. Spinnen wollen ihn nicht fressen und Vögel auch nicht. Ein Beutel mit diesen Faltern wird Bestandteil des biologischen Schatzkastens sein, den er Merck zur Analyse schicken wird.

Bald brennt die Sonne auf den Sand herab; wir kehren auf der Suche nach Schatten und einem Mittagessen ins Lager zurück. Während die anderen zu ihren Häuschen gehen, besteige ich die spiralförmige Treppe des Wasserturms. Der Wind wird lauter, als ich die 146 silbern gestrichenen Stufen hinaufklettere und mich dabei immer weiter von der menschlichen Welt entferne. Auf der Spitze entdecke ich eine sanft schwankende Plattform, rote Plastikbänder, die aus einer Luke flattern, und eine Wespe. Unten erhebt sich das Hauptgebäude mit seinem gamsfarbenen Stuck, dem roten Schieferdach und den sechs Gauben, die wie aufsteigende Wellen nach Süden laufen. Die Nachmittagssonne schneidet Dreieckssegel unter die Dachrinnen, und das lange Gebäude scheint auf dem weiten Ozean des Buschs zu treiben.

Tom ist höchstwahrscheinlich in seinem Haus und arbeitet an einer bevorstehenden Vorlesung. In wenigen Wochen wird er vor dem US-Senat sprechen und ihn auffordern, den Endangered Species Act (Gesetz zum Schutz gefährdeter Arten) zu erneuern. Er hat sein Leben damit zugebracht, kaum sichtbare Welten zu erforschen, aber es ist etwas ganz anderes, ein Forscher zu sein als ein Ratgeber, ein selbstvergessener Liebhaber als ein öffentlich auftretender Verteidiger. Er hat vor, eine lange Liste von Arzneimitteln zu verlesen, die aus Tieren und Pflanzen gewonnen werden, und aufzuzeigen, daß die meisten Arten noch nie untersucht worden sind. Unsere Kultur ist peinlich berührt von Waren, die »abgenutzt« sind, aber so etwas wie chemisches Veralten gibt es nicht. Also wird Tom die Senatoren zur Vorsicht mahnen, kein Insekt als bedeutungslos aufzugeben und seine Auslöschung zuzulassen, selbst wenn es sorgfältig auf seinen chemischen Gehalt hin studiert und dieser als nicht bedeutsam eingeschätzt wurde. Denn dieses Insekt könnte eine Fülle von Chemikalien enthalten, die erst zukünftige Technologien zu entdecken in der Lage sind. Er wird hervorheben, daß es sinnlos ist, Insekten in Gefangenschaft für diesen Zweck aufzuziehen, weil sich ihre chemische Produktion als Antwort auf Belastungen entwickelt hat, denen sie in der Wildnis begegnet sind. Deshalb muß ein gefährdeter Lebensraum wie das Buschland von Florida gerettet werden, und sei es auch nur zum Wohl der einzigartigen Insekten, die es erhält. Er wird seine Geschichten von Glühwürmchen, Faltern und Bombardierkäfern erzählen – beliebte Geschichten, da sie vertraute, nicht bedrohliche Insekten zum Thema haben. Da das chemische Schürfen so lukrativ ist, werden die Senatoren mit Macht für den Profit eintreten, während sie gleichzeitig tugendhaft wirken möchten. Einige werden aus altruistischen Motiven grün stimmen, einige aus anderen Motiven, aber alle werden altruistisch *erscheinen*, und für Tom geht das in Ordnung. In der Politik wie in der Gesellschaft der Insekten ist die Tugend niemals ihre eigene Belohnung.

Zwei Menschen schlendern träge zum Speisesaal. Ich glaube, es sind ein Mann und eine Frau, aber ich kann ihre Gesichter nicht gut genug sehen, um zu erkennen, ob sie sauber rasiert sind oder Make-up tragen, wie sie ihre Haare frisieren, was sie in ihren Taschen tragen. Astronauten, die von Erdumkreisungen zurückkehrten, haben staunend berichtet, wie wenig vom menschlichen Leben man aus dem Weltraum sehen kann – keine Kriege oder politischen Grenzen, keine Städte oder Bauernhöfe, keine Feinheiten der Sitten, des Heranwachsens, der Liebe. Das Paar entfernt sich; scheinbar schrumpfen sie, während sie die Veranda zusammen überqueren. Plötzlich hebt das Männchen das Kinn und grinst; die Zähne blitzen im Sonnenlicht. Das Weibchen kreuzt seine Hände oben auf der Brust, bückt sich kurz aus der Taille heraus und dreht den Kopf; auch seine Zähne blitzen. Dann verbeugt sich das Männchen in einem bestimmten Winkel, richtet sich wieder auf und öffnet seinen Mund. Ich vermute, er hat etwas Lustiges gesagt, und sie hat mit etwas Lustigem geantwortet, und das führte zu dieser Abfolge lachender Verbeugungen. Sind sie *ein Begriff?* Sind sie Kollegen? Haben sie an diesem Morgen gearbeitet oder sich geliebt? Aus dieser Höhe kann ich noch nicht einmal ansatzweise ihre komplizierte Beziehung verstehen, genauso wenig wie Menschen, die auf Insekten hinabschauen, erkennen können, wie kompliziert *deren* Leben ist. So vieles schlüpft durch die Nähte unserer Sinne. In ein Gespräch verwickelt, das älter ist als seine Worte, betreten die Menschen das Gebäude, um zu essen – aus Hunger, wie jede Lerche, jeder Käfer.

Der Lake Placid liegt in der Ferne, eine Pfütze aus Quecksilber. Der Busch sieht nackt aus, erschöpft und unbewohnt – das Umweltäquivalent einer leeren Stadt. Und doch weiß ich, daß Millionen Tiere dort unten ihren täglichen Aufgaben nachgehen: Mord, Heirat, Festgelage und Geburt. Zahllose Dramen auf Leben und Tod werden dort aufgeführt. Aber vieles ist für unser unbewaffnetes Auge verloren. Dort gibt es marodierende Jägerhaufen, Bildhauer, die mit Blättern und Rinde arbeiten, einige der ersten Papierhersteller der Welt, Viehdiebe und Bauern mit ihren eigenen Lagerplätzen, Sammler von Früchten und Blütenblättern, Architekten, die mit Lehm arbeiten, Krippen für die Kleinen, Katakomben, Schuppen und Türme, Weber von Seide und Baumwolle, Städtebauer, Ordnungshüter, viele verschiedene Stämme und Gesellschaften. All dies kann durcheinandergeraten – in der Agonie eines Sturms oder wenn Riesen durch es hindurchlaufen. Was für eine Schande ist es doch, wie selten wir diese wundersamen Städte betrachten! Ich schaue hinaus über den Busch, preise im stillen diese versteckte Welt und erinnere mich daran, mit welcher Überzeugung Walt Whitman einst schrieb: »Die hellen Sonnen, die ich sehe, und die dunklen Sonnen, die ich nicht sehen kann, sind alle an ihrem Platz.«

Register